Conferencias del Instituto de Investigaciones
Económicas y Sociales
Universidad Francisco de Vitoria

Este trabajo es resultado de los proyectos nacionales competitivos de investigación titulados «Sociedad, política y economía: proyecciones de la Escolástica española en el pensamiento británico y anglosajón» (referencia FFI2017-84435-P) y «Salvación, política y economía: el intercambio de ideas entre España y Gran Bretaña en los siglos XVII y XVIII» (referencia PID2021-122994NB-I00), financiados por la Agencia Estatal de Investigación y el FEDER.

## Agradecimientos

A los directores de la tesis doctoral «Hilaire Belloc y el estado servil: una aproximación alternativa a la cuestión de la imposibilidad del socialismo», D. José Luis Cendejas Bueno y D. León Gómez Rivas, y al tutor D. Jesús Huerta de Soto Ballester.

A mis amigos Ian Cunningham, Carlos Irisarri Martínez, Elias Huber, Brecht Arnaert y Pablo Sanz Bayón por sus comentarios y consejos.

A los señores D. Francisco Gómez Camacho S. J., Mr. Joseph Pearce, D. Dalmacio Negro Pavón, D. Daniel Sada Castaño, D. Pablo Gutiérrez Carreras, D. Salvador Antuñano Alea y Mr. Bruce Caldwell, por su ayuda, amabilidad y consejos como expertos.

A las siguientes instituciones en Oxford: Balliol College, cuyos archivos pude consultar bajo supervisión de Ms. Anna Sander; Blackfriar's Library; Bodleian Library, y Chesterton Library, en particular a Mr. William Griffiths como encargado.

Al Center for the History of Political Economy y la Rubenstein Rare Books & Manuscripts Library en la Universidad de Duke, donde pude consultar los fondos sobre F. A. Hayek en la colección The Economists' Papers Archive.

A la UK History of Economic Thought Society, y en particular al profesor Mr. James Forder, organizador de la conferencia anual 2018 de la sociedad en Balliol College (Oxford), donde fueron presentados resultados parciales de la investigación.

A Ms. Teresa Whitington, bibliotecaria de la Central Catholic Library, Dublín.

A Mr. Christian Dupont y Mr. Andrew Isidoro, bibliotecarios de la John J. Burns Library, Boston College.

A Ms. Sarah Ons, bibliotecaria del KU Leuven University Archive.

A los bibliotecarios y personal de biblioteca de la Universidad Rey Juan Carlos, Universidad Francisco de Vitoria, Biblioteca Nacional, Banco de España y Archivo Regional de la Comunidad de Madrid.

# Contenido

Hilaire Belloc pertenecía a una rara especie que, hoy en día, podría considerarse en peligro de extinción. Era lo que se llamaba un «hombre de letras», un hombre que se negaba a que lo encasillaran, un hombre que se negaba a que lo etiquetaran, un hombre que se negaba a limitarse a una única especialidad. Por suerte, vivió en una época en la que aún no había triunfado la manía de la especialización; una época en la que aún no era necesario doblegarse ante los «expertos» en cualquier materia; una época que aún no había sufrido la disgregación causada por la compartimentación de las disciplinas académicas en una exclusión mutua autoimpuesta; una época en la que los filósofos aún sabían teología y en la que los historiadores aún sabían filosofía. Vivió en una época intelectualmente más próspera.

Entre sus amigos y enemigos, se contaban otros hombres de letras que también se negaban a que los encasillaran. Algunos de sus contemporáneos fueron George Bernard Shaw, Herbert George Wells y Gilbert Keith Chesterton, que escribieron sobre todo tipo de temas, desde filosofía y teología hasta historia y política. Expresaron sus ideas en ficción y no ficción, en poesía y prosa, en libros completos y en ensayos periodísticos. Para decirlo claramente, estos hombres y otros como ellos aunaron la cultura con el estimulante poder de las ideas. Intentaron cambiar la sociedad cambiando la percepción que la sociedad tenía de sí misma. Eran hombres apasionantes que vivían en tiempos apasionantes.

Como escritor de economía y filosofía política, a Belloc se lo conoce sobre todo por su apología del llamado «distributismo». Su primera incursión en el terreno de la política subsidiaria o distributiva fue «An Examination of Socialism» («Un análisis del socialismo»), escrito originalmente para la *St. George's Review* en 1908, cuando aún era diputado. La Catholic Truth Society lo publicó en forma de panfleto en diciembre de 1908 y Distributist Books lo reeditó en la década de 1940 con un nuevo título, *The Alternative* (*La alternativa*). Más adelante, escribiría otros libros de filosofía económica y política, el más importante de los cuales es *El estado servil*.

Dado que lo que Belloc llamó «distributismo» tiene mucho en común con lo que la Iglesia católica llama «subsidiariedad», sería bueno comprender con claridad este último concepto. «Subsidiariedad» es la palabra que ahora se aplica a uno de los principios centrales de la doctrina social de la Iglesia católica. En el Catecismo, el concepto de subsidiariedad se introduce como alternativa a los peligros de una socialización inadecuada, que a su vez conduce a una excesiva intervención del Estado. En consecuencia, la doctrina de la Iglesia ha establecido el principio de subsidiariedad, según el cual «una estructura social de orden superior no debe interferir en la vida interna de un grupo social de orden inferior, privándolo de sus competencias, sino que más bien debe sostenerlo en caso de necesidad y ayudarle a coordinar su acción con la de los demás componentes sociales, con miras al bien común». El Catecismo prosigue: «El principio de subsidiariedad se opone a toda forma de colectivismo. Traza los límites de la intervención del Estado. Intenta armonizar las relaciones entre los individuos y las sociedades».[1] Más adelante, el Catecismo reitera estos principios en relación con los derechos de las familias: «En conformidad con el principio de subsidiariedad, las comunidades más numerosas deben abstenerse de privar a las familias de sus propios derechos y de inmiscuirse en sus vidas».[2]

La definición de «subsidiariedad» del Catecismo es una cita textual de la encíclica del papa Juan Pablo II *Centesimus annus* (1991), que a su vez reiteraba lo que decía el papa Pío XI en una encíclica anterior, *Quadragesimo anno* (1931). Los títulos de estas dos encíclicas hacen referencia a su publicación en el centenario y el cuadragésimo aniversario, respectivamente, de la encíclica del papa León XIII *Rerum Novarum* (1891), un innovador documento que puede considerarse el abuelo, o padrino, de la doctrina social de la Iglesia católica. Fue de la *Rerum Novarum* de donde Belloc extrajo las ideas e inspiración para sus escritos sobre cuestiones políticas y económicas, aunque sus obras posteriores, en particular *La restauración de la propiedad* (1936), también podrían haberse inspirado en *Quadragesimo anno*.

El credo político conocido como «distributismo» surgió de la doctrina social de la Iglesia desarrollada por Belloc y difundida gracias a la hábil ayuda de G. K. Chesterton, el padre Vincent McNabb y otras muchas personalidades.

---

[1]  Catecismo de la Iglesia católica 1883-1885.
[2]  *Ibid.*, 2209.

En las décadas de 1920 y 1930, la Liga Distributista se convirtió en una influyente organización política que predicaba una alternativa tanto al socialismo como a lo que podría denominarse «gran empresa» o «capitalismo monopolista», o tal vez más exactamente «macrocapitalismo» (en contraposición al «microcapitalismo» del pequeño negocio, el cual la Liga Distributista apoyaba).[3] En esencia, por decirlo simple y llanamente, el distributismo buscaba la aplicación práctica del principio de subsidiariedad. En términos políticos y económicos, esto significaba que las políticas deberían tener como objetivo apoyar a las pequeñas empresas y protegerlas frente a las grandes empresas, al pequeño gobierno frente al gran gobierno, al gobierno local frente al gobierno nacional, al gobierno nacional frente al gobierno internacional, a la familia frente al Estado, etc. En lo concerniente a la dinámica de la vida política y económica, los distributistas creían que el poder debía proceder de la familia de abajo arriba, y no imponerse por parte del Estado de arriba abajo. Los distributistas sostenían que la propiedad privada, lejos de ser perniciosa como consideraban los socialistas, era una garantía de la libertad individual. El problema no era que la propiedad fuera mala y debiera abolirse, sino que una gran parte de ella estaba en manos de muy pocas personas. No se trataba de resolver los problemas de la sociedad reduciendo la propiedad privada, sino aumentándola, en el sentido de que la poseyeran más personas. Aquello

---

[3] «Capitalismo» tiene tantos significados, en función de la definición aceptada por cada usuario, que se ha convertido en una palabra hueca, en el sentido de que no cuenta con un sentido universal. Para el tema que nos ocupa, y con el fin de hacer más comprensible el principio del distributismo, resulta útil diferenciar entre gran empresa y pequeño negocio, o macrocapitalismo y microcapitalismo.

suponía la síntesis de la creencia de que «lo pequeño es hermoso», idea popularizada en los años setenta por el economista neodistribucionista Ernst Friedrich Schumacher.

En 1911, Belloc debatió públicamente con Ramsay MacDonald, un diputado laborista destinado a convertirse, en 1924, en el primer ministro laborista de la historia. El tema del debate fue el proyecto de ley del seguro nacional de Lloyd George y sus posibles repercusiones. Este proyecto de ley, tan decisivo para lograr el estado del bienestar, fue bien acogido por la mayoría de los socialistas, pero Belloc lo consideró un signo de merma de las libertades individuales. Mientras que para Ramsay MacDonald el estado del bienestar suponía dar un paso hacia el Estado socialista, para Belloc no era más que un eufemismo de un Estado servil en el que todo el mundo se vería obligado a dejar su libertad en manos de los políticos a cambio de un «seguro» contra la pobreza. El debate entre MacDonald y Belloc se publicó como un panfleto titulado *Socialism and the Servile State* (*El socialismo y el Estado servil*), en el que aparecían textualmente sus respectivos discursos. Al año siguiente, Belloc recogería los argumentos que había expuesto en este debate en uno de sus libros más importantes, *El estado servil*.

«Voy a [...] decirles a mis editores que se quejen si *El estado servil*, que acabo de publicar, no se reseña —escribió a G. K. Chesterton—. No gano dinero con el libro, pero quiero que se difunda».[4] Evidentemente, por una carta escrita a un amigo cinco días después, Belloc había pedido a Chesterton que lo reseñara para el *Daily News*: «Espero que el *Daily News* permita a Gilbert reseñar *El*

---

[4]  Belloc Collection, Boston College; citado en Pearce, *Old Thunder*, p. 145.

*estado servil* aunque sea un libro de un amigo, porque si él no lo reseña nadie más lo hará».[5]

«La influencia intelectual de *The Party System* [*El sistema de partidos*] y *El estado servil* es difícil de medir», escribió Victor Feske en su estudio sobre el liberalismo británico de 1900 a 1939. Y añadió:

> La doble crítica de Belloc sembró la semilla de la duda en los que se llaman *liberales radicales*, quienes pretendían aprovechar el poder del Estado moderno para sus políticas reformistas [...]. Si los argumentos de *El estado servil* eran correctos, todos los postulados del nuevo liberalismo se invertían: la legislación destinada a aligerar la carga de los desfavorecidos, mitigar los peores excesos del capitalismo, ampliar la participación política y reformar el Parlamento tendría, en cambio, un efecto paradójico al institucionalizar una forma moderna de esclavitud y extender el poder de la vulgar plutocracia.[6]

Otro académico, Michael Bentley, creía que *The Party System* y *El estado servil* habían asestado un duro golpe al progresismo y a sus entusiastas.[7] Por su parte, el socialista gremial Maurice Reckitt fue más tajante a la hora de valorar la influencia de *El estado servil*:

> No puedo expresar el impacto que me ha causado este libro, y en esto yo era tan solo uno más de los miles de personas que habían pasado por las mismas fases. Belloc argumenta, con una rigurosa convicción que ilustra pode-

---

[5]   *Ibid.*

[6]   Victor Feske, *From Belloc to Churchill: Private Scholars, Public Culture, and the Crisis of British Liberalism, 1900-1939*, Chapel Hill, 1996, p. 37.

[7]   Michael Bentley, *The Liberal Mind, 1914-1929*, Cambridge, 1977, p. 164.

rosamente, que esa supuesta corriente socialista, de la que
están tan orgullosos los fabianos por haberla incorporado
al liberalismo, no conducía a una sociedad de ciudadanos
libres e iguales, ni siquiera a un verdadero colectivismo,
sino a imponerles a las masas, como precio por las reformas gracias a las que se iba a mejorar su condición social,
un Estado servil.[8]

Del mismo modo, la conversión política y religiosa de
Eric Gill, escultor y escritor, posiblemente se debió más
a *El estado servil* de Belloc que a cualquier otro factor.
Según el hermano de Gill, en su autobiografía inédita,
Belloc «contribuyó mucho a la formación social de Eric
con *El estado servil*».[9] Gill, al igual que el hermano menor
de G. K. Chesterton, Cecil, era un antiguo socialista fabiano que, debido a la influencia de los persuasivos argumentos de Belloc, se estaba alejando de antiguas influencias,
como Nietzsche y H. G. Wells, para acercarse a la propuesta subsidiaria de Belloc.

Muchos años después, George Orwell elogió *El estado servil* por vaticinar «con notable perspicacia el tipo de
cosas que [habían sucedido] desde 1930 en adelante».
También elogió a Chesterton por augurar «de forma menos
metódica [...] la desaparición de la democracia y la propiedad privada, y el surgimiento de una sociedad esclavista que podría llamarse capitalista o comunista».[10] Aunque
Orwell fue crítico con el catolicismo de Belloc y Chesterton,
sobre todo al referirse humorísticamente al último libro

---

[8]  Maurice Reckitt, *As It Happened: An Autobiography*, Londres, 1941,
pp. 107-108.
[9]  Cecil Gill, *Unpublished autobiography*, p. 343; citada en Joseph
Pearce, *Literary Converts*, Londres, 1999, p. 63.
[10]  George Orwell, *Collected Essays and Journalism, 1945-1949*, Londres, 1980, p. 756.

del padre Hilaire Chestnut como «propaganda católica» en el primer capítulo de su novela *Que no muera la aspidistra*, en los años treinta escribió que «lo que Inglaterra necesitaba era seguir el tipo de política del *G. K.'s Weekly*, de Chesterton».[11] Ciertamente, es estimulante ver la influencia de Belloc y Chesterton en el viaje de Orwell desde el socialismo de su obra temprana hasta el distributismo oculto en novelas como *Subir a por aire*, *Rebelión en la granja* y *1984*. En cuanto a esta última, cabe señalar que la parábola distributista de Chesterton *El Napoleón de Notting Hill* está ambientada en el futuro, en 1984, lo que, como mínimo, es una afortunada coincidencia. Por supuesto, existe una explicación más prosaica y probable para que Orwell datase su novela en esa fecha: que simplemente cambiase los números del año (1948) en que fue escrita, pero persiste la duda romántica de que el título de la novela de Orwell sea un homenaje velado a su predecesora distribucionista.

Como se ha comenzado presentando los múltiples talentos de este excepcional hombre, Hilaire Belloc, quizás debería señalarse que es más que un hombre de letras, más que un poeta, un novelista, un historiador o un político. En última instancia, merece que se lo recuerde por su colosal personalidad. En su caso, en gran medida, es el propio hombre quien insufla vida y entusiasmo en su obra. Cuando escribe en todo su esplendor, cada página destila su carisma, esa exuberancia que lo hizo famoso entre sus contemporáneos. Ya sea por su legendaria y fructífera amistad con G. K. Chesterton o por su enconada enemistad con H. G. Wells, Belloc siempre aparece como el tipo de hombre que suele describirse como

---

[11] Bernard Crick, *George Orwell: A Life*, Londres, 1992, p. 270.

excelso. En sentido estricto, por supuesto, ningún hombre lo es. Sin embargo, en el caso de Belloc, quizá más que en el de cualquier otra figura literaria de su generación, el hombre puede considerarse realmente más importante que su obra. Como tal, sus mejores trabajos son aquellos que reflejan más fielmente su personalidad. Se lo admire o se lo deteste, y se lo suele admirar o detestar más que a la mayoría de la gente, no resulta sencillo pasarlo por alto.

Joseph Pearce

El libro que se presenta a continuación titulado *Servidumbre o cristianismo: el pensamiento económico de Hilaire Belloc* del Dr. Alfonso Díaz Vera es resultado de la investigación iniciada con su Tesis Doctoral defendida en la Universidad Rey Juan Carlos en el año 2020, sobresaliente *cum laude* por unanimidad y Premio Extraordinario de doctorado, y que, junto con el profesor León Gómez Rivas, tuve el honor de codirigir. La elección de Belloc y de su pensamiento económico como objetos de dicha investigación no puede ser más oportuna. El lector que ha decidido adquirir y leer este libro lo hace seguramente siendo consciente de la extrema gravedad del actual momento histórico, gravedad que percibimos especialmente en Occidente, continuidad secularizada de la Cristiandad. Los procesos de transformación de todo orden (religioso, moral, social, político y económico) que Belloc percibía con extrema lucidez a comienzos del siglo xx, no han dejado de producir frutos amargos desde entonces. La capacidad analítica de Belloc para analizar procesos históricos de largo alcance e interpretar, bajo esa perspectiva, el momento que le tocó vivir, constituye un gran aliciente para acercarse a su obra. En Belloc se unen el político, el periodista, el historiador, el economista, e incluso el poeta y escritor, todas estas, facetas de un espíritu libre donde confluyen su fe y su amor al prójimo y a la civilización cristiana.

Alfonso Díaz Vera en este libro ha expuesto magistralmente la vida y la obra de Hilaire Belloc resaltando su mutua coherencia. El autor ha entendido correctamente el lugar que ocupa el pensamiento económico de Belloc en el conjunto de su obra y, conforme a él, ha abordado esta investigación. Para Belloc la economía, siendo relevante, no es el motor de la historia, sino una dimensión más entre las que componen el actuar humano. La economía expresa, como no puede ser de otra forma, en sus instituciones y operación cotidiana, el sentido que los hombres dan a su vida y así es cómo debemos analizarla. Belloc se aproxima a la economía desde la historia, más concretamente desde la historia de la Cristiandad. Desde esta raíz inevitablemente religiosa, Belloc estudia la historia, sus hechos, ideas e instituciones: la maestra de la vida le sirve para comprender el presente e imaginar el futuro, también de la economía. Quien quiera estudiar el pensamiento económico, político o social de Belloc ha de adoptar en consecuencia idéntica perspectiva, algo que Díaz Vera entendió desde el comienzo de su investigación y que ha sabido plasmar en este libro.

Un descubrimiento fundamental del autor que sirve para situar el pensamiento económico (y político) de Belloc es el relativo a la influencia del pensamiento escolástico en su obra, apreciación ésta que no supone minusvalorar la influencia de la tradición liberal inglesa, también acertadamente considerada. Para la escolástica, la recta razón permite conocer a un tiempo el ser de las cosas y su bien. Sobre este presupuesto simultáneamente ontológico y moral, la escolástica investiga lo justo en la economía, por ejemplo, en los *tratos y contratos* de la Escuela de Salamanca. Este método está presente en Belloc. Como resalta el autor, el origen católico de sus ideas económicas, su presentación sistemática y el esfuerzo intelectual para actualizar y poner al día el pensamiento escolástico sobre la economía, permiten calificar a Belloc como economista post-escolástico. En esa actualización de la economía escolástica, Belloc adopta inteligentemente conceptos provenientes de la economía clásica que articula de modo innovador. Este esfuerzo teórico tiene interés en sí mismo y sirve además a Belloc como instrumento de análisis de la historia económica, lo que le va a permitir analizar coherentemente el proceso que conduce del estado servil de la antigüedad al estado servil contemporáneo.

Como Díaz Vera nos muestra, Belloc encontró en Suárez la teoría política que completaba su ideal de estado distributista por lo que, a su juicio, Suárez tenía algo importante que aportar aún en pleno siglo xx. Belloc veía en la filosofía política del jesuita español la combinación del ideal orgánico de comunidad política al modo aristotélico, con un principio de consentimiento moral que limitaba en su misma constitución las atribuciones del gobernante. Suárez trataba de evitar una teoría puramente contractualista, perspectiva bajo la cual se coexiste mediante artificios jurídicos, pero no se vive realmente en amistad política. Utilizando fuentes directas sobre Belloc, Díaz Vera pone el foco en la presencia del pensamiento político suareciano en el contexto de la represión contra los católicos y marginación ulterior que han marcado la historia de Inglaterra desde la Reforma hasta fechas no muy lejanas (la *Roman Catholic Relief Act* es de 1829). Acudir entonces (siglo xvii) a argumentos de autores jesuitas resultaba sumamente peligroso, ya fuera para cuestionar la facultad del rey de fijar impuestos ya, y con más motivo, para determinar bajo qué condiciones resultaba lícito deponer, por tirano, a un gobernante.

Como dijimos, el pensamiento económico de Belloc no resulta independiente del resto. Al cristianismo debemos el descubrimiento de la libertad del hombre. Descubrimiento que ha quedado plasmado en forma de instituciones nucleares de nuestra civilización como el respeto a la vida humana, el sometimiento del gobernante a la ley, no solo del gobernado, el principio de consentimiento y el poder limitado de los gobernantes: principios precisamente en los que descansa la filosofía política tardoescolástica. El ciudadano ideal que, para Belloc, sostiene este marco político es, en palabras de Díaz Vera «responsable, consciente, independiente del control de otros y con la fuerza moral que le hiciera inmune a intentos de abuso por parte de hombres más poderosos». El edificio político así dibujado precisa, para Belloc, del acceso generalizado a la propiedad por parte de las familias, especialmente a aquellos bienes necesarios que les permiten ganarse el sustento diario, los denominados medios de producción, de los cuales la tierra cultivable constituye históricamente el primero y fundamental. Sin propiedad no hay auténtica libertad política, una y otra van de la mano. En esto Belloc sigue la Doctrina Social de la Iglesia (*Rerum Novarum*, 1891): permitir el acceso generalizado a la propiedad por medio del ahorro constituía el mejor modo de evitar la proletarización creciente que amenazaba el orden social a finales del siglo XIX. Esto sigue siendo verdad a día de hoy.

Bajo estos presupuestos se articula la obra económica de Belloc (*El estado servil,* 1912; *Economics for Helen,* 1924;

y *An essay on the Restoration of Property*, 1936). La tesis fundamental, de raíz histórica, del distributismo se encuentra en *The Servile State*, obra que fue conocida y apreciada por Hayek, entre otros destacados economistas, aunque son también de gran interés las otras obras citadas, a las que Díaz Vera presta la atención debida. Remitiendo a la lectura de *El estado servil* y la síntesis expuesta en el Capítulo 4 de este libro, señalemos la relación que establece Belloc entre los binomios esclavitud-pobreza y libertad-propiedad. La progresiva cristianización de las instituciones durante el medievo europeo y el acceso a la propiedad de la tierra condujeron a la constitución de un estado distributista, sistema económico que combina libertad y propiedad. La dinámica histórica ulterior que se inicia con la Reforma, especialmente en Inglaterra, dio lugar a una concentración de la propiedad agrícola mediante confiscaciones de opositores políticos y religiosos, extinción de tierras comunales, o más tarde, mediante los *enclosures*. En su segundo momento, la existencia de una masa campesina desprovista de tierra y empobrecida, unida al proceso de industrialización, favoreció aún más la concentración de la propiedad. La proletarización creciente y el consiguiente miedo al socialismo, promovió la legislación que sentó las bases del conocido como estado del bienestar. En los inicios de la legislación que da origen a la seguridad social en Inglaterra (*National Insurance Act*, 1911), Belloc veía el camino de retorno al trabajo obligatorio propio de la esclavitud pagana al establecer de hecho, en un principio, la obligación de trabajar, especialmente para los asalariados, pues el gravamen consiguiente (en aumento como se ha comprobado especialmente desde los años 70 hasta hoy) impediría el ahorro, restringiendo poderosamente la actividad empresarial, la creación consiguiente de riqueza y la formación de una base amplia de propietarios.

Como se deduce de la lectura de este libro, el distributismo no defiende la distribución de los medios de producción: no estamos, ni mucho menos, ante una reescritura cristiana del marxismo. El foco del distributismo no se sitúa donde lo hace la teoría económica marxista (precios y salarios que encubren relaciones de explotación) ni en una fiscalidad progresiva. El acceso a la propiedad que defiende el distributismo se produce como resultado de una determinada constitución del sistema económico. Del análisis histórico económico que realiza Belloc se deduce que el acceso a los medios de producción, y el grado consiguiente de concentración de la propiedad, resultan de una cierta configuración institucional que no viene dictada por la «necesidad de las fuerzas productivas». El tejido económico propio de un sistema distributista evita la concentración monopolista, ésta última siempre de la mano del favor político a través de la *captura del regulador* (dicho en términos actuales) y de la corrupción relacionada con la existencia de intereses oligárquicos. Un tejido económico diversificado, de elevada concurrencia, con predominio de una pequeña y mediana empresa eficiente y competitiva, permite a las familias disponer de una auténtica independencia económica así como el ejercicio efectivo de su libertad política. El distributismo insiste en la capacidad de las familias para apropiarse del fruto de su trabajo, ahorrar y consolidar un patrimonio real y financiero que poder dejar a las generaciones venideras. El distributismo no defiende la fiscalidad confiscatoria de los actuales estados del bienestar (a pesar de ello al borde de la quiebra, o precisamente por ello) sino la posibilidad efectiva de creación de riqueza por parte del grueso de la población. En este punto es interesante comparar la teoría de la empresarialidad de la Escuela Austriaca de Economía con la de Belloc (en el Capítulo 6).

A este respecto, una aportación sumamente valiosa de la investigación de Díaz Vera se encuentra en la relación que establece el autor entre la tesis del estado servil y la polémica en torno a la imposibilidad del socialismo. Imposibilidad que no se percibe en toda su radicalidad si ésta se aborda exclusivamente en términos de eficiencia económica. Siendo este argumento de suma importancia, no obstante, los presupuestos antropológicos y, en última instancia, religiosos del colectivismo obligan a enfrentar el estudio de dicha imposibilidad desde la pregunta por el sentido del todo y el lugar que corresponde al ser humano en dicha totalidad. Por ello son más que oportunas las consideraciones del autor en torno a las «religiones políticas» (Voegelin) y su relación con el concepto de «falsa filosofía» de Belloc como fundamentos últimos de los proyectos colectivistas (véase el Capítulo 7). Es así porque, tanto bajo el colectivismo como bajo el estado servil, no sólo se pierde el derecho al fruto del propio trabajo: las religiones políticas que les sirven de sustento también exigen el alma, y ya sabemos que el alma solo es de Dios. A este respecto, resumiendo la tesis de Belloc, nos dice Díaz Vera que «cuando la sociedad se olvida del mensaje de Cristo, aunque intente de buena fe mantener valores de inspiración cristiana como la solidaridad o la libertad, vuelve de manera natural al tipo de relaciones laborales características del paganismo, esto es, al estado servil».

Para finalizar, como también hace el autor, señalemos que este trabajo es resultado de dos proyectos nacionales competitivos de investigación titulados «Sociedad, política y economía: proyecciones de la Escolástica española en el pensamiento británico y anglosajón» (referencia FFI2017-84435-P) y «Salvación, política y economía: el intercambio de ideas entre España y Gran Bretaña en los siglos XVII y XVIII» (referencia PID2021-122994NB-I00) financiados por la Agencia Estatal de Investigación y el FEDER. Agradezco también al director de la colección del Instituto de Investigaciones Económicas y Sociales de la Editorial de la Universidad Francisco de Vitoria, profesor Dr. D. Rafael Rubio de Urquía, su valiosísima labor y apoyo continuado a la investigación sobre los fundamentos antropológicos de la ciencia económica.

José Luis Cendejas Bueno

# INTRODUCCIÓN

Hilaire Belloc (1870-1953) fue un prolífico escritor, historiador y periodista inglés. Hoy en día es recordado sobre todo por su obra narrativa y poética, pero sus ensayos sobre historia y economía constituyeron el objeto principal de su producción intelectual. Sus puntos de vista, antagónicos respecto a la historiografía dominante en su época, dieron a su obra un tono reivindicativo y a veces incluso apocalíptico. Pese a ello, el poder predictivo de sus ensayos, especialmente respecto a las consecuencias del abandono de los principios básicos de la libertad individual en beneficio del papel económico y social de los Estados, terminó siendo corroborado por la realidad en muchos aspectos. Pese al interés de sus ensayos económicos, políticos y sociales, se trata de un autor poco estudiado en estos campos, pues con contadas excepciones —como la obra de John P. McCarthy, *Hilarie Belloc: Edwardian Radical* (1978)— no se había realizado anteriormente una aproximación académica a su figura y su pensamiento en el ámbito de las ciencias sociales.

Esta obra es resultado de dos proyectos de investigación: «Sociedad, política y economía: proyecciones de la Escolástica española en el pensamiento británico y anglosajón» y «Salvación, política y economía: el intercambio de ideas entre España y Gran Bretaña en los siglos XVII y XVIII» (Programa Estatal de Fomento de la Investigación Científica y Técnica de Excelencia, referencias FFI2017-84435-P y PID2021-122994NB-I00, financiados por la Agencia Estatal de Investigación y el Fondo Europeo de Desarrollo Regional), que ha dado lugar a una tesis doctoral titulada «Hilaire Belloc y el estado servil: una aproximación alternativa a la cuestión de la imposibilidad del socialismo». Las más de 400 páginas de la tesis han quedado reducidas a casi la tercera parte, pero la obra que se presenta no es solo un resumen del trabajo de investigación realizado, expresado en un lenguaje más claro y con un formato más accesible, sino que propone y desarrolla objetivos y planteamientos nuevos, que no se intuían por parte del autor al comienzo de esta andadura, iniciada cinco años atrás. Nos referimos en particular al reconocimiento de la existencia de una verdadera teoría económica en Belloc. Pese a no ser economista por formación, el autor inglés desarrolla sus reflexiones sobre la base de un sistema coherente que tiene sus raíces en la tradición escolástica. Belloc actualiza y renueva muchos de los conceptos que los maestros escolásticos aplicaron a cuestiones económicas desde su enfoque teológico, para hacerlos aplicables a la economía del mundo que conoció desde una perspectiva más moderna y centrada específicamente en los problemas de la sociedad de su tiempo. Su visión general sobre la sociedad y su filosofía política coincidía a grandes rasgos con la de los teólogos jesuitas, en particular con la de Francisco Suárez, a quien Belloc reivindicó como el verdadero padre de la teoría del consentimiento. Al mismo tiempo, las ideas económicas de Belloc, en su originalidad, resultan relativamente avanzadas para su época debido a que toma elementos propios de la escolástica, como el subjetivismo metodológico, que habían sido obviados por importantes exponentes de la escuela clásica de economía y por los autores marxistas, dejando incluso un cierto poso de objetivismo en la teoría neoclásica. A todo ello hemos de unir otros dos elementos importantísimos en los que Belloc coincidiría con la escolástica: la vinculación intrínseca entre el bien moral y la racionalidad económica, y la necesaria interrelación entre los saberes a la hora de intentar explicar los problemas del mundo real.

La conjunción de todos estos factores, unida a la capacidad predictiva y explicativa de la obra de Belloc respecto a cuestiones como las crisis económicas o la imposibilidad del socialismo, hacen que nos atrevamos a reivindicar su figura en el ámbito específico de la economía, y que hayamos caracterizado su aportación a nuestra disciplina como «postescolástica», reivindicando así al mismo tiempo la urgente necesidad que tenemos los economistas de tomar en cuenta muchas de las contribuciones realizadas a lo largo de la historia. Solo de esta forma podrá nuestra disciplina afrontar la encrucijada en la que se encuentra en el momento actual.

Entendemos que la evidencia respecto al poder predictivo y explicativo de la obra de Belloc, reivindicada por economistas como F. A. Hayek o Wilhelm Röpke, hace preciso el estudio en profundidad de este y otros autores, cuyas contribuciones han sido a menudo obviadas. A esa misión se encomienda este modesto trabajo, esperando que sea tan solo un primer paso en una futura inserción de las teorías de Belloc y otros autores en el diálogo académico sobre la historia del pensamiento económico, sobre las cuestiones fundamentales que afronta la economía como disciplina y sobre los problemas económicos de nuestro tiempo.

# I. Hilaire Belloc: un espíritu *contra mundum*

«Amó a Inglaterra con todo su corazón, no como un deber sino como un placer y una satisfacción; pero lo que odió con igual intensidad era aquello en lo que Inglaterra parecía estar convirtiéndose.»

*G. K. Chesterton*[12]

## Una vida tormentosa

A la hora de estudiar e interpretar la obra de un autor en el ámbito de las ciencias sociales, los hechos biográficos, en el marco de las circunstancias históricas del tiempo que le tocó vivir, pueden resultar muy relevantes. La vida de Belloc, al igual que la historia de su tiempo, estuvo marcada por hechos turbulentos. Nació una semana después de declararse la Guerra Franco-Prusiana, que supuso el saqueo de la casa familiar en Francia. Perdió sendos hijos en cada una de las dos guerras mundiales. Desde sus tiempos de juventud, su origen francés y su

---

[12] De la introducción de G. K. Chesterton al libro *Hilaire Belloc: The Man and his Work* (Mandell y Shanks, 1916, p. x).

catolicismo, en medio del ambiente hostil a ambas identidades en la Inglaterra de finales de la era victoriana, marcaron su carácter combativo y vehemente. Este carácter tendría también reflejo en su estilo como escritor, especialmente en sus ensayos sobre cuestiones históricas, políticas y económicas.

Joseph Hilaire Pierre René Belloc nació durante la noche tormentosa del 27 de julio de 1870 en la pequeña localidad francesa de La Celle-Saint Cloud, cercana a Versalles. Hijo de un abogado francés y una escritora inglesa activista de los derechos de la mujer, la Guerra Franco-Prusiana y la convulsa situación posterior en Francia motivaron que la familia buscara refugio en Inglaterra. Su padre falleció cuando Belloc contaba tan solo dos años, y fue su madre, Elizabeth Rayner Parkes, quien se encargó de sacar adelante a sus dos hijos y darles una educación católica.

Desde su infancia, la vida de Belloc estuvo marcada por dos realidades fundamentales que imprimieron una fuerte huella en su carácter: su condición de inglés de origen francés (nunca renegó de su origen e incluso hizo el servicio militar para no perder la nacionalidad francesa) y su catolicismo. Ambos rasgos, en un entorno como el de la Inglaterra de finales del siglo XIX, contribuyeron a configurar una personalidad fuerte a partir de un carácter romántico y solitario, y a un hombre acostumbrado a desenvolverse en un ambiente hostil y capaz de defender, en ese mismo ambiente, sus convicciones de manera apasionada y vehemente.

En 1890 conoció en Londres a la joven californiana Elodie Hogan, de la que se enamoró. Al regresar esta a su país, emprendió un viaje novelesco para pedir su mano, viajando en barco a Nueva York y recorriendo Estados

Unidos de costa a costa pagando su viaje y manutención ejerciendo de pintor de retratos.[13] Al año siguiente hizo el servicio militar en Francia, pues era un requisito para no perder la nacionalidad de aquel país.

Cursó estudios de Historia en el Balliol College de Oxford, donde destacó pronto como brillante orador en los debates de la Oxford Union. Al terminar sus estudios, aspiró sin éxito a ingresar en All Soul's College para iniciar una carrera como profesor universitario, debido posiblemente a su condición de católico, lo que se encargaba de enfatizar acudiendo a los exámenes con una pequeña imagen de la Virgen.[14]

Contrajo matrimonio con Elodie Hogan en 1896, dedicándose los años siguientes al periodismo y a la escritura. Los ingresos de sus primeras biografías y novelas, y de artículos y poemas que eran publicados con cierta regularidad, pese a ser precarios, le permitieron sacar adelante a su familia, que pronto contó con cinco hijos. De los primeros años de su matrimonio data su amistad con Maurice Baring y Gilbert Keith Chesterton. Este último no solo sería un amigo de por vida, sino que formaría junto a él un tándem literario que George Bernard Shaw caricaturizó con el apelativo de «Chesterbelloc»[15].

Su espíritu inconformista y reformista le llevó a presentarse en 1906 a las elecciones al Parlamento como candidato del Partido Liberal por el distrito de South Salford, de mayoría obrera. Tras una dura campaña en la que su origen francés y su catolicismo fueron utilizados

---

[13]  Cooney (1997), p. 2.
[14]  Pearce (2015), p. 66.
[15]  Shaw, G. B. «The Chesterbelloc: a Lampoon», *New Age*, 15 de febrero de 1908.

por sus contrincantes como armas arrojadizas, lo que supo contrarrestar con su brillante oratoria, resultó elegido al Parlamento.

Su trayectoria como parlamentario resultó cuanto menos controvertida. Destacó por su oposición a muchas de las medidas del gobierno de su propio partido, particularmente a aquellas que tendían a regular las relaciones laborales o la conducta de los ciudadanos. Pero la opinión que más animadversión le valió dentro de su partido fue su oposición a la *Licensing Bill* y otras medidas similares destinadas a tratar de limitar el consumo de alcohol entre las clases populares y que fueron denominadas satíricamente Teetotalism.[16] Como representante de un distrito obrero, encontró intolerable tal intromisión en la vida y la libertad de las personas. Pese a ello, revalidó su escaño en 1909 como candidato del Partido Liberal. En 1910 volvió a haber elecciones,[17] pero Belloc renunció a su candidatura porque su partido no aceptó su exigencia de figurar en sus listas como independiente, por lo que aquel año terminó su breve y controvertida carrera política.

Su paso por el Parlamento marcó sus posteriores opiniones como periodista y escritor extremadamente crítico con los vicios de una política que había conocido de primera mano. Como coeditor de *The Eye Witness* junto con Cecil Chesterton, denunció en 1912 el conocido escándalo Marconi, lo que les acarreó serios problemas judiciales, además de acusaciones de antisemitismo. La crítica revista de Cecil Chesterton y Belloc se refundó

---

[16]   Pearce (2015), p. 179.
[17]   El gobierno las convocó a raíz de la crisis institucional provocada por el rechazo a los presupuestos de la Cámara de los Lores.

como *The New Witness* en 1914. Aquel mismo año Belloc sufrió el durísimo golpe de la muerte de su esposa a causa de la gripe, además del comienzo de la Gran Guerra, en la que murieron, cuatro años más tarde, su hijo Louis y su amigo Cecil Chesterton. Gilbert Keith, ya convertido al catolicismo, tomó el relevo periodístico de su hermano colaborando con Belloc a partir de 1925 al frente del *G. K. 's Weekly*, que se convirtió en la voz del movimiento distributista. A la muerte de este en 1936, correspondió a Belloc la dirección de la revista, que pasó a denominarse *The Weekly Review*, así como la presidencia de la Liga Distributista.

Durante los años 20 y 30 Belloc desarrolló una intensa labor como escritor, periodista y conferenciante, siendo invitado por muchas universidades, especialmente del ámbito católico, de toda Europa y de Estados Unidos. Destinó todo el tiempo que pudo al refinamiento y difusión de sus teorías históricas, económicas y políticas, tarea mucho menos rentable que el resto de su producción literaria. Agobiado por las dificultades económicas, en 1937 viajó para ejercer como profesor visitante durante un semestre en la Fordham University de Nueva York. Siguió activo como escritor durante cinco años más.

Su salud empeoró con la noticia del fallecimiento de su hijo Peter en acto de servicio en 1941. Con esta pérdida, Belloc, testigo de una época convulsa, contaba el triste registro de haber perdido un hijo en cada una de las dos guerras mundiales. Sus últimos años estuvieron marcados por el retiro solitario en su casa de Sussex y por la enfermedad. Falleció a los 82 años, el 16 de julio de 1953, en una enfermería de Guilford (Surrey), donde fue trasladado tras sufrir un accidente en su casa de King's Land. Su funeral fue oficiado por monseñor

Ronald Knox, que destacó el compromiso de Belloc con el bien común,[18] pero también incidió en el pesimismo sobre el futuro del mundo y de Inglaterra que había acompañado a Belloc en sus últimos años, no tanto por las pérdidas en el terreno de lo material, como por la profunda crisis espiritual de la que los males del mundo eran tan solo un reflejo.[19] Está enterrado en el pequeño cementerio anejo a la Iglesia de Nuestra Señora de la Consolación, en West Grinstead (Sussex), junto a su mujer y su hijo Peter.

## Personalidad y estilo literario

Los acontecimientos de su vida y del tiempo que le tocó vivir marcaron fuertemente su personalidad y su estilo literario. En su introducción a un libro de homenaje a Belloc, Chesterton cuenta una anécdota sobre el día en que le conoció. Cuando iban a presentarles le advirtieron de que Belloc estaba ese día «bajo de ánimos». Después descubrió que «sus ánimos bajos eran mucho más escandalosos y vivificantes que los ánimos altos de cualquier otra persona».[20] Una impresión similar sobre el joven Belloc tuvo el escritor E. C. Bentley[21] a la llegada del primero a Oxford, a partir de la cual, escribe, «un espíritu

---

[18] «No man of his time fought so hard for the good things». La homilía del funeral de Belloc se encuentra en Knox [1953] (2002).
[19] «If we had lost good fellowship and good craftsmanship and a hundred other things that the natural side of him regretted, it must be, a nemesis, traceable to the loss of certain other things, which the supernatural side of him regretted inconsolably» (*ibid.*).
[20] Mandell y Shanks (1916), p. vii.
[21] Edmund Clerihew Bentley (1875-1956), popular novelista y humorista inglés.

fresco comenzó a entrar en la vida intelectual de Inglaterra».[22] Bentley menciona en concreto «su inmenso magnetismo personal, su cascada de ideas y palabras, su fervorosa oratoria, su humor exuberante e irreverente, su amor por la actividad física y la aventura (…)».[23] Su amigo y también escritor J. B. Morton[24] escribió de él que «su ingenio era francés, pero su humor era inglés. Amaba profundamente la belleza de la campiña inglesa, pero prefería el modo de vida francés. Su temperamento militar, su amor por la justicia antes que el orden, los procesos lógicos de su cerebro eran franceses (…) parecía un inglés vestido como francés».[25]

Estos comentarios sobre Belloc reflejan una personalidad caracterizada, al menos en la primera mitad de su vida, por la jovialidad, el entusiasmo por los debates y las reuniones de amigos, el sentido del humor y el interés por las cuestiones históricas, políticas y sociales. Su carácter se hizo más amargo tras el fallecimiento de su mujer en 1914 y la muerte en combate de su hijo Louis en 1918. Aquel hombre apasionado, en palabras de Karl Schmude, se veía de pronto a cargo de una joven familia que debía sacar adelante solo y «en medio de un clima mental hostil que combatir y cambiar».[26] Tan solo la fe le preservaba ante las situaciones de la vida. Belloc era un hombre profundamente religioso que, como católico, veía su fe reflejada en todos los aspectos de la realidad, incluso los más

---

[22]  Pearce (2015), p. 58.
[23]  *Ibid.*
[24]  John Cameron Andrieu Bingham Michael Morton (1893-1979), periodista y escritor humorístico inglés, famoso por su columna «By the Way» en el diario *Daily Express*.
[25]  Cooney (1997), p. 3.
[26]  Schmude (2009), p. 28.

difíciles de aceptar. Años después de la muerte de su esposa, escribió a un amigo que acababa de perder a su padre que «la ventaja de la Fe en esta prueba que es la vida humana es que la Fe es Realidad, y a través de ella todo cae dentro de la perspectiva correcta».[27] Pese a las duras pruebas de la vida mantuvo su sentido del humor hasta el final, como refleja el que en sus últimos años de retiro en King's Land tan solo leyese, además de sus propias obras, las de P. G. Wodehouse[28] y *The Diary of a Nobody*[29].

Para Robert Hamilton, lo más atractivo de su personalidad era su «síntesis única de escepticismo, ironía, mundanidad y fe».[30] Belloc era, en palabras de Hamilton, «el menos crédulo de los hombres; y su sentido común, lógica y realismo dan fuerza a sus juicios. De su escepticismo procede su ironía, que es salvada por la fe de degenerar en cinismo».[31]

Su estilo literario reflejaba muchos de los rasgos de su personalidad. Según Hamilton, los ensayos de Belloc sobre historia y economía revelan su comprensión psicológica de los caminos y necesidades de los hombres, en

---

[27] Speaight (1958), p. 191.
[28] P. G. Wodehouse (1881-1975) fue un escritor y humorista inglés famoso por haber creado los personajes de Jeeves y Wooster. Belloc admiraba la obra y el estilo de Wodehouse. El prólogo de la recopilación de historias de Wodehouse, *Week-End Wodehouse*, editada en 1939, fue escrito por Belloc. En él Belloc afirmaba que escribir es un arte consistente en «elegir las palabras adecuadas y ponerlas en el orden correcto» y que en el ámbito de las letras inglesas Wodehouse era quien mejor dominaba ese arte (Wodehouse [1939] 2010, pp. 5-6).
[29] Schall (2015), p. 4. *The Diary of a Nobody* es una novela cómica escrita por los hermanos Grossmit en 1892.
[30] Hamilton (1945), p. 8.
[31] *Ibid.*

tanto que sus textos sobre temas más livianos «reflejan la calidez de su carácter y su encanto».[32] Este contraste que señala Hamilton se ve reflejado en la popularidad de su obra de ficción y su poesía en comparación con la de sus ensayos sobre cuestiones relativas al devenir de la sociedad de su tiempo. El camino que esta estaba tomando, agravado con los acontecimientos históricos que vivió, incluidas dos guerras mundiales, enojaba el espíritu tradicional de Belloc, lo cual se reflejaba en el tono enfático y apasionado de algunos de sus escritos. Para Aidan Mackey, los ensayos de Belloc se caracterizaban por «su negativa a bajar el tono de sus puntos de vista, que eran generalmente expresados con vehemencia, y su desprecio por el *establishment* político, social y literario de su tiempo».[33] Estos factores, según Mackey, podrían haber jugado en contra de su pleno reconocimiento, tanto en su época como hoy en día, como escritor e intelectual de primer nivel.

## El hombre y su obra

Belloc cultivó casi todos los géneros literarios. Sus poemas, que para muchos de sus lectores siguen siendo la parte más conocida de su obra, le valieron en su momento gran prestigio y éxito editorial. Junto a sus poemas dirigidos a un público infantil, entre los que destacan los recogidos en *Cautionary Tales for Children* (1907), escribió otros en los que sacó a relucir su carácter melancólico y su aguda sensibilidad, junto con su peculiar sentimiento

---

[32] *Ibid.*, p. 35.
[33] Mackey (1991), p. 7.

de pérdida de una tradición y una civilización ancestral, como *Tarantella* o *Ha'nacker Mill.*

Destacó también como escritor de novelas y libros de viajes, entre los que tuvo y sigue teniendo particular éxito *The Path to Rome* (1902). En la Inglaterra de la época, en cuya intelectualidad se venía acumulando un cierto cansancio por las modernas tendencias amaneradas y decadentes, así como por la excesiva influencia de la visión *whig* de la historia del país, *El camino a Roma*, que narra el viaje a pie que el propio Belloc hizo a la ciudad eterna en precarias condiciones, tuvo gran aceptación, trayendo de nuevo —en palabras de Robert Speaight— «el sentido de Europa, física y espiritual, a las letras inglesas».[34]

La obra histórica de Hilaire Belloc comenzó con biografías de personajes ilustres de la historia de su amada Francia, siendo la primera de estas la dedicada a *Danton* (1899), uno de sus héroes de juventud. De similar temática son sus estudios generales como *The French Revolution* (1911) y *Napoleon's Campaign of 1812* (1926). Más interesante es su *History of England* (1925-1931) y sus libros sobre la Reforma Protestante inglesa, *How the Reformation Happened* (1928) y *Characters of the Reformation* (1936), así como sus biografías de Carlos Estuardo, *Charles I* (1933), y el santo medieval *Thomas Becket* (1933). Con estos estudios sobre la historia inglesa, Belloc quiso reivindicar el punto de vista católico, fuertemente denostado por la historiografía oficial, para una mejor comprensión de la historia de su país. Dentro del subgénero del ensayo histórico se enmarca también *Europe and the Faith* (1920), una incisiva reflexión sobre los orígenes de la

---

[34]   Speaight (1957), p. 163.

civilización occidental y su naturaleza cultural y religiosa. Una de las obras de su última etapa, *The Crisis of
Civilization* (1937), refleja el contenido de las clases de
historia que impartió en la Fordham University, articuladas
en torno a la tesis de que la civilización occidental es un
producto del cristianismo que ha sufrido y sigue sufriendo
la presión de varias herejías (mahometana, albigense, protestante y moderna) a lo largo de su historia, y que vive
actualmente una fuerte decadencia motivada por la presión
de la última de estas herejías, el materialismo moderno.

Sus ensayos en materias políticas y sociales destacan
por la versatilidad de sus temas y la originalidad de sus
contenidos. Sus primeros ensayos dentro de este género
son dos panfletos publicados por la Catholic Truth Society:
*An Examination of Socialism* (1908) y, sobre todo, *The
Church and Socialism* (1909). Estas obras le sirvieron
para enmarcar la visión social del catolicismo como sen-
sible ante los problemas de su tiempo, a la vez que como
única alternativa a los planteamientos colectivistas. Reto-
mará este tema, además de en algunas de sus obras principales, en ensayos como *The Catholic Church and the
Principle of Private Property* (1920) y *Catholic Social
Reform versus Socialism* (1922). En *The Party System* (1911),
escrita junto con Cecil Chesterton, criticó abiertamente
el sistema político que conocía desde dentro, y que, en
connivencia con intereses industriales y comerciales,
conduce, según Belloc, al monopolio y al imperialismo,
dos fenómenos cuya crítica son una constante en sus
ensayos. En *La Prensa Libre* (1918) denuncia cómo la
maquinaria del poder extiende su influencia hasta los medios de comunicación.

Las obras anteriormente citadas son tan solo una selección de la prolífica producción literaria de Belloc.

Mención aparte merecen sus ensayos de carácter económico o socioeconómico. Si bien su bibliografía es de lo más extensa y variada, el interés principal de Hilaire Belloc como escritor fue dar a conocer sus ideas sobre la economía y la historia. Así lo reflejó en una carta personal a Collin Brooks[35] fechada en septiembre de 1933.[36] Brooks había dedicado a Belloc su libro *The Economics of Human Happiness*, un tratado que critica el exceso de dirigismo y reglamentación en la vida económica.[37] En su respuesta de agradecimiento por el libro y la dedicatoria, Belloc afirma que la única parte de su obra en la que ha estado realmente interesado han sido sus ensayos sobre economía e historia. Este tipo de trabajos, continúa diciendo Belloc, no permite vivir a un escritor, pues para llegar a tener éxito en estos géneros es preciso que las ideas estén en línea con lo que el lector medio ya conoce, y las suyas no resultaban familiares para el gran público.

Tres de sus obras, distantes entre sí en el tiempo, están dedicadas enteramente a las cuestiones económicas. Se trata de *El estado servil* (1912), *Economics for Helen* (1924) y *An essay on the Restoration of Property* (1936), tres ensayos que resultan fundamentales para caracterizar el pensamiento de Belloc en esta materia. *Economics*

---

[35]  Collin Brooks (1893-1959) fue un escritor, periodista y locutor británico. Condecorado en la Primera Guerra Mundial, trabajó posteriormente como periodista para varias publicaciones como *The Liverpool Courier* o *The Yorkshire Post*, y como editor para *Financial News*, *Sunday Dispatch*, *Truth* y *The Statist*. En los últimos años de su vida fue locutor de varios programas de radio de la BBC.

[36]  La carta se encuentra en los archivos del Balliol College (Oxford), *alma mater* de Belloc, catalogada como «BELLOC C. C.2. TL from Hilaire Belloc to Collin Brooks of 88 Grove Park terrace Londres W4. Kings Land, Shipley, Horsham, 29 September 1933».

[37]  Brooks (1933).

*for Helen* es una obra de carácter divulgativo que pretende ofrecer una explicación de los conceptos económicos
fundamentales a un público (Helen es una adolescente
de 16 años) profano en la materia. En *An essay on
the Restoration of Property* Belloc desarrolla el programa
económico distributista de manera minuciosa, tratando
en todo momento de rebatir los argumentos de quienes
califican a dicho programa como utópico o irrealizable.

Mención aparte merece *El estado servil (The Servile
State)*, el gran ensayo en el que se sientan las bases del
pensamiento distributista a partir de una reflexión sobre
la historia y el estado de la economía, centrándose en la
cuestión de la propiedad y la esclavitud, y donde se des-
criben las posibilidades de desarrollo futuro de la sociedad
a partir de la situación a la que se ha llegado mediante la
combinación de concentración de la propiedad y Revolución Industrial.

Sus ensayos sobre historia y economía, precisamente
los que más le enemistaban con su mundo y con el nuestro, constituían la parte de su producción intelectual que
realmente le interesaba, al tiempo que la menos rentable económicamente. Su interés en difundir su visión
sobre la sociedad, la economía y la historia se derivaba
precisamente de su espíritu *contra mundum*. Belloc
entendía que el mundo iba en la dirección opuesta a la
que él consideraba correcta y se aferró a la defensa de
sus ideas a costa incluso de su prestigio como escritor.
Como él mismo reconoció en algunas de sus obras, sus
puntos de vista tan solo le valdrían la incomprensión por
parte de sus contemporáneos. Con el tiempo, esa incomprensión, en lugar de quedar enmarcada en un contexto
histórico determinado, permitiendo una valoración de
su aportación no condicionada por el mismo, no ha he-

cho sino crecer. Parafraseando lo que Belloc escribió sobre Wodehouse,[38] se podría considerar la pervivencia o no de su fama y la de su obra a lo largo de los años como un «test» sobre lo que le ha sucedido a Inglaterra y al mundo occidental en general.

La recepción de la obra y la figura de Belloc ha pasado por fases muy dispares. En vida fue un autor muy reconocido, con un notable prestigio como escritor, historiador y ensayista especializado en cuestiones económicas y sociales, especialmente en los círculos católicos. En los años 20 y 30 era invitado como conferenciante en las más prestigiosas universidades británicas y europeas, y era recibido en audiencia por el papa y jefes de gobierno. En 1934, el papa Pío XI le condecoró con la Gran Cruz de la Orden de san Gregorio por sus servicios al catolicismo como escritor. Ese mismo año la Universidad de Oxford le concedió el título de Master of Arts honorífico.[39] Compartió con Churchill, con quien pese a sus diferentes puntos de vista había trabado amistad, la distinción de ser las únicas dos personas en tener en vida un retrato en la National Portrait Gallery. El propio Churchill, siendo primer ministro y mientras las bombas alemanas caían sobre Londres, le ofreció una alta distinción en nombre del rey de Inglaterra, que Belloc rechazó con cortesía.[40] En 1937, cuando Belloc fue nombrado profesor visitante en la Universidad de Fordham, el rector de la universidad, el padre jesuita Robert I. Gannon, anunció su contratación como la de «el hombre más famoso en las letras católicas inglesas».[41] Cuan-

---

[38] Wodehouse [1939] (2010), p. 9.
[39] Langworth (2013), p. 20.
[40] Wilhelmsen (1989), pp. 83-95.
[41] Shelley (2016), p. 276.

do Belloc volvió a Inglaterra, Gannon trató de suplir su baja haciendo una oferta a Christopher Dawson con un salario inferior al de Belloc.

Tras su fallecimiento, salieron a la luz varias obras en su memoria y elogiando su legado, pero al poco tiempo su figura fue cayendo en el olvido. Pasadas unas décadas en las que su obra histórica y social, no tanto la poética, estuvo prácticamente olvidada, su figura empezó a recobrar interés desde una perspectiva más bien crítica. Las nuevas críticas no tomaban en cuenta, por lo general, el conjunto de su obra o la importancia de su aportación a las diversas materias que trató, sino más bien tendían a juzgar aspectos particulares de su vida y personalidad y opiniones aisladas que podían documentarse en los abundantes escritos que dejó en relación con opiniones sobre cuestiones como la religión y la política de su tiempo. Estas críticas parciales, hechas desde la perspectiva de nuestro tiempo, han contribuido a una imagen generalmente oscura de Belloc, en contraste con la más jovial y agradable de su conmilitón G. K. Chesterton, a cuyas paradojas en tono humorístico es más fácil acercarse hoy en día que a las profundas teorías de Belloc.

En el mundo académico, su aportación ha sido valorada positivamente por algunos autores importantes en el ámbito de la teoría política (Nisbet, Kirk o Dalrymple) y de la economía (Hayek, Röpke o Schumacher). La aparición en 1978 de una biografía intelectual del joven Belloc, que incluía el análisis de la influencia de los liberales radicales ingleses en su pensamiento, por parte de John P. McCarthy, constituyó un primer paso para encuadrar su figura en el ámbito de la historia de las ideas políticas de su tiempo. Esta obra pretende, modestamente, contribuir a la caracterización de sus ideas en el ámbito de la economía y a analizar en profundidad su posible contribución, que fue valorada por Hayek y Röpke, a una ciencia económica que no pasa precisamente por sus mejores momentos. Podría decirse, sin demasiado margen de error, que la crisis financiera iniciada en 2008, así como acontecimientos más recientes, han puesto de manifiesto las limitaciones metodológicas de la ciencia económica al uso. En este contexto, puede resultar de gran utilidad el estudio de autores que, desde otros campos como la sociología o la historia, o bien partiendo de un enfoque multidisciplinar, aporten ideas novedosas para el análisis económico. Consideramos que, por su forma original de tratar las cuestiones económicas, conectándolas con otros ámbitos de la realidad, y por la capacidad explicativa de sus teorías, Belloc puede ser uno de estos autores.

## II. El camino hacia *El estado servil*

«En una sociedad en la que no existe la libertad
personal y económica, ni siquiera la forma más
liberal de gobierno puede hacer posible la
independencia política.»

*Eugen Richter*[42]

De cara al análisis de las ideas de Belloc en el ámbito de
la economía, es preciso realizar previamente un estudio
sobre las raíces intelectuales e históricas de su pensamiento. En este análisis resultarán relevantes las influencias de distintos autores y corrientes, así como su forma
de interpretar las experiencias, tanto personales como históricas, del tiempo que le tocó vivir. Dos son las principales fuentes intelectuales de su pensamiento: los liberales
radicales y la tradición católica. Como puede observarse,

---

[42]  Richter [1891] (1907), p. 52. Eugen Richter (1838-1906) fue un periodista y político liberal alemán. Influido por el liberalismo radical
inglés de la Escuela de Manchester, fue uno de los mayores opositores
en el Parlamento prusiano y posteriormente alemán a las políticas
imperialistas de Bismarck. También destacó por su oposición al socialismo y al antisemitismo.

se trata de fuentes muy dispares y en muchos aspectos contradictorias. El joven Belloc combinaba su admiración por personajes como Marat o Napoleón, propia de sus sentimientos hacia su país de origen, con un catolicismo militante fundamentado en la tradición pero aplicable a los problemas de su tiempo, inspirado por figuras como el cardenal Manning o León XIII. Esta aparente contradicción, que fue resolviéndose a lo largo de su vida,[43] explica en buena parte la originalidad de sus planteamientos, al mismo tiempo radicales y católicos, revolucionarios y contrarrevolucionarios, así como su capacidad para encontrar interpretaciones no convencionales a las cuestiones de su tiempo. Junto a estas dos fuentes intelectuales, encontramos una tercera de carácter práctico, su experiencia como parlamentario y, sobre todo, periodista, y su reacción desde estas posiciones ante los acontecimientos históricos de su tiempo.

## La tradición liberal

El joven Hilaire Belloc, desde sus tiempos de estudiante en Oxford, fue un reputado polemista entregado al enfrentamiento dialéctico en defensa de las ideas que consideraba base del verdadero liberalismo inglés. Presidente de la Oxford Union,[44] destacaba por sus cualidades como ora-

---

[43] Terminó simpatizando con los ideales de Action Française, el partido monárquico de Charles Maurras (McCarthy, 1978, p. 41).

[44] Prestigioso club de debate de la Universidad de Oxford, fundado en 1823, del que han formado parte numerosos dirigentes británicos (Winston Churchill, Margaret Thatcher, David Cameron y Theresa May) y norteamericanos (Ronald Reagan, Jimmy Carter, Richard Nixon y Bill Clinton).

dor, que puso pronto al servicio de la causa liberal, con la que se sentía identificado. Se identificaba en concreto con el denominado liberalismo radical, que había conocido su máximo esplendor a finales del siglo XVIII y a lo largo del XIX, y entre cuyos principales logros destacaba la consecución de las leyes de reforma política que transformaron la forma de gobierno de Gran Bretaña durante este período. Si bien su decidida militancia política y su dedicación a los debates no le impidió graduarse en Historia con honores, se podría decir que Belloc no siguió en este punto el consejo de Mr. Vincent, el personaje literario de John Henry Newman.[45] Sus contrincantes dialécticos no fueron solo los *tories*, sino especialmente los «nuevos liberales».

El éxito de su brillante graduación en junio de 1895 se vio ensombrecido al mes siguiente por dos acontecimientos que lamentó profundamente: el rechazo de su candidatura a un puesto de profesor en All Souls, que siempre achacó a su condición de «católico militante»,[46] y la derrota del Partido Liberal en las elecciones que se celebraron entre los meses de julio y agosto.

A finales de 1896 publicó, junto con otros cinco destacados estudiantes liberales de Oxford, el volumen *Essays in Liberalism by Six Oxford Men*,[47] dedicado a John Morley. Entre sus compañeros se encontraban el historia-

---

[45] Mr. Vincent es un personaje de la novela *Perder y ganar* que recomienda a Reding, protagonista de la misma y estudiante de primer año en Oxford, alejarse de los partidos, pues «el mayor peligro para un hombre de talento en la universidad es dejarse absorber por un partido», reflejando un punto de vista contrario al del autor (Newman, 2017, p. 106).

[46] Pearce (2015), p. 65.

[47] Belloc (1897), p. 20.

dor de la economía J. L. Hammond, el político J. A. Simon y el editor de *The Economist*, F. W. Hirst. El ensayo con el que Belloc contribuyó a este volumen se denominaba «The Liberal Tradition» y en él Belloc ponía de manifiesto su temor ante el abandono del ideal cívico del Partido Liberal en un intento, por parte de sus dirigentes, de sobreponerse a la derrota electoral del año anterior.[48] Para Belloc, las bases del verdadero liberalismo inglés eran las asentadas por líderes como Fox, Cobbett y Bright, es decir, las que caracterizaron desde finales del siglo XVIII y durante todo el XIX el movimiento radical.

En general, los liberales radicales simpatizaron con el espíritu de las revoluciones americana y francesa. A Charles James Fox (1749-1806), su simpatía por la segunda le costó, además de la animadversión de muchos de sus compatriotas, su amistad con Edmund Burke, cuya pérdida lamentó profundamente.[49] La experiencia de Fox fue, en este sentido, parecida a la del tatarabuelo de Hilaire Belloc, el científico Joseph Priestley, descubridor del oxígeno y también destacado pensador radical, quien tras la publicación en 1791 de su crítica a *Reflexiones sobre la revolución francesa* de Burke, vio cómo una turba asaltaba su casa en Birmingham.[50]

Fox era hijo de Lord Holland, general y político *whig*. Sus padres admiraban a Rousseau y le criaron en un ambiente sumamente liberal para la época. En la década de 1780 lideraba el ala radical de los liberales ingleses, que «empezaron a flirtear con una justificación potencialmente democrática de gobierno que empezaba por el de-

---

[48] McCarthy (1978), p. 19.
[49] Schama (2005), p. 56.
[50] Pearce (2015), p. 4.

recho del pueblo a elegir o cambiar a sus gobernantes. Además, se decía que ese derecho tenía sus raíces no solo en la naturaleza sino también en la historia».[51] Desde ese punto de vista, todos los gobiernos tenían su origen en el consentimiento voluntario por parte del pueblo. Dicho consentimiento había de ser entendido como un contrato mutuo: autoridad para los dirigentes del cuerpo político de la comunidad a cambio de la garantía de protección de libertad y seguridad para el pueblo que consiente dicha autoridad.

Dentro del liberalismo radical del siglo XIX destacaron los impulsores de la denominada Escuela de Manchester: Richard Cobden (1804-1865) y John Bright (1811-1889). Ambos fueron firmes partidarios del libre comercio y contrarios a las políticas imperialistas. Cobden concebía el mundo desde el ideal de una comunidad humana indivisible de cultivadores, fabricantes y tenderos, donde las guerras serían reemplazadas por una rivalidad de tipo meramente comercial. Tanto Cobden como Bright fueron considerados por Gladstone[52], junto con él mismo, como los legítimos representantes de la Gran Bretaña auténticamente moral,[53] frente al oportunismo de sus rivales políticos. Posteriormente, el propio Gladstone desataría las iras antiimperialistas de Bright por su política en Egipto. John Bright fue diputado liberal en numerosas ocasiones, destacando por su oposición a las leyes que trataban de limitar

---

[51] Schama (2005), p. 44.

[52] William Ewart Gladstone (1809-1898), político liberal, sirvió como primer ministro de Gran Bretaña en cuatro períodos diferentes, durante un total de 12 años. Fue partidario del libre comercio y propuso bajo su mandato la autonomía (*Home Rule*) para Irlanda en dos ocasiones, siendo en ambos casos rechazada por el Parlamento.

[53] Schama (2005), p. 331.

la libertad individual y el libre comercio. Particularmente famosa fue su oposición a las leyes de los cereales[54] (*Corn Laws*), de corte proteccionista. Su hermano Jacob fue uno de los primeros partidarios del sufragio femenino en la década de 1860, junto con John Stuart Mill.

Si Gladstone, Cobden y Bright se consideraban representantes de la Gran Bretaña auténtica, la personificación del concepto de la Inglaterra tradicional o «Little England»[55] era William Cobbett (1763-1835). Cobbett encarnaba los valores rurales y defendía los intereses políticos del campo en la Inglaterra de su tiempo. Político, agricultor y periodista, trató de socavar los privilegios de los terratenientes absentistas, así como de mejorar las condiciones de vida del campesinado inglés. Tomó parte activa en las reformas radicales que caracterizaron la tercera década del siglo xix, como la emancipación de los católicos (1829), la derogación de la esclavitud en las colonias (1833) y, sobre todo, la *Reform Bill* de 1832, que supuso la revitalización de la Cámara de los Comunes, la ampliación del censo en medio millón de británicos y la eliminación de sus odiados *Rotten Boroughs*[56].

En 1897, cuando Belloc escribe *The Liberal Tradition*, el Partido Liberal se hallaba en una encrucijada, no solo

---

[54]  Tarifas aduaneras sobre productos agrícolas, también criticadas en su tiempo por Adam Smith y David Ricardo, pues harían que tierras relativamente poco productivas fueran cultivadas en beneficio de los terratenientes y en detrimento de una mejor asignación de los recursos nacionales (Case y Fair, 1999, p. 813).

[55]  Los conceptos «Little England» o «Merry England» hacen referencia a una Inglaterra rural e idílica. El prototipo de esta idea es la visión de Cobbett de una Inglaterra de «aldeas y pastos, pequeñas cervecerías y Roast Beef» (Schama, 2005, p. 131).

[56]  Distritos electorales despoblados que mantenían su representación parlamentaria.

por la reciente derrota electoral, sino ante todo por la división interna entre dos corrientes radicalmente opuestas dentro del partido. Muchos vieron en la segunda la causa de la primera. Los dos sucesivos intentos de Gladstone de sacar adelante el proyecto de gobierno autónomo (*Home Rule*) para Irlanda habían provocado el descontento del ala *whig* del partido, tradicional representante de los intereses de los terratenientes, y de otros elementos más moderados dentro del liberalismo, con un fuerte componente unionista, que fueron derivando hacia posiciones más conservadoras. Junto a estos, algunos liberales, liderados por Lord Rosebery, comenzaban a abrazar la causa del imperialismo.[57]

Por el contrario, los llamados «radicales», entre cuyas filas se hallaban políticos como John Bright, Henry Labouchere o John Morley, se aferraban a los tradicionales principios de la libertad individual, el libre comercio, la restricción del poder de la Cámara de los Lores y el autogobierno local.

Esta dualidad estuvo presente desde los inicios del Partido Liberal, que había surgido como una alianza casi *contra natura* de *whigs*, radicales y *peelitas*[58]. Previamente a la constitución del partido, las diversas corrientes dentro del liberalismo inglés habían pactado para promover e impulsar las intensas reformas políticas que caracterizaron los reinados de Jorge IV y Guillermo IV.

El punto de división entre ambos tipos de liberales era, para Belloc, la conservación o no del elemento básico que sirvió como modelo para dar forma a la revolu-

---

[57]  McCarthy (1978), p. 22.
[58]  Facción disidente de los *tories* liderada por Robert Peel, defensores a ultranza del libre comercio.

ción política de la Inglaterra del XIX y que él resumía en un determinado «ideal cívico»,[59] es decir, un tipo de ciudadano que, como el *spoudaios* de Aristóteles,[60] personificase las cualidades que habría de tener el conjunto de la sociedad. Para Belloc, este ideal se hallaba en peligro tras los intentos de una parte del partido de adaptarse a la nueva situación económica y política del país. Los políticos liberales que, a lo largo del siglo XIX, ampliaron el censo, otorgaron más autonomía a los territorios y se opusieron a las leyes que aumentaban los privilegios de una minoría, tenían en mente, como base de una sociedad sana, un «ciudadano ideal» que fuera responsable, consciente, independiente del control de otros y con la fuerza moral que le hiciera inmune a intentos de abuso por parte de hombres más poderosos. Este era el ideal de liberales ilustres como los citados por Belloc en su ensayo: Charles James Fox, William Cobbett, John Bright, y, en alguna medida, también de Richard Cobden.[61]

Como rasgos definidores del punto de vista de los radicales, podemos apuntar, como indicaba Belloc, su búsqueda de un ideal de vida civil comprometida con una dimensión moral que enfatizaba la libertad y la responsabilidad, y su deseo de que dicho ideal se desenvolviese en paz, tanto a nivel nacional como internacional, como se pone de manifiesto en su visión antiimperialista y antimilitarista. Responderían de este modo, más claramente que otras tendencias, a la definición que dio Gregorio Marañón, para quien ser liberal consistía en «primero, estar

---

[59] Belloc (1897), p. 1.
[60] Ciudadano que vive de manera activamente racional y virtuosa (Aristóteles, Ética a Nicómaco, libro 1, capítulo 7).
[61] Belloc (1897), pp. 8-9.

dispuesto a entenderse con el que piensa de otro modo; y segundo, no admitir jamás que el fin justifica los medios (...). El liberalismo es, pues, una conducta, y, por lo tanto, es mucho más que una política».[62] En este sentido, se podría afirmar, respecto al enfoque de los liberales radicales, que se trata de un ideal antimaquiavélico que otorga a los principios y a las consideraciones morales mayor importancia que a las cuestiones prácticas propias de los intereses políticos.

Frente a esta alma «idealista» de los radicales, que pone la moralidad y el honor por encima de cualquier otra consideración, se desenvolvió dentro del liberalismo inglés otra visión más «pragmática», centrada en satisfacer las necesidades de la política imperial y en el aprovechamiento de las posibilidades de engrandecimiento nacional y enriquecimiento personal que el contexto económico nacional e internacional ofrecía. Esta disyuntiva entre la «pequeña Inglaterra» de los altos ideales y el poderoso imperio, con intereses comerciales, políticos y militares por todo el orbe, se mantuvo viva a lo largo del convulso siglo xix y prevaleció incluso a principios del xx, cuando la realidad política parecía ya definitivamente decantada por las necesidades prácticas del momento.

## La tradición católica

La otra gran fuente intelectual de las ideas de Belloc es la tradición de pensamiento católico, entendida en un sentido amplio, desde los propios fundamentos religiosos del catolicismo hasta la doctrina social de la Iglesia, re-

---

[62]  Marañón [1946] (1960), p. 9.

cién inaugurada en su tiempo con la encíclica *Rerum Novarum*, pasando por la tradición escolástica. Dentro del reducido grupo de intelectuales católicos ingleses de principios del siglo XX,[63] Belloc destacó por ser el único criado dentro de la Iglesia. La mayor parte de ellos se había convertido al catolicismo desde el anglicanismo (como en el caso de los clérigos anglicanos R. H. Benson y R. Knox) o incluso desde el escepticismo (como en los casos de M. Baring o C. Chesterton, que militaba en las filas del socialismo fabiano). En estos dos últimos casos, la elocuencia y el ejemplo de Belloc resultaron de gran importancia.[64] También es destacable la influencia que habría podido tener en el largo proceso de conversión al catolicismo de G. K. Chesterton, que no culminaría hasta su recepción en la Iglesia Católica en 1922, cuando ya había escrito sus ensayos más procatólicos e influyentes.

Otro de los ingleses convertidos al catolicismo en tiempos de Belloc fue Arnold Lunn. En este caso, la influencia principal no se debió a Hilaire Belloc, con quien mantenía cierto contacto, sino a santo Tomás de Aquino. Lunn partía de posiciones muy alejadas a cualquier práctica religiosa y, según recoge en su autobiografía, pese a su escepticismo natural, el Buey Mudo le atrajo por su capacidad para «juzgarse a sí mismo en el tribunal de la razón».[65]

Concretamente, lo que provocaría en Lunn y en otros intelectuales del ámbito anglosajón de su tiempo un renacido interés por la figura y la obra del Aquinate, sería

---

[63] Formado, entre otros, por los hermanos Chesterton, Maurice Baring, Arnold Lunn, Robert Hugh Benson y Ronald Knox, además del propio Belloc.

[64] Pearce [1999] (2008), caps. II-IV.

[65] *Íbid.*, p. 229.

un anhelo de objetividad, en contraste con el subjetivismo predominante en el pensamiento moderno[66].

En su obra *The Crisis of Civilization*, Belloc resume las virtudes de la filosofía de santo Tomás diciendo que:

> Estableció un cuerpo coordinado de filosofía y doctrina que nadie hasta entonces había poseído. La escala de su trabajo está a la par con su valor cultural. Pareció haber puesto su sello sobre la civilización que adornó, y, a través de su establecimiento de la recta razón en filosofía y su fusión del catolicismo con la sabiduría aristotélica, haber establecido una estructura que durará para siempre y dado una norma a nuestra civilización[67].

Hoy en día, salvo destacadas excepciones[68], los planteamientos de santo Tomás y de los escolásticos medievales en general son escasamente apreciados tanto en las ciencias sociales en general como en los manuales de historia del pensamiento económico en particular, e incluso

---

[66] «Me impresionó la imparcialidad con que santo Tomás resumía los principales argumentos en contra de sus tesis. En algún sitio, Thomson (de la Real Academia de las Ciencias Británicas) destaca el contraste entre la objetividad con que santo Tomás expone y se enfrenta a los argumentos en contra de la Fe, y la evasiva conspiración de silencio gracias a la cual se ignoran los argumentos en contra de la evolución. El contraste entre el seguro racionalismo de santo Tomás y el tímido sentimentalismo de nuestros profetas modernos es el tema de mi libro *El vuelo desde la razón*» (Lunn, 1940, p. 201).

[67] Belloc (1937), pp. 89-90.

[68] Actualmente encontramos referencias a santo Tomás que valoran su aportación intelectual al estudio de las cuestiones sociales en autores próximos a la Escuela Austriaca de Economía, en particular Jesús Huerta de Soto. En el pasado, las obras de economistas como Friedrich A. Hayek, Othmar Spann, Joseph A. Schumpeter e incluso John Maynard Keynes contenían referencias destacando las aportaciones del pensamiento escolástico medieval.

en algunos de estos últimos se ofrece una forzada interpretación intervencionista de sus ideas[69].

Para Belloc y muchos de sus contemporáneos, en cambio, el redescubrimiento[70] del racionalismo sistemático
del doctor Angélico representaba una esperanzadora vía
de escape respecto de un pensamiento decimonónico
que, partiendo de la afirmación de que el pensamiento es
libre, llegó a la conclusión de que la voluntad no lo
es[71]. A juicio de G. K. Chesterton, «el siglo XIX lo dejó todo
hecho un caos, y la importancia del tomismo en el XX está
en que puede devolvernos un cosmos».[72] Belloc realizó
múltiples referencias en sus obras a la *Suma Teológica*, e
impartió una conferencia sobre «Economía Tomista» en la
Universidad de Lovaina en 1925.[73]

La influencia del escolasticismo en Belloc se extendió
más allá del tomismo y abarcó también la escolástica tardía, incluyendo algunos autores del entorno de lo que
hoy conocemos como Escuela de Salamanca, particular-

---

[69] «Aquinas and the Scholastics were overwhelmingly concerned
with questions of the organization and control of economic life –in
regard to which they adopted laws and principles which severely re-
stricted the entrepreneurial activity» (Medema y Samuels, 2013, p. 19).

[70] Esta revitalización del pensamiento del Aquinate se inició con la
carta encíclica de León XIII *Aeterni Patris*, de 1879, que supuso un
llamamiento para desarrollar una filosofía cristiana tomando como
base la doctrina de santo Tomás de Aquino, dando paso al neotomis-
mo, un movimiento intelectual paneuropeo en el que destacó especialmente la Escuela de Lovaina. En el ámbito anglosajón destacaría
posteriormente en este campo el jesuita inglés, también converso al
catolicismo, Frederick Charles Copleston (1907-1994).

[71] Chesterton [1933] (2016), p. 230.

[72] *Ibid.*, p. 230.

[73] Así lo refleja en su carta a Juliet Duff, fechada el 19 de marzo de 1925,
en la que escribe: «I have to rush off to Belgium to take the chair for a
lecture at Louvain on the entrancing subject of Thomistic economics»
(Speaight, carta 152, p. 160).

mente el jesuita granadino Francisco Suárez. Belloc encontró en Suárez y otros escolásticos tardíos una alternativa a los autores protestantes y laicos sobre los que se fundamentaba el pensamiento de su tiempo. Para Belloc, el error del tipo de historiador que denominó «anticlerical» consistía en no haber seguido el orden exacto de los acontecimientos históricos. Debido al desconocimiento de los fundamentos culturales de Occidente referido por Belloc, este tipo de historiador habría «imaginado a la nueva ciencia del Renacimiento como la raíz de un ulterior escepticismo»,[74] sin haber advertido la presencia de dicho escepticismo previamente al desarrollo del conocimiento científico ni apreciado el significado de la fe y su papel en esos avances. En materia de filosofía política, Belloc da un papel preponderante a Francisco Suárez al afirmar que el tipo de historiador «anticlerical», en su inversión del orden de los acontecimientos históricos, consideró a los escritores no católicos del siglo XVII como «promotores del gobierno popular, los primeros en establecer claramente la metáfora del contrato en sociedad o los principios de autoridad comunal», pues, continúa diciendo Belloc, «no ha sabido que derivan del eminente Suárez».[75] Así, Belloc achaca al desconocimiento sobre la obra de Suárez, fruto de un desdén hacia el pensamiento católico, la teoría generalmente aceptada por los historiadores de su tiempo de que las ideas sobre el consentimiento, la representación o el gobierno participativo se derivan de autores del ámbito intelectual protestante o de filósofos escépticos.

En el marco de la lucha entre católicos y protestantes que marcó el siglo XVII en toda Europa, Belloc opinaba

---

[74] Belloc [1928] 1951, p. 21.
[75] *Ibid.*, p. 21.

que las mejores armas intelectuales se hallaban en el bando católico, hasta el punto de que los protestantes «tenían que recurrir a los jesuitas filósofos, particularmente al gran Suárez, cuando necesitaban un argumento».[76] Pueden hallarse ejemplos de este recurso en anglicanos como Roger Manwaring y puritanos como Algernon Sidney o John Pym. Sobre la figura de Suárez, afirma Belloc que:

> (…) este hombre genial (…) destaca en el origen de la teoría política que ha influido en la toda la época moderna (…). Fue él quien, completando la obra de su contemporáneo y colega, el jesuita Bellarmino (sic), volvió a establecer, en la forma más lúcida y concluyente, la doctrina fundamental de que la autoridad de los gobiernos deriva, después de Dios, de la comunidad.[77]

El interés por las teorías de Suárez dentro del círculo de intelectuales católicos ingleses de principios del siglo xx no se limita a la figura de Belloc. Así, encontramos referencias al doctor Eximio en la obra de Cecil Chesterton *Historia de los Estados Unidos de América*. En ella, para argumentar acerca de la idea de democracia representativa de Thomas Jefferson, cita a Suárez como proponente del argumento en favor de las bases contractuales de la sociedad, frente a la idea platónica del «gobierno de los mejores», a partir de la formulación de la

---

[76] *Ibid.*, p. 202.

[77] *Ibid.*, p. 202. La cita original es «He it was who, completing the work of his contemporary and fellow Jesuit, Bellarmine, restated in the most lucid and conclusive fashion the fundamental doctrine that Governments derive their authority, under God, from the community» (Belloc, 1954, p. 233). Consideramos que una traducción más próxima a la idea original del autor para la expresión *under God* sería «bajo Dios» o «bajo la ley de Dios».

pregunta: «¿si la soberanía no reside en el pueblo, en quién reside?».[78]

Gilbert Keith Chesterton compartió con su hermano Cecil y con su amigo Hilaire Belloc el aprecio por la figura y la obra de Francisco Suárez. En su obra *Breve Historia de Inglaterra* realiza apreciaciones sobre el carácter revolucionario de las tesis de Suárez y de los jesuitas en general en el siglo XVII. Se trata de un tipo de filosofía política que era considerada, según Chesterton y en concordancia con el testimonio de personajes de la época como Robert Filmer, no solo conspiratoria, sino también revolucionaria, como «una suerte de anarquismo». Según Chesterton, se trataba de teorías y principios democráticos «aún no soñados» en la Inglaterra de la época.[79]

---

[78]  «The other proposition, the contractual basis of human society and its logical consequences, the supremacy of the general will, can be argued in the same fashion. It is best defended by asking, like the Jesuit Suárez, the simple question: "If sovereignty is not in the People, where is it?". It is useless to answer that it is in the "wisest and best." Who are the wisest and best? For practical purposes the phrases must mean either those whom their neighbours think wisest and best —in which case the ultimate test of democracy is conceded— or those who think themselves wisest and best: which latter is what in the mouths of such advocates it usually does mean. Thus those to whom the Divine Right of the conceited makes no appeal are forced back on the Jeffersonian formula. Let it be noted that that formula does not mean that the people are always right or that a people cannot collectively do deliberate injustice or commit sins —indeed, inferentially it implies that possibility— but it means that there is on earth no temporal authority superior to the general will of a community» (Chesterton, 1919, p. 24).

[79]  «The Jesuit seemed to the English not merely a conspirator but a sort of anarchist. There is something appalling about abstract speculations to many Englishmen; and the abstract speculations of Jesuits like Suárez dealt with extreme democracy and things undreamed of here» (Chesterton [1917] 2007, p. 156).

Al igual que Hilaire Belloc, Gilbert Keith Chesterton lamentaba la total supremacía de una visión de la historia y de la filosofía que pasaba por alto los méritos de los autores escolásticos. Así, en su colección de ensayos *The Wells and the Shallows*, en referencia a George Bernard Shaw, reprocha a este su desconocimiento acerca del pensamiento de santo Tomás, Belarmino y Suárez en relación con asuntos como la limitación de la autoridad de los príncipes, las reivindicaciones populares, las posibilidades de la democracia, la función adecuada de la libertad humana y el uso y abuso de la propiedad.[80]

Para los autores católicos que fueron precursores del distributismo, la filosofía política de Suárez representaba una alternativa frente al contractualismo social que, teniendo su fundamento en una filosofía escéptica, partía de la imposibilidad de objetivar el concepto del bien, percibiendo la sociedad como construcción artificial y mecánica de pactos para hacer compatibles los intereses de sus miembros con el objetivo de proporcionar paz a la comunidad. Suárez, en cambio, empleando el concepto clásico y cristiano del bien común, hizo compatible una visión orgánica de la sociedad, donde la convivencia parte de la idea del consentimiento e implica obligaciones morales naturales a la cosa (el gobierno de la comunidad) y mutuas, con la garantía de la libertad individual frente a posibles abusos del poder y la limitación de las funciones de este.

---

[80] «Would it not interest him to find that, all the time, there had been written in the open books of Aquinas or Bellarmine or Suárez, a perfectly reasonable apportionment of the authority of princes, the claims of peoples, the possibilities of democracy, the use and abuse of property, and the right function of freedom?» (Chesterton, 1935, «The last Turn»).

De vital importancia en el pensamiento bellociano y en la aparición del distributismo como movimiento intelectual, social y político, fue la encíclica de León XIII *Rerum Novarum* (1891), considerada como el texto inaugural de la doctrina social de la Iglesia. En esta encíclica, subtitulada «sobre la situación de los obreros», se trata también la cuestión de la propiedad y el destino universal de los bienes, cuestión clave del pensamiento distributista. En línea con el pensamiento escolástico, la encíclica refleja la compatibilidad entre la finalidad colectiva de los bienes creados y la propiedad individual de los mismos, pues «el que Dios haya dado la tierra para usufructuarla y disfrutarla a la totalidad del género humano no puede oponerse en modo alguno a la propiedad privada».[81] Esta consideración resulta plenamente compatible con una crítica abierta a «la acumulación de riqueza en manos de unos pocos y la pobreza de la inmensa mayoría», crítica que se extiende hasta el punto de considerar que «un número sumamente reducido de opulentos y adinerados ha impuesto poco menos que el yugo de la esclavitud a una muchedumbre infinita de proletarios».[82]

*Rerum Novarum* toma los argumentos de la escolástica tardía en su defensa de la propiedad privada. Se reconoce a la propiedad privada como «más conforme con la naturaleza del hombre y con la pacífica y tranquila convivencia»,[83] y se afirma que los hombres «sabiendo que trabajan lo que es suyo, ponen mayor esmero y entusiasmo».[84] De hecho, uno de los caminos que se sugieren

---

[81]  León XIII (1891), n. 6.
[82]  *Ibid.*, n. 1.
[83]  *Ibid.*, n. 8.
[84]  *Ibid.*, n. 33.

para tratar de mejorar la situación de los obreros es el acceso de estos a la propiedad, a través, en primer lugar, de un salario «lo suficientemente amplio para sustentarse a sí mismo, a su mujer y a sus hijos, dado que sea prudente, se inclinará fácilmente al ahorro y hará lo que parece aconsejar la misma naturaleza: reducir gastos, al objeto de que quede algo con que ir constituyendo un pequeño patrimonio», de manera que se favoreciese el derecho y el acceso generalizado a la propiedad privada proveyendo que «la mayor parte de la masa obrera tenga algo en propiedad».[85]

La posesión de bienes, hogares y medios de producción es un derecho que todos deberían disfrutar, pues las familias precisan libertad económica para dar sustento y seguridad a sus miembros, y esto «no puede lograrse sino mediante la posesión de cosas productivas, transmisibles por herencia a los hijos».[86] La familia ha de regirse pues por potestad propia, con autonomía para tomar sus propias decisiones económicas, pues tiene «derechos por lo menos iguales que la sociedad civil para elegir y aplicar los medios necesarios en orden a su incolumidad y justa libertad».[87] Se puede determinar, por tanto, una relación directa entre la libertad económica de las familias y su acceso a la propiedad.

*Rerum Novarum* plantea el acceso a la propiedad privada de los más desfavorecidos primordialmente a través del trabajo. No se trata de reclamar la propiedad de aquellos bienes ajenos con los que se está trabajando, sino de fomentar que el legítimo trabajo sobre los bienes

---

[85] *Ibid.*
[86] *Ibid.*, n. 9.
[87] *Ibid.*

de otro permita, mediante su adecuada remuneración, el acceso legal a nuevas propiedades, es decir, la participación efectiva de la mayoría de las personas en los derechos de propiedad sobre el común de los bienes creados poseyendo alguna parte de estos, en lugar de hallarse desprovisto absolutamente de propiedades, circunstancia que menoscaba la libertad de elección de las familias. *Rerum Novarum* otorga la máxima importancia al trabajo como factor de producción, reconociendo a la vez la mutua necesidad de este y del capital, al afirmar que «es verdad incuestionable que la riqueza nacional proviene no de otra cosa que del trabajo de los obreros».[88] Pero este protagonismo del trabajo en la economía no puede justificar una intervención del Estado que impida a familias e individuos obrar con libertad o que exija de los bienes privados «más de lo que es justo bajo razón de tributos».[89] La carta encíclica de León XIII sugiere que se debe fomentar la adquisición de propiedades por los trabajadores, indicando expresamente caminos para hacerlo, basados en la idea del acceso a la propiedad, y no la negación de este que proponen los socialistas, como el recto camino para que las personas y familias se beneficien del producto de su trabajo.[90]

---

[88] *Ibid.*, n. 25.

[89] *Ibid.*, n. 33.

[90] «Luego si, reduciendo sus gastos, ahorra algo e invierte el fruto de sus ahorros en una finca, con lo que puede asegurarse más su manutención, esta finca realmente no es otra cosa que el mismo salario revestido de otra apariencia, y de ahí que la finca adquirida por el obrero de esta forma debe ser tan de su dominio como el salario ganado con su trabajo. Ahora bien: es en esto precisamente en lo que consiste, como fácilmente se colige, la propiedad de las cosas, tanto muebles como inmuebles. Luego los socialistas empeoran la situación de los obreros todos, en cuanto tratan de transferir los bienes de los particulares a la

Una de las contribuciones más importantes en la redacción de la encíclica *Rerum Novarum* vino del cardenal Henry Edward Manning (1808-1892). Manning tenía fama por combinar posiciones sociales comprometidas con la causa de los más desfavorecidos, como su mediación en la huelga de estibadores de 1889, con un fuerte rigor doctrinal. Uno de los asuntos que más fama de ultramontano había dado a Manning en su tiempo fue la cuestión de la infalibilidad papal. En 1874, W. E. Gladstone, primer ministro del Reino Unido en cuatro ocasiones, publicó un panfleto en contra de la infalibilidad papal promulgada cuatro años atrás. Manning publicó su propio panfleto de respuesta a Gladstone titulado «The Vatican Decrees in their Bearing on Civil Allegiance». En dicho texto, Manning aceptaba las tesis de Belarmino y Suárez sobre el origen de la sociedad civil. El cardenal Manning fue muy admirado por el joven Hilaire Belloc, cuya madre Bessie Rayner Parkes se encontraba entre su círculo de amigos, y su figura ejerció una fuerte influencia en él. Belloc siguió los pasos de Manning en Oxford setenta años más tarde, matriculándose en el Balliol College y siendo presidente de la Oxford Union. Aquello que Belloc admiraba en Manning, la combinación de compromiso social y rigor doctrinal, terminó posteriormente configurando su propia personalidad y estilo como escritor y resultó de la máxima importancia en la configuración de sus teorías.

Otras figuras importantes dentro del clero inglés que tuvieron influencia en la vida y pensamiento de Belloc

---

comunidad, puesto que, privándolos de la libertad de colocar sus beneficios, con ello mismo los despojan de la esperanza y de la facultad de aumentar los bienes familiares y de procurarse utilidades» (*ibid.*, n. 3).

fueron el cardenal John Henry Newman y los sacerdotes Ronal A. Knox[91], Vincent McNabb[92] y Robert Hugh Benson[93]. Destacaremos especialmente la influencia de la obra literaria del último de ellos en la configuración de las ideas sobre la historia, la sociedad y la economía que Belloc reflejaría en *El estado servil*.

En 1907 Benson publica *Señor del mundo*, inspirándose en la evolución que observaba ya en la sociedad de su tiempo y en los escritos de socialistas utópicos como Henri de Saint-Simon. *Señor del mundo* nos plantea un mundo futuro en el que Occidente ha sucumbido a la secularización, al relativismo moral y al control estatal tanto de la economía como, en la práctica, de la propia vida de las personas. La religión cristiana prácticamente ha desaparecido, y ha sido sustituida por una especie de panteísmo ético de origen masónico.[94] Esta

---

[91] El sacerdote y teólogo Ronald A. Knox (1888-1957), converso al catolicismo desde el anglicanismo, fue amigo personal y asiduo lector de Belloc. Es posible que tanto Belloc como, sobre todo, Chesterton, tuviesen alguna influencia en la conversión de Knox, hijo de un obispo anglicano, al catolicismo. Knox fue profesor y capellán en Oxford antes de su conversión al catolicismo en 1917 y es también conocido como escritor de novelas de detectives. La homilía del funeral de Belloc corrió a cargo de su viejo amigo Knox.

[92] El profesor de filosofía y padre dominico Vincent McNabb (1868-1943) fue un notable evangelizador y apologeta católico irlandés al que Belloc conocía y admiraba.

[93] Robert Hugh Benson (1871-1914), sacerdote católico, fue uno de los personajes más controvertidos de la Inglaterra de su tiempo, fundamentalmente debido a su conversión al catolicismo siendo clérigo de la Iglesia Anglicana e hijo de Edward White Benson, arzobispo de Canterbury de 1883 a 1896. A su conversión en 1903 y su ordenación al año siguiente, siguió una prolífica carrera literaria truncada por su temprana muerte.

[94] «El panteísmo, a su recto entender, sin duda era su creencia; para él "Dios" era la suma compuesta por toda la vida creada y la Unidad impersonal era la esencia de Su ser (…)» (Benson [1907] 2011, p. 36).

nueva «religión laica» adopta valores de origen cristiano, aparentemente humanistas, y los emplea en contra de una Iglesia Católica cuya esfera de influencia se ha visto reducida virtualmente a la ciudad de Roma. En esta sociedad de ficción, las nuevas ideas religiosas y políticas se propagan con rapidez mediante el empleo eficaz de la propaganda y el Estado se ha convertido en el rector de la vida de las personas, en detrimento de su autonomía y su libertad. En su obra *The Great Heresies* (*Las grandes herejías*), Belloc menciona el escenario planteado en *Señor del mundo*, en el que Benson «presenta la imagen de una Iglesia reducida a una pequeña banda errante, volviendo a sus orígenes, con el papa a la cabeza de los Doce»,[95] como uno de los posibles caminos de evolución de una sociedad cada vez más paganizada.

*Señor del mundo*, desde el género de la narrativa de ficción, contiene ideas similares a las que cinco años más tarde expresaría Belloc en *El estado servil* en relación con las consecuencias de la creciente tendencia hacia el colectivismo.[96] Una de las ideas fundamentales de la

---

[95] «The late Robert Hugh Benson wrote two books, each remarkable and each envisaging one of the opposite possibilities. In the first "The Lord of the World", he presents the picture of the Church reduced to a little wandering band, returning as it were to its origins, the Pope at the head of the Twelve —and a conclusion on the Day of Judgment» (Belloc [1938] 2017, p. 267).

[96] «La singular personalidad de la especie humana había desplazado a la incoherencia de las unidades divididas, y con esta consumación, que bien podría compararse con la madurez misma, entran en juego un nuevo conjunto de derechos. (…) Ya no existían derechos particulares, como sin duda habían existido en la antigüedad. El hombre era ahora dueño y señor de todas las células que componían su cuerpo místico, y en caso de que una de las células quisiera afirmarse en detrimento del cuerpo, los derechos de la totalidad quedarían abolidos» (Benson [1907] 2011, p. 317).

obra de Belloc, como ferviente católico, es que cuando la sociedad se olvida del mensaje de Cristo, aunque intente de buena fe mantener valores de inspiración cristiana como la solidaridad o la libertad, vuelve de manera natural al tipo de relaciones laborales características del paganismo, esto es, al estado servil. Esta idea, en el formato narrativo, está también presente en *Señor del mundo* de R. H. Benson.

Existe, por tanto, una clara relación argumental entre la distopía de Benson y el ensayo de Belloc.[97] Ambos tratan de representar con espíritu profético su visión de la previsible evolución de la sociedad de continuar aquellos procesos origen de su inquietud, en particular el abandono de la religión tradicional y su sustitución por un neopaganismo marcadamente materialista. Belloc expresó su admiración por la obra de Benson en una carta al hermano de este fechada en agosto de 1907.[98] Posteriormente, ambos llegarían a conocerse personalmente. En 1914 coincidieron en un acto académico en Cambridge en el que Belloc se sentó entre Benson y el cardenal Bourne. La temprana muerte de Benson en 1914 truncó una incipiente amistad entre dos escritores que tenían mucho en común.[99]

---

[97] Existe un paralelismo similar entre al menos otra novela de Benson y otro ensayo de Belloc. *Come rack, come rope* (Benson, 1912) y *Así sucedió la reforma* (Belloc, 1928). Belloc admiraba a Benson y esperaba de él una explicación certera de lo sucedido en Inglaterra durante los siglos XVI y XVII, pero se sintió decepcionado por *Come rack, come rope*, pues le pareció que la descripción del ambiente de la época resultaba inexacta (Pearce, 2015, p. 300).

[98] *Ibid.*, p. 172.

[99] *Ibid.*, p. 210.

## Su experiencia como periodista y político

Junto a estas influencias del ámbito del pensamiento político, académico y literario, encontramos una tercera fuente de influencia, igualmente decisiva de cara a la concepción de *El estado servil*, en los acontecimientos históricos y debates políticos de la Inglaterra de su tiempo, observados por Belloc inicialmente desde la posición de parlamentario y después desde la de periodista.

En 1906 Belloc se presentó, por primera vez, como candidato liberal en el distrito obrero de South Salford. Sus rivales conservadores adoptaron el eslogan «no vote por un francés y un católico».[100] En lugar de ocultar su catolicismo, Belloc contrarrestó esta estrategia reivindicándolo con mayor ímpetu, y afirmando en un mitin que «si ustedes me rechazan por mi religión, daré gracias a Dios por librarme de la indignidad de ser su representante».[101] Su valentía surtió efecto y fue elegido como miembro del Parlamento en representación de South Salford. Como miembro del Parlamento, resultó especialmente incómodo para su propio partido, el liberal, que ostentaba el gobierno bajo la dirección, a partir de 1908, de H. H. Asquith y con David Lloyd George como ministro de Hacienda[102]. Belloc mostró abiertamente su oposición a muchas de las medidas de su propio partido, que consideraba una traición al

---

[100]  *Ibid.*, p. 139.
[101]  Las palabras en inglés fueron: «Gentlemen, I am a Catholic. As far as possible, I go to Mass every day. This [tomándolo de su bolsillo] is a rosary. As far as possible, I kneel down and tell these beads every day. If you reject me on account of my religion, I shall thank God that He has spared me the indignity of being your representative» (Speaight, 1957, p. 204).
[102]  *Chancellor of the Exchequer* en la terminología inglesa.

ideario tradicional de los liberales ingleses del siglo xix. Su experiencia como parlamentario le acarreó una visión amarga sobre la practicidad de los asuntos públicos en contraposición a los ideales políticos. No pudo aceptar que, en la vida política, las convicciones fueran atemperadas por compromisos interesados y la asertividad sustituida por maniobras en la sombra.[103]

Desde sus primeras intervenciones como parlamentario, Belloc se opuso a todo pragmatismo político que pudiera comprometer sus ideales, como la importación de mano de obra china en Sudáfrica,[104] las prohibiciones o limitaciones de consumo de alcohol o las leyes educativas que amenazaban la independencia de los colegios católicos. Belloc volvería a ganar su escaño por South Salford en 1909, pero al año siguiente intentó presentarse como independiente dentro de la candidatura liberal, siendo su propuesta rechazada por el caucus. Decidió no presentarse al margen del partido para no beneficiar al candidato conservador. Sus experiencias como parlamentario le llevaron a escribir, junto con Cecil Chesterton, en 1911 su ensayo *The Party System*, en el que alegaban que tanto la representación parlamentaria como el debate sobre cuestiones de principios habían sido relegados a causa de un sistema en el que el poder era ejercido de manera informal por los partidos, y los intereses económicos y la corrupción primaban sobre las ideas.

---

[103]   Schmude (2009), p. 17.
[104]   Se trataba de una política imperial iniciada en 1904 por el gobierno conservador, pero mantenida posteriormente por los liberales. Tras la Guerra de los Bóers, a la que el antiimperialista Belloc se opuso, se precisaba mano de obra para las minas de metales preciosos del Transvaal y se recurrió a su importación desde China en condiciones próximas a la esclavitud.

En *The Party System*, Belloc y Cecil Chesterton cuestionaron la naturaleza representativa del sistema británico. Para que un sistema pudiera llamarse representativo, consideraron tres criterios: que existiera absoluta libertad en la elección de representantes; que dichos representantes fueran responsables antes sus representados y ante nadie más; y que los representantes (y por tanto el legislativo) fueran independientes del ejecutivo y pudieran deliberar con total libertad.[105] Por su propia experiencia como parlamentario del partido en el gobierno, Belloc conocía la dificultad de desempeñar su tarea como representante de acuerdo con estos principios. Los autores de *The Party System* sostenían que el sistema representativo habría sido privado de su esencia debido a la influencia de los partidos y sus maquinarias políticas y económicas. El sistema de partidos no era, en su opinión, sino un juego y una fuente de beneficios para los políticos[106] que, renunciando a todo ideal, habrían sucumbido a las tentaciones del enriquecimiento rápido y la corrupción.

Años después de escribir juntamente con Belloc *The Party System*, la denuncia de un caso de corrupción, el escándalo Marconi[107], le valió a Cecil Chesterton, como editor del semanario *The Eye Witness*, una acusación por libelo. *The Eye Witness* había sido fundado en 1911

---

[105]   Belloc y Chesterton (1911), p. 17.

[106]   *Ibid.*, p. 20.

[107]   En 1912 Cecil Chesterton denunció el enriquecimiento por compraventa de acciones de la compañía Marconi con información privilegiada involucrando a Rufus Isaacs, miembro del gobierno liberal. Su hermano Godfrey Isaacs era director de la compañía y la acusación consistía en la compra de acciones antes de hacerse público que la compañía había resultado adjudicataria de un importante contrato del gobierno.

por Belloc y Cecil Chesterton. Belloc ostentó el cargo de editor durante el primer año de vida del semanario, pero, no encontrando atractiva la carga administrativa que esa tarea implicaba, fue sustituido por Cecil Chesterton. Con la fundación del semanario, Belloc y Cecil Chesterton pretendían disponer de un medio para la libre expresión y la denuncia de actitudes inicuas por parte del poder,[108] pues la mayoría de los periódicos ingleses habían dejado, en opinión de Belloc, de servir a esos objetivos.

En 1918 Belloc analizó en su ensayo *La prensa libre* las razones por las que los medios ingleses habían dejado, en su opinión, de ser independientes. Belloc contaba muy pocas excepciones a esa dependencia del periodismo inglés respecto del poder político y económico y, aparte de su propia publicación, tan solo acredita como verdaderamente independiente al semanario *The New Age*, a cuyo editor, A. R. Orage[109], dedicó el libro.

Tras destacar la importancia de una prensa independiente para una sociedad libre, Belloc argumenta que al crecer los medios (en su época, los periódicos) en tamaño y área de influencia sufrían casi necesariamente una pérdida de su independencia por motivos fundamentalmente económicos. Al crecer, la prensa bien cae en manos de hombres ricos que pretenden usarla para sus fines o bien se convierte en una empre-

---

[108]  Belloc [1918] 2007, pp. 15-16.
[109]  Alfred Richard Orage (1873-1934), filósofo social, editor y periodista inglés, editor de *The New Age* (1907-1922) y de *The New English Weekly*, desde poco después de su renuncia en la primera publicación y hasta su fallecimiento. *The New Age* fue un destacado periódico de información política y cultural, próximo a la doctrina del socialismo gremial, pero que contó con colaboradores como Chesterton, Belloc o Ramiro de Maeztu.

sa mercantil más, que acaba siendo sostenida por los anunciantes, quienes, al igual que el comprador rico, pueden acabar usándola para sus propios fines.[110] Belloc no conoció en su tiempo el fenómeno de la publicidad institucional, que desde esta perspectiva implicaría que la cesión de independencia del medio se realizaría no frente a un particular, sino directamente ante el poder político.

Por esta vía, el gran propietario de periódicos se acaba convirtiendo, de acuerdo con Belloc, en una pieza clave en el poder político de la nación, «derribando ministerios, imponiendo políticas y, en general, usurpando la soberanía».[111] Este poder puede llegar a hacer que no se tomen decisiones políticas sin asegurarse previamente el apoyo de la prensa o incluso que sea la segunda la que tome la iniciativa a la hora de plantear las primeras. Puesto que un propietario de un grupo de periódicos puede llegar a tener la suficiente influencia como para poner o quitar a un primer ministro, argumenta Belloc, esa función, ejercida por un poder en la sombra, es usurpada a su legítimo dueño, que es el voto popular.

Belloc argumentó que este tipo de prensa empezaba a surgir precisamente en la Inglaterra de su tiempo,[112] y que con anterioridad la prensa publicaba noticias sobre asuntos que la gente deseaba conocer. La prensa de su

---

[110] Belloc no ve posible que exista base económica para una prensa independiente, pues «se ha enseñado al público a recibir al precio de un penique una publicación que cuesta tres —siendo sufragada la diferencia por las subvenciones por publicidad» (Belloc [1918] 2007, p. 44).

[111] Belloc [1918] 2007, p. 45.

[112] «Hace unos años hubiera sido impensable. Hoy es ya el hecho fundamental de todo nuestro sistema político» (*ibid.*).

tiempo, argumentaba, empezó a crear artificialmente ese interés, de modo que eran los propios periódicos, agrupados en manos de muy pocos propietarios, los que elegían los asuntos que la gente debía conocer.[113] Si bien el ensayo *La prensa libre* fue escrito durante la Gran Guerra y publicado en 1918, las ideas reflejadas en él se basan en su experiencia como editor independiente en los años previos a la publicación de *El estado servil*. Belloc no trata el tema de la prensa en su ensayo más conocido, pero su experiencia y sus opiniones al respecto influyeron en su percepción sobre el carácter oligárquico del poder económico y político en la Inglaterra de su tiempo.

Belloc escribió *El estado servil* en 1912 desde el convencimiento de que la sociedad inglesa de su tiempo estaba avanzando aceleradamente hacia una situación en la que el trabajo obligatorio acabaría siendo impuesto por ley. La ruptura con los tiempos en los que la mayor parte de la gente era propietaria de los medios con los que se ganaba la vida, teniendo por tanto libertad económica, y las maquinaciones de la oligarquía para acabar con el sistema representativo y la prensa libre, limitando la libertad política de la mayoría, eran, como hemos visto, factores fundamentales con los que Belloc entendió que se pavimentaba el camino hacia la servidumbre generalizada. Pero la sensación de urgencia y la alarma respecto a la gravedad de la situación fueron para Belloc las leyes sociolaborales aprobadas por el gobierno liberal en 1911. El *Insurance Act* y otras leyes complementarias, que imponían un sistema de seguro obligatorio para los trabajadores en supuestos como la

---

[113] *Ibid.*, p. 51.

invalidez o el desempleo, fueron para Belloc la señal definitiva del advenimiento del estado servil.[114]

La Ley del Seguro o *Insurance Act*, aprobada el 16 de diciembre de 1911 con entrada en vigor en todo el Reino Unido el 15 de julio del año siguiente, llevaba como subtítulo «para proveer de seguro contra la pérdida de la salud y por la prevención y cura de la enfermedad y para el seguro contra el desempleo y propósitos accesorios».[115] Para cumplir esos objetivos, la norma se articulaba en tres partes: una primera que regulaba el Seguro Nacional de Salud, la segunda sobre el Seguro de Desempleo y una tercera sobre cuestiones generales.[116] Para financiar estos seguros, la ley establecía unas contribuciones fijas que se repartían entre trabajador, empresario y Estado, y que en caso del Seguro de Salud eran diferentes para hombres y mujeres. La mayor aportación correspondía, en el Seguro de Salud[117], al trabajador si era varón, seguido del empresario, y en el Seguro de Desempleo[118] ambos pagaban a partes iguales.

---

[114] Así lo refleja en la sección IX de *El estado servil*, titulada «El estado servil ya está vigente», en la que menciona la Ley del Seguro y proyectos como el Arbitraje Laboral Obligatorio como normas destinadas a obligar al proletariado (entendido como todo aquel que carece de propiedades y solo puede ganarse la vida vendiendo su fuerza de trabajo) a trabajar (Belloc [1912] 2010, pp. 167-193).

[115] Lovat-Fraser (1912), p. 8.

[116] *Ibid.*, p. iv.

[117] «Men are Schedule, required to pay fourpence per week and women threepence. Employers are to contribute threepence, and the State is to contribute an amount equal to two-ninths (or in the case of women onefourth) of the benefits» (*ibid.*, p. v).

[118] «The workman will contribute twopence halfpenny per week, and the employer the same. The State will contribute an amount equal to one-third of the total contributions of workmen and employers. Where the workman is under eighteen years of age, he and his employer will contribute one penny weekly» (*ibid.*, p. xi).

Estas cuantías que, al ser fijas, incidían más en los trabajadores con salarios más bajos, fueron motivo de fuerte descontento social nada más entrar en vigor, como se pone de manifiesto en un artículo en *The Eye Witness* de agosto de 1912 donde se recogen cartas de empleados domésticos que afirman haber visto su precaria economía arruinada por el *Insurance Act* y, en algunos casos, haberse visto incluso obligados a dejar de trabajar ante lo exiguo del salario neto tras descontar el pago del seguro a cargo del trabajador.[119]

Pero el argumento fundamental de Belloc contra esta legislación no era tanto la imposición de cargas difíciles de sobrellevar para las personas con menores salarios como la dependencia que creaba respecto del trabajo obligatorio y del Estado. En este sentido, coincidió con los planteamientos de Eugen Richter, que se opuso a la legislación sociolaboral alemana inaugurada con la Ley del Seguro de 1881 por razones similares a las de Belloc. En uno de sus clásicos discursos en oposición a las leyes imperialistas, estatalistas y proteccionistas de Bismarck, Richter afirmó, al más puro estilo bellociano, que «la libertad económica no está segura sin la libertad política, y la libertad política solo puede encontrar seguridad en la libertad económica».[120] En 1911, durante la discusión sobre el Proyecto de Ley del Seguro, Belloc era plenamente consciente del origen alemán de las medidas sociolaborales que el gobierno de Asquith trataba de implantar. En un artículo[121] describió el *Insurance Bill* como

---

[119]  «Some Letters from Servants» (*The Eye Witness*, vol. III, n. 7, 1-8-1912, p. 214).

[120]  Richter, *Im alten Reichstag*, citado en Raico (1990), p. 8.

[121]  «The Insurance Bill» (*The Eye Witness*, vol. I, n. 4, 13-7-1911, p. 97).

una medida legislativa importada de Alemania que, en su opinión, resultaba extraña para las costumbres y la tradición de libertad de Inglaterra.

Las reformas emprendidas por el gobierno inglés en 1911 eran muy similares a las iniciadas en Alemania tres décadas antes. Con ellas Bismarck había conseguido ganarse a la mayoría de los trabajadores alemanes frente a la amenaza del SPD[122], garantizar su fuerza laboral en apoyo de las políticas imperiales y asegurar su dependencia del Estado. Semejantes objetivos no habían sido ocultados por el Canciller de Hierro, que declaró ante el periodista inglés William Harbutt Dawson que su intención respecto de los trabajadores alemanes no era otra que «sobornarles o, si lo prefiere, ganármelos, que consideraran al Estado como una institución social que existe para el bien de ellos y que está interesada en su bienestar».[123] Belloc observó intenciones similares en el ejecutivo británico, vinculadas además con la política imperial, que había sido causa de gran indignación para él como miembro del Parlamento por razón de medidas como la importación de mano de obra china para las minas de Sudáfrica. La idea de un gobierno que, en nombre de un supuesto interés nacional, beneficia a una minoría oprimiendo a la mayoría, era para Belloc un temor que se iba haciendo realidad demasiado deprisa, con el agravante de que era precisamente un gobierno del Partido Liberal el que, echando por tierra todos los ideales del liberalismo inglés del siglo anterior, llevaba a cabo estas medidas.

---

[122] *Sozialdemokratische Partei Deutschlands.* Partido Social-democrático Alemán, en aquella época de ideología marxista.
[123] Dawson (1912), p. 11.

También en este sentido la posición de Belloc era similar a la que Richter sostuvo en Alemania. El interés de la política imperial servía a menudo de justificación para las políticas bismarckianas, a lo que Richter contestaría negando que semejante política fuese beneficiosa para los alemanes, salvo para una minoría. En un tono bastante bellociano, Richter afirmaba que la carga de la política imperial de Bismarck era soportada por los que no tenían o tenían relativamente pocas propiedades en beneficio de los que tenían relativamente más.[124] El anti-imperialismo de Richter, cuya voz crítica se escuchó en el Parlamento alemán y en la Casa de Representantes de Prusia hasta 1904, estaría en la línea del de Richard Cobden y John Bright, a los que en 1897 el joven Belloc caracterizó como representantes genuinos de los ideales de la tradición radical inglesa de la que el Partido Liberal comenzaba a apartarse en favor del pragmatismo político.[125] Las políticas sociolaborales del gobierno liberal de Asquith eran para Belloc la confirmación de sus temores en este sentido y, sobre todo, el inicio de un camino de difícil retorno hacia la imposición del trabajo obligatorio.

---

[124]   Raico (1990), p. 19.
[125]   Belloc (1897), p. 9.

# III. El estado servil

«Debemos superar el primordial peligro de degradar al ser humano a un obediente animal doméstico en los gigantescos establos del Estado, en los que estamos siendo agrupados y más o menos bien alimentados.»

*Wilhelm Röpke*[126]

## El concepto de servidumbre en Belloc

La imposición del trabajo obligatorio para una mayoría de personas, en beneficio de una minoría, era la consecuencia que traería para Belloc la evolución del sistema económico de su tiempo, tal y como reflejó en su obra *El estado servil* (*The Servile State*, 1912). Este libro es considerado, junto con las obras de G. K. Chesterton *Lo que está mal en el mundo* (1910) y *Los límites de la cordura* (1926), uno de los ensayos fundamentales[127]

---

[126] Röpke [1960] 2014, p. 155.
[127] Otras obras de Belloc en relación con el distributismo son: *The Church and Socialism* (1909), *The Catholic Church and the Principle of Private Property* (1920) y *An Essay on the Restoration of Property* (1936).

de la corriente de pensamiento conocida como distributismo[128].

En su análisis general de la historia económica del mundo occidental, y en particular de Inglaterra, Belloc emplea una serie de conceptos que conviene aclarar previamente. Su definición de capitalismo no pone el énfasis, como hacen muchos autores socialistas, en la organización de la producción y el comercio por los particulares o en la existencia de la propiedad privada de los medios de producción, sino en la concentración de esta última en muy pocas manos. Al igual que otros autores distributistas, considera que lo que define a la sociedad capitalista de su tiempo es:

> [...] que la propiedad de la tierra y el capital —es decir, la posesión, y por tanto el dominio de los medios de producción— está limitada a cierto número de ciudadanos libres no lo suficientemente grande como para determinar la masa social del Estado, mientras que los restantes carecen de propiedad y son, por tanto, proletarios.[129]

En la misma línea, su amigo G. K. Chesterton afirmó descriptivamente que «lo que llamamos capitalismo debería llamarse proletarismo».[130] Y es que los autores distributistas, a la hora de criticar el capitalismo de su tiempo y buscar explicación a sus consecuencias sociales negati-

---

[128] Movimiento basado en la encíclica *Rerum Novarum*, que proponía una distribución lo más amplia posible de la propiedad de los medios de producción. Más que un sistema político-económico alternativo a capitalismo y socialismo, el distributismo constituye «una concepción de la persona, de la sociedad y de la cultura que se deriva de unas formas económicas, sociales, políticas orientadas a la plenitud del ser humano» (Antuñano, 2004, p. 282).

[129] Belloc [1912] 2010, pp. 52-53.

[130] Chesterton [1926] 2010, p. 20.

vas, situaban en el punto de mira la concentración de la propiedad de los medios de producción.

Para Belloc, el capitalismo no solo no implica un estado de la sociedad en el que el capital es propiedad privada de los ciudadanos, sino que considera tal sociedad como opuesta al concepto de capitalismo tal y como él lo utiliza.[131] A esa sociedad ideal en la que la propiedad de los medios de producción está ampliamente distribuida entre la población la denomina «estado distributivo». En el extremo opuesto, a la sociedad ideal que niega completamente la propiedad privada y en la que «los medios de producción se encuentran en poder de los agentes políticos de la comunidad»[132] la denomina «colectivista». Como complemento a estos tres tipos de sociedad que se dan en alguna medida en la realidad o a lo largo de la historia (capitalista, colectivista o distributiva), Belloc introduce una nueva definición: el estado servil. Es servil «aquel régimen social en que las familias y los individuos están obligados por ley a trabajar en beneficio de otras familias o individuos, en número tan considerable que imprimen sobre toda la comunidad la marca de tal género de trabajo».[133]

En *El estado servil*, Belloc pronosticó que, una vez perdidas las bases filosóficas y espirituales que dieron origen al advenimiento en Europa de una sociedad de propietarios, la comunidad se asentaría de nuevo sobre la servidumbre, que fue su fundamento antes de la llega-

---

[131] «Nor does Capitalism mean a state of society in which capital is owned as private property by the citizens. On the contrary, such a society of free owners is the opposite of Capitalism as the Word is used here» (Belloc [1936] 2002, p. 5).
[132] Belloc [1912] 2010, p. 52.
[133] *Ibid.*, p. 53.

da de la fe cristiana.[134] A este tipo de sociedad, que vería una involución de la igualdad de todos sus ciudadanos ante la ley y el regreso a formas coactivas de organización del trabajo, Belloc la denominó estado servil.

El argumento de Belloc parte de la idea de que la forma predominante del trabajo en la Europa precristiana era la servidumbre y que ésta estaba generalmente institucionalizada, es decir, regulada, o al menos tolerada, por las leyes o las costumbres locales. Esta situación sería revertida, según Belloc, mediante un lento proceso histórico que eliminó casi totalmente la institución servil. Posteriormente, como consecuencia del languidecimiento de las bases espirituales que permitieron su eliminación, se iría restableciendo paulatinamente el mecanismo de la coacción como forma de garantizar la aportación de trabajo a la economía.

## Los orígenes serviles de Europa

Belloc parte de la consideración de la civilización occidental como originalmente servil.[135] Para él, nuestros antecesores europeos no solo admitieron y emplearon la esclavitud, sino que «la convirtieron en el eje económico en torno del cual tenía que girar la producción de la riqueza, y jamás dudaron de que fuese normal en toda sociedad humana».[136]

Esta afirmación no plantea grandes dificultades, pues encontramos en ella cierta concordancia con otro tipo de

---

[134]   Belloc [1912] (2010), p. 191.
[135]   Belloc [1912] (2010), p. 65.
[136]   *Ibid.*, p. 66.

análisis históricos, así como con fuentes y documentos de la Antigüedad, como es el caso de Aristóteles (*Política*, Libro I), que consideraba la esclavitud como inevitable y natural argumentando que hay personas que nacen para mandar y otras que lo hacen para obedecer. En este caso no se da además la aversión moral que Belloc y sus contemporáneos sentían hacia tal institución.

Cuestión diferente es su concepción sobre el origen de la institución esclavista. Para Belloc, el esclavo nace de la pobreza y, si bien la guerra y el pillaje proporcionaban formas relativamente accidentales de incrementar su número, el hecho de que la esclavitud se diera prácticamente en todos los grupos y estructuras, desde el Imperio a las pequeñas sociedades tribales, y la constatación de un reclutamiento constante en la institución servil, le hacen decantarse por el factor económico y social (por las necesidades de organización interna de la producción en cada grupo) a la hora de tratar de explicar el origen de la institución.

Aunque se suele vincular la esclavitud con el Imperio Romano, ésta no era ajena a los pueblos que habitaron en el entorno del mismo, ni en su tiempo ni en tiempos anteriores. No consta, dice Belloc, que los bárbaros se asombrasen de la institución de la esclavitud ni que ningún esclavo «hable de una sociedad en la que la esclavitud sea desconocida como una tierra más feliz».[137] Si se trataba de extranjeros, como mucho podrían intentar volver a sus comunidades de origen si éstas aún perduraban, y podían ser aún admitidos y reconocidos en las mismas como propietarios y hombres libres. Pero en la gran mayoría de los casos, los provenientes, según Belloc, de la

---

[137]  *Ibid.*, p. 70.

misma cultura, esclavos por razón de linaje o por indigencia, no existía ninguna Arcadia a la que pudieran dirigirse para ser admitidos como hombres libres.

La singularidad de la situación de la esclavitud en el Imperio vino de dos factores que fueron causa y al tiempo consecuencia del desarrollo de la actividad económica en el mismo en sus etapas álgidas:

— Las necesidades de la producción, orientada en gran medida al comercio. Tratándose de una economía monetaria y un orden político extendido por amplísimas zonas, tomando el Mediterráneo como eje y vía principal para el comercio, las distintas provincias se fueron especializando en determinadas producciones. Esta división de la producción trajo consigo la necesidad de mayores explotaciones agrarias, del tipo de la plantación antigua[138] y las haciendas[139], idóneos para el uso intensivo de mano de obra esclava.

— El compendio legislativo comúnmente conocido como «derecho romano», que bajo forma escrita se hacía valer, con un grado razonable de fiabilidad, en toda la organización provincial del Imperio. La regulación normativa de la esclavitud favorecía el comercio y su función económica, al tiempo que regulaba en cierta medida el trato a quienes se hallaban bajo esta condición jurídica, dando lugar, más allá de precedentes particulares o costumbres

---

[138] Una explicación de las características de la plantación romana, estudiada por Catón, Barrón y Columela, puede hallarse en Weber [1924] (2011), p. 114.

[139] Explotaciones de gran extensión organizadas para la venta de productos, generalmente en manos de un solo propietario.

propias del trato a los esclavos en otros lugares, a una serie de limitaciones y obligaciones del propietario de esclavos.

Es importante notar como el derecho romano, al regular formalmente la esclavitud, pasaba a reconocer dos tipos legales de personas dentro de su territorio. El esclavo podía nacer (si era hijo de una madre esclava, aunque su padre fuera libre) o hacerse (por cautiverio de guerra, condena a trabajos forzados o por venderse como esclavo).[140]

Con carácter general, podemos indicar que las fuentes originarias disponibles apuntan no solo a la importancia institucional y económica de la esclavitud en el mundo pagano, sino a su consideración generalizada como algo natural o normal. En este sentido, la consideración por parte de Belloc de la sociedad occidental como «originariamente servil» no parece plantear mayores problemas o complicaciones. Cuestión diferente es la explicación sobre la disolución de la institución servil en el ámbito de la civilización occidental, respecto de la que existen diferentes explicaciones que iremos desarrollando a continuación de la de Belloc.

## Del estado servil a la sociedad de propietarios

Uno de los pasos más controvertidos, dada la existencia de explicaciones alternativas —que trataremos más adelante—, en la secuencia histórica descrita por Belloc en *El estado servil* es el correspondiente a la disolución de la institución servil y la difusión de la propiedad entre

---

[140] Ortega Carrillo de Albornoz (2010), p. 30.

amplias capas de la población de ciertas áreas de Europa occidental durante la Baja Edad Media. Belloc afirma que la institución servil, que había caracterizado a las sociedades paganas, se fue diluyendo a lo largo de los siglos, hasta configurar lo que él denominó «estado distributivo». En última instancia, la razón de dichos cambios sería que, en relación con el orden social esclavista firmemente establecido a lo largo de los siglos sobre cimientos seguros, afirma Belloc que «advino sobre nosotros los europeos el experimento llamado la Iglesia de Cristo».[141]

No debe entenderse que la extensión del cristianismo por el Imperio supusiera un cuestionamiento de las leyes o del estatus social de los esclavos. En la Iglesia de aquella época, que funcionaba bajo sus propias reglas,[142] no hubo un cuestionamiento generalizado de la institución servil, si bien los esclavos participaban junto a los hombres libres en las primeras comunidades cristianas y la manumisión se consideró una obra de caridad, del mismo modo que era considerada como una buena acción por los paganos. Si bien la llamada de la Iglesia fue atendida especialmente por las clases desheredadas, ésta no iba dirigida contra el Imperio, sus instituciones y las injusticias materiales que se daban en su territorio, sino contra el *Zeitgeist* del momento, contra el vacío espiritual y la cultura materialista predominante.[143]

---

[141]    Belloc [1912] (2010), p. 71.

[142]    «La Iglesia fue, si no un Estado dentro del Estado, al menos una sociedad suprema y autónoma, con sus propias organización y jerarquía, sus sistemas legal y gubernamental, y sus normas para la adscripción y la entrada» (Dawson, [1932] 2007, p. 48).

[143]    *Ibid.*, p. 49. Continúa Dawson: «Con lo que [la Iglesia] vino a ser el foco de las fuerzas enemigas y opuestas a la cultura materialista predominante en un sentido mucho más profundo que ningún otro movimiento de descontento político o económico. Se trataba, no de

Para Belloc, la forma en que el cristianismo influyó en lo que él denominó desaparición de la institución servil fue mucho más sutil y se alargó considerablemente en el tiempo. La institución servil se fue diluyendo paulatinamente por la progresiva institución de usos locales, que devinieron en normas consuetudinarias, respecto al trato de los esclavos. Esos usos eran propios de cada zona, y suponían una mejora gradual de las condiciones de los mismos.

La gran hacienda territorial romana, la villa, tipo dominante de explotación agrícola destinada a la producción para el comercio, se fue transformando de una propiedad absoluta y transferible de su dueño a una unidad productiva dividida en porciones con distintos usos y complejas reglas respecto a los derechos y obligaciones mutuas de señor y sirvientes.

En la villa romana, el señor no tenía más obligación hacia los esclavos que alimentarlos y aquellas otras que el derecho romano pudiera, según las épocas y lugares, imponerle de manera efectiva. La propiedad de los esclavos y su utilización dentro de los límites del derecho era también una potestad exclusiva y absoluta del señor. Posteriormente, la decadencia de las comunicaciones y el poder político, junto a los cambios en el espíritu social de la época, hicieron más recomendable asegurarse la producción del esclavo «no imponiéndole más que determinados tributos sancionados por la costumbre».[144] El esclavo fue arraigándose a la propiedad y desarraigándose del dueño. Éste fue viendo limitado su poder sobre el esclavo por esas prácticas consuetudinarias que Belloc

---

una protesta contra las injusticias materiales, sino contra el ideal espiritual del mundo antiguo y todo su ethos social».
[144]   Belloc [1912] (2010), p. 75.

cita, llegando algunas de ellas al punto de no permitirle echar al esclavo de sus tierras salvo por un sistema de indemnización o compra de sus derechos.[145] De este modo, se le fueron imponiendo al señor obligaciones hacia el esclavo al tiempo que el rendimiento que éste último debía proporcionar a cambio tendió a ser fijado en un montante determinado de su producción, quedando a su disposición el remanente de su propio trabajo.[146] De este modo se habría producido lo que Belloc denomina como un «convenio virtual», por el cual el amo exigía a los esclavos de la explotación la producción de una determinada cantidad, contando con que ellos seguirían ejerciendo la actividad si se les cedía el remanente.

Si bien Belloc no se detiene a detallar las razones de este proceso de transformación de la villa en señorío, éstas suelen basarse en cambios de la razón de ser de la propia explotación, que de servir a motivaciones puramente comerciales bajo el orden creado por el Imperio pasaría paulatinamente —en una nueva época de desintegración del orden político que había trasladado las prioridades relativas al enriquecimiento a las que tienen que ver con la seguridad— a ser un granero para el sostenimiento de una nueva clase guerrera.[147] Estas nuevas necesidades alejarían al propietario o señor, ahora ocupado en el oficio de las armas, de las tareas propias de la administración, lo que implicaría mayor autonomía en el ámbito de su trabajo para aquellos que se dedicaban a ellas, derivada de una necesidad de mutua confianza entre ambos. De este modo, el «convenio virtual» que

---

[145]    Weber [1924] (2011), p. 109.
[146]    Belloc [1912] (2010), p. 76.
[147]    Weber [1924] (2011), pp. 88-89.

refiere Belloc sería explicable por el desinterés del señor en los asuntos de la explotación económica de sus propiedades, cuya función podríamos asimilar a la de la intendencia militar. Esta nueva función de la explotación se añadiría y complementaría a las otras causas citadas por Belloc para explicar la transformación de la villa en señorío: la decadencia de las comunicaciones, y el poder político y los cambios en el espíritu social de la época.

De esta manera la esclavitud en el sentido de la Antigüedad pagana se habría ido transformando hasta hacerse desconocida, de modo que hacia el siglo XI el siervo, si bien podría hallarse jurídicamente atado a la tierra que trabajaba, podía administrar el remanente de su producción una vez pagado el tributo al señor. Generación tras generación, la vieja concepción servil del trabajador se va desvaneciendo, y los tribunales y las costumbres lo tratan cada vez más como un hombre sometido estrictamente a determinados tributos y faenas periódicas, pero libre en todo lo demás. Tras un proceso de mil años, hacia finales del siglo XIV o principios del XV, el esclavo «se había convertido en un hombre libre en todo lo que se refería a las actividades ordinarias de la sociedad».[148]

De especial relevancia resulta el notable incremento en las posibilidades de actuación económica que se habría dado entre el esclavo de la Antigüedad pagana y el labriego de finales de la Edad Media. Este último, afirma Belloc, «compraba y vendía, ahorraba lo que quería, efectuaba inversiones, edificaba, construía desagües a su arbitrio, y si introducía mejoras en la tierra era en su propio beneficio».[149] Si bien la disolución de la institución

---

[148]  Belloc [1912] (2010), p. 79.
[149]  *Ibid.*, pp. 79-80.

esclavista se había iniciado a consecuencia de una profunda crisis que había supuesto el hundimiento de un comercio antes floreciente y había transformado grandes explotaciones destinadas al mismo en algo totalmente diferente, el largo camino hacia mayores cotas de libertad y autonomía personal durante la denominada «Edad Oscura» podía tener al fin, en la visión de Belloc, consecuencias positivas sobre la economía y el desarrollo humano en su conjunto.

## El fin de la sociedad de propietarios

Lo que hizo que el tipo de sociedad que Belloc denominó «estado distributivo» se malograra no fue, de acuerdo con el autor inglés, el desarrollo de una sociedad industrial y la pérdida de peso de la agricultura y de las actividades artesanales y comerciales a pequeña escala, sino la pérdida del pensamiento libre. Para Belloc, el sistema industrial fue un producto del capitalismo, no su causa.[150] En el caso inglés, la transformación se produciría entre los siglos XVI y XVIII, dando lugar a «una sociedad de hombres ricos en posesión de los medios de producción, por una parte, y una mayoría desposeída de tales medios por la otra».[151]

La Inglaterra que encontraría Enrique VIII al subir al trono era una nación con la riqueza ampliamente distribuida, aunque de manera desigual, en la que la mayoría de personas poseían las tierras que labraban, las herramientas que utilizaban y las casas que habitaban. Existía ya una nobleza terrateniente, constituida a partir de la

---

[150] *Ibid.*, p. 84.
[151] *Ibid.*, p. 86.

época de la invasión normanda, que poseía entre la tercera y la cuarta parte de las tierras de labranza del país, y tenía en su área de influencia prerrogativas como administrar justicia y percibir tributo. La Iglesia poseía una proporción similar de tierras y una capacidad recaudatoria parecida a la de los nobles.[152] Buena parte de estas propiedades eclesiales, y la parte más dinámica económicamente, se hallaba en manos de comunidades monásticas.

La confiscación de las tierras monásticas por Enrique VIII fue, según Belloc, la revolución «más radical, súbita y transcendental de las que se ejecutaron en la historia económica de todos los pueblos de Europa».[153] El propósito inicial de estas confiscaciones era fortalecer las finanzas de la corona. Sin embargo, como sucede tantas veces en la historia, el desenlace fue justo el contrario, pues las tierras confiscadas fueron a parar a los grandes nobles terratenientes, especialmente a las familias que gozaban del voluble favor real, que pasaron a controlar más de la mitad de las tierras de toda Inglaterra. Siempre de acuerdo con Belloc, los nuevos dueños aumentaron los impuestos a los campesinos de las zonas confiscadas, que la administración eclesial mantenía bajos ateniéndose a la costumbre, y no a criterios de explotación económica del territorio. De este modo, no solo habrían adquirido los medios económicos que les permitirían comprar tierras a los pequeños propietarios agrícolas, sino que la elevación de las obligaciones tributarias pondría a éstos en mayor necesidad de vender.

Este proceso continuaría en el siglo XVII, pues el empobrecimiento de la corona debido sobre todo a los costes de las guerras dejó a ésta en peor situación ante los

---

[152]  *Ibid.*, pp. 87-89.
[153]  *Ibid.*, p. 90.

nobles, que aprovecharon para conseguir mayores ventajas. La derrota de la corona se consumaría con la denominada «Revolución Gloriosa», y el siglo siguiente vería aún mayores concentraciones de la propiedad de la tierra a causa de los cercamientos. De este modo, el advenimiento de la primera Revolución Industrial encontró una Inglaterra en la que un vasto sector de la población, más de la mitad en torno al año 1700 según Belloc, se habría convertido ya en «proletario», es decir, en posesión tan solo de su fuerza de trabajo como medio de vida.

Belloc afirma que «si este desarrollo industrial hubiera sobrevenido en un pueblo económicamente libre, habría adoptado una forma corporativa».[154] No siendo así, el desarrollo industrial fue más rápido, pero también sus consecuencias sobre la sociedad y la cultura fueron más nocivas. Belloc refuta la idea de que es el desarrollo industrial el que da lugar al capitalismo. Para él, el capitalismo —entendido como concentración de la propiedad de los medios de producción en pocas manos— se había impuesto anteriormente a consecuencia de los efectos de cambios políticos y religiosos en la sociedad inglesa. El rápido desarrollo industrial de la nación sería un efecto, y no una causa, de la concentración de la propiedad o del capitalismo tal y como Belloc entiende el término.

## Explicaciones alternativas a la de Belloc: la rentabilidad como motor del cambio

Sobre el proceso histórico descrito por Belloc en relación con la práctica eliminación de la servidumbre en

---

[154]   *Ibid.*, p. 96.

buena parte de Europa a finales de la Edad Media se han formulado múltiples teorías. Entre ellas, destacan las basadas en la rentabilidad comparada del trabajo del esclavo y del hombre libre como factor explicativo principal del paso de la esclavitud al trabajo libre.

Una de las más conocidas explicaciones en el ámbito de la ciencia económica es la descrita por Ludwig Von Mises (1881-1973) en su *opus magna, La Acción Humana*. Mises niega el carácter decisivo de la influencia del advenimiento de la religión cristiana en la desaparición de la esclavitud en Europa, pues para él «la abolición de la esclavitud y de la servidumbre no puede atribuirse ni a las enseñanzas de teólogos y moralistas (...)»,[155] pues el trabajo servil desapareció «porque no pudo soportar la competencia del trabajo libre; por su mínima rentabilidad, recurrir a él resultaba ruinoso en una economía de mercado».[156] El factor explicativo decisivo para Mises es la rentabilidad, en tanto que el detonante histórico es la extensión de la práctica comercial que potenciaba la necesidad de optimizar dicha rentabilidad por razón del incremento de la competencia en los mercados.

De este modo, Mises minimiza la importancia de los factores culturales y humanitarios en el proceso de eliminación de la servidumbre laboral,[157] proceso que relaciona con el abandono de la producción centralizada a gran escala que devino en la conversión de los antiguos esclavos en arrendatarios de las tierras cultivadas a cambio de entregar al dueño una renta o una parte de la produc-

---

[155]   Mises [1949] (2015), p. 743.

[156]   *Ibid.*, p. 744.

[157]   «No fueron razones humanitarias las que indujeron a los duros y despiadados propietarios romanos a aflojar las cadenas de sus esclavos, sino el deseo de explotar mejor sus latifundios» (*ibid.*, p. 755).

ción. Si bien la descripción del paso de la esclavitud al trabajo libre no difiere esencialmente de la aportada por Belloc, la explicación de las motivaciones últimas del proceso por el cual las cadenas del esclavo son lenta y gradualmente aflojadas hasta su completa liberación se basa en lo conveniente que esta nueva situación resulta para el antiguo patrono, hasta el punto de considerarla esencialmente una operación de naturaleza económica.[158]

Una visión intermedia de este fenómeno, en la que se mezclan factores puramente económicos con otros de carácter social o cultural, es la de Max Weber. Para Weber, las emancipaciones en masa de siervos que se produjeron en los siglos XII y XIII tuvieron un doble origen. Por un lado, la extensión de la economía monetaria, que hacía la manumisión más rentable para los señores, pues «a los campesinos libres podía gravárseles con impuestos mucho más elevados».[159] La otra razón es la formación de coligaciones de campesinos, formando una corporación o pequeño municipio agrario, generalmente en torno a una parroquia.

El hecho de disponer de población compuesta fundamentalmente por trabajadores formalmente libres es para Weber una de las claves del fuerte y rápido desarrollo de la civilización occidental tras la Edad Media. La necesidad de organizar el trabajo libre, mucho más exigente que el empleo de mano de obra esclava, daría lugar al racionalismo económico, que tiene su reflejo en la organización empresarial y en la contabilidad.[160] En otras ci-

---

[158] «La manumisión no era en modo alguno una mera gracia o liberalidad del dueño hacia su servidor. Más bien se trataba de una operación de crédito, de una compra a plazos de la libertad» (*ibid.*).
[159] Weber [1924] (2011), p. 109.
[160] Weber [1904] (2017), pp. 82-83.

vilizaciones y en el pasado europeo, habría imperado la producción doméstica y el empleo de mano de obra no libre, así como el aprovechamiento de oportunidades de especulación violentas o irracionales,[161] en lugar de la empresa formalmente organizada.

La visión de Weber sobre esta cuestión supone un punto intermedio entre el argumento económico puro de Mises y el de Belloc, que pone el énfasis en las causas culturales y religiosas. Para Belloc, la esclavitud se va transformando lentamente como producto de la cesión al esclavo del remanente de su trabajo. En esta cesión, se puede dar una confluencia de intereses económicos y convicciones morales, llegando a una solución que es percibida como mejor por ambas partes. Belloc, en la tradición escolástica, encontraba una interrelación entre lo moralmente bueno y lo económicamente racional. El enriquecimiento mediante especulación o violencia puede resultar muy lucrativo, pero no crea una estructura organizada que pueda desarrollar una actividad continuada de producción de riqueza sobre una base de libre confluencia de voluntades e intereses entre sus miembros, esto es, una empresa. Lo esencial de la actividad económica racional —originaria según Weber de Occidente—, es que está organizada en torno al trabajo libre y en el marco de una comunidad ordenada conforme a una serie de principios jurídicos, culturales y morales provenientes de la tradición clásica y del cristianismo que facilitan el desarrollo de la actividad económica. Ese

---

[161] Aristóteles, por ejemplo, enumera los tipos de ocupaciones que considera «naturales», pues suponen una actividad adquisitiva por sí mismas, y entre los que no incluye el cambio y el comercio, pero sí «el pastoreo, la agricultura, la piratería, la pesca y la caza» (Aristóteles, *Política*, Lib. I, cap. 10, ed. 2009, p. 58).

marco, tanto mediante garantías legales (una normativa igual para todos) como morales (el honor personal), aporta la seguridad respecto del cumplimiento de los contratos y la confianza mutua precisa para el desenvolvimiento de las actividades comerciales. En un marco de este tipo, no habría obviamente espacio para el esclavismo o la piratería, pero tampoco para cualquier tipo de especulación que pudiese afectar a los intereses de terceros. Desde esta visión, ética y economía estarían intrínsecamente unidas, como diferentes caras de una misma racionalidad originariamente occidental y que tiene su origen en la cosmovisión cristiana. De este modo se puede interpretar la visión bellociana del lento proceso que condujo, por la influencia fundamental del cristianismo, a la disolución temporal de la institución servil.

## Un esquema explicativo

En su análisis histórico, Belloc comienza destacando que las sociedades paganas de la Antigüedad, particularmente en el ámbito europeo, respondían al modelo que él denomina estado servil, en la medida en que en todas ellas era predominante el tipo de trabajo legalmente obligatorio que caracteriza a este. Existían por tanto dos tipos de miembros de dichas sociedades: hombres libres y esclavos. La esclavitud en estas sociedades paganas (desde los pueblos germanos y celtas hasta Grecia o Roma), afirma Belloc, no tenía una condición racial, sino ante todo social. Pese a que muchos esclavos se obtenían como botín de guerra, el origen de la institución, en contra de lo que a veces se piensa, es ante todo económico. «El esclavo nació nada más que de la pobreza»,[162] afirma un Belloc que ve en la búsqueda de una posibilidad de supervivencia frente a la indigencia la causa principal de la institución esclavista. Sería por tanto la imposibilidad de encontrar otro medio de vida la razón por la que muchas personas aceptarían convertirse en esclavos.

La economía de las sociedades paganas, caracterizada por el recurso a la esclavitud, fue evolucionando a raíz de la irrupción en la historia de lo que Belloc denomina «el experimento llamado la Iglesia de Cristo» que produjo, según él, «la transformación lenta del estado servil en algo distinto: una sociedad de propietarios».[163] Ese lento proceso vino caracterizado por la paulatina evolución de la esclavitud hacia la servidumbre agraria, asociada a la tierra, más que a la persona, a través de la villa romana. Posteriormente, el labriego vería consolidado su derecho al uso de la tierra, quedando a su disposición el excedente de una cantidad fija que habría de entregar al propietario. Por este sistema consuetudinario el agricultor fue tomando el control, en condición de usufructuario cuando no de propietario efectivo, de la producción y de la tierra. Instituciones como las tierras de dominio público o demaniales, los monasterios o los gremios, contribuyeron a promover una sociedad que, en determinadas zonas como Inglaterra y Francia,[164] estuvo basada en el principio de la propiedad.[165]

---

[162]   *Ibid.*, p. 66.
[163]   Belloc [1912] 2010, p. 71.
[164]   En el caso de España se podría argumentar que también se dio, e incluso en época más temprana, una sociedad de propietarios, debido al menor impacto de la institución feudal y a la empresa de la repoblación de las tierras reconquistadas. Las necesidades de este proceso implicaban el avance de colonos libres que poseían las tierras que repoblaban.
[165]   «Tal fue la transformación que había sobrevenido en la sociedad europea en el curso de diez siglos de cristianismo. La esclavitud había

Para describir el paso de un tipo de sociedad a otra a lo largo de la historia emplearemos un gráfico que relaciona cualitativamente dos conceptos que para Belloc caracterizan estas tipologías: la distribución de la propiedad (de los medios de producción) y la libertad (tanto económica como política). Para Belloc, ambos conceptos están directamente relacionados, de modo que la sociedad pagana de la Antigüedad evoluciona de manera estable hacia una sociedad de hombres libres en la medida en que una propiedad (en forma de tierra o de derechos sobre la misma) ampliamente distribuida pasa a marcar el «tono» de dicha sociedad. Ordenando sobre un eje ambos sistemas en función de su mayor o menor grado de libertad y distribución de la propiedad, caracterizamos gráficamente el paso de una sociedad esclavista a una de propietarios descrito por Belloc en las secciones II y III de *El estado servil*.

Aquel sistema que Belloc describió como estado distributivo, y que correspondería fundamentalmente al régimen de explotación de la tierra en la sociedad europea tardomedieval, vino a malograrse en muchos lugares, particularmente en Inglaterra, a partir del siglo XVI. Belloc describe el desmantelamiento del estado distributivo como un proceso en el que la concentración de la propiedad de la tierra en pocas manos (desde las confiscaciones de Enrique VIII hasta los *Enclosure Acts* del siglo XVIII) y la eliminación de instituciones que servían de barrera para el

---

desaparecido, y en su lugar había surgido ese establecimiento de la posesión libre que parecía tan normal a los hombres y tan apropiado para una vida feliz. No se encontró a la sazón nombre especial alguno que la denominara. Hoy en día, es decir, cuando ha desaparecido, debemos fabricar uno torpemente, y decir que la Edad Media había concebido instintivamente y engendrado el *Estado Distributivo*» (Belloc [1912] 2010, p. 82).

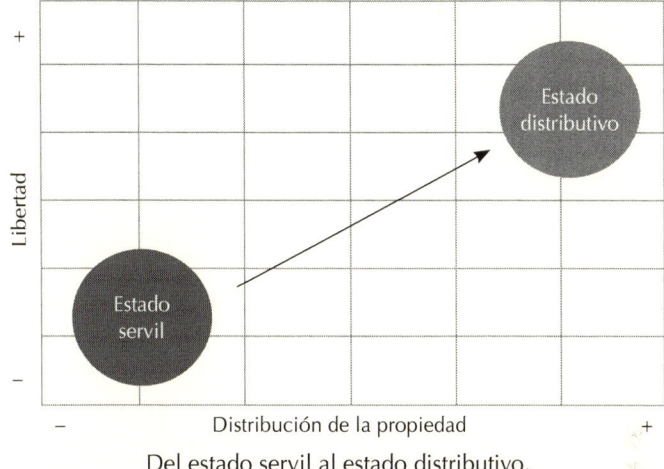

Del estado servil al estado distributivo.

surgimiento de monopolios imponen paulatinamente el control de la economía por parte de una reducida oligarquía. La explicación según la cual la concentración de la

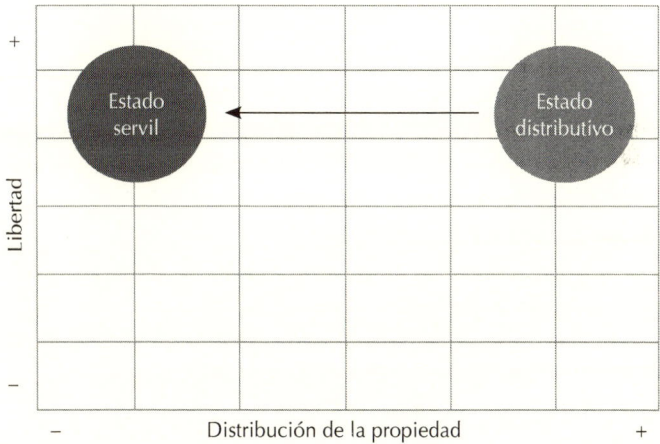

Del estado distributivo a la economía moderna, caracterizada por una fuerte concentración de la propiedad.

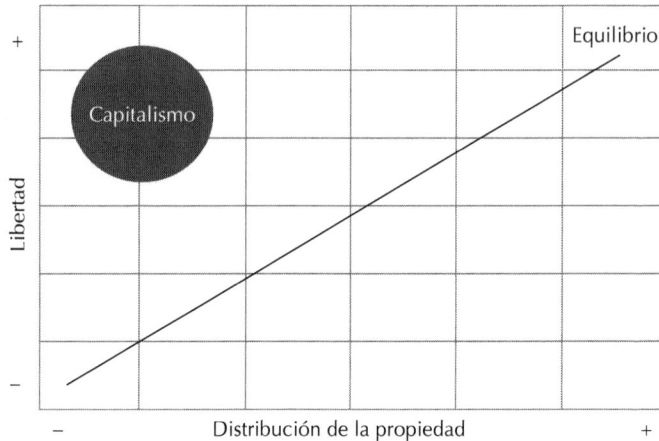

La economía moderna, con sus tendencias contradictorias, se encuentra en desequilibrio en relación con el binomio propiedad-libertad.

propiedad sobreviene de manera natural como consecuencia de la Revolución Industrial es denostada por Belloc, quien afirma que «ninguna causa material de tal género determinó la degradación que padecemos».[166]

El tipo de economía a la que dio lugar el proceso descrito por Belloc se encuentra, en su opinión, en una posición de desequilibrio, debido a la combinación entre libertad nominal y negación del acceso a la propiedad de la mayoría de las personas.

Para Belloc, un sistema se encontraría en posición de equilibrio en la medida en que libertad y propiedad fuesen de la mano, pues para él no pueden darse de manera estable la una sin la otra, dado que «solo mediante una propiedad bien dividida pueden las unidades de la so-

---

[166] Belloc [1912] 2010, p. 82.

ciedad reaccionar frente al Estado».[167] La libertad económica, otorgada por la propiedad, está, para Belloc, estrechamente relacionada con la política. De este desequilibrio resultarían dos tensiones internas:

— El conflicto entre la realidad social y su base moral, pues esta última se encuentra aún impregnada por el cristianismo. Instituciones como la esclavitud o la servidumbre cuentan con el rechazo generalizado de la sociedad, como también lo hacen la pobreza y las condiciones indignas de vida, de modo que «la vida real de la sociedad se encuentra divorciada del fundamento moral de sus instituciones».[168]

— La inseguridad y la penuria a la que ciudadanos nominalmente libres se veían abocados, de modo que el propio capitalismo debía proveer soluciones no capitalistas a la situación, como por ejemplo las sucesivas leyes sobre pobreza (*Poor Relief Acts*), entre las que destacó la de 1834, vigente durante la era victoriana.

Estas tensiones podrían por tanto solucionarse mediante dos vías o tendencias contrapuestas: tratando de incrementar la distribución de la propiedad de los ciudadanos (opción que hemos denominado «tendencia a la desconcentración» en la imagen anterior); o adoptando medidas reformadoras que impliquen la acción de los poderes públicos tratando de paliar los efectos de la ausencia de esta («tendencia a la planificación»). Cada una de estas opciones caracteriza una de las soluciones al problema del desequilibrio entre propiedad y libertad.

---

[167]  «Through well-divided property alone can the units of society react upon the State» (Belloc [1936] 2002, p. 10).
[168]  Belloc [1912] 2010, p. 110.

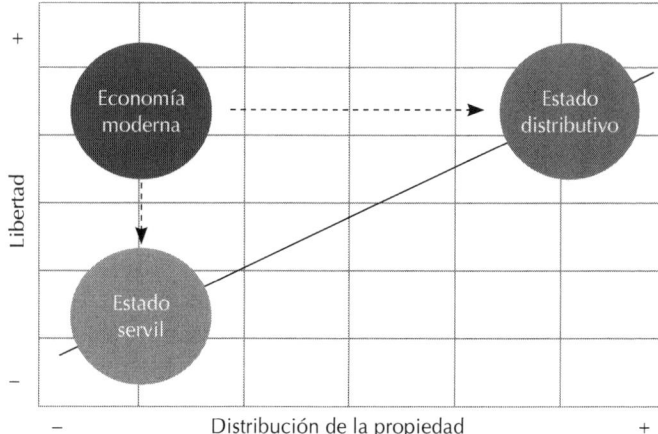

La economía moderna debe evolucionar a alguna de las posiciones de equilibrio del binomio propiedad-libertad.

La vuelta al equilibrio en relación con este binomio propiedad-libertad ha de pasar, por tanto, por uno de estos dos caminos:

— Procurando una amplia distribución de la propiedad de los medios de producción entre los ciudadanos considerados nominalmente libres.

— Limitando la libertad de los ciudadanos que no tienen acceso a la propiedad de manera que deban trabajar obligatoriamente.

Ambas soluciones se corresponden, respectivamente, con los modelos «de equilibrio» descritos por Belloc como estado distributivo y estado servil (véase la imagen anterior). En *El estado servil*, escrita cuando aún no había antecedentes de experimentos comunistas a gran escala, considera el colectivismo como una consecuencia natural de la ideología materialista inherente al capitalismo, de modo que «el Estado capitalista engendra una teoría colectivista que, al aplicarse, produce algo completamente distinto del colectivismo, a saber: el estado servil».[169] Posteriormente pasaría a considerar el capitalismo de su época y el comunismo real ya ensayado como dos caminos alternativos hacia un mismo resultado.[170] En el primero de los caminos, el más verosímil para Belloc, los reformadores socialistas actuarían paulatinamente sobre una economía capitalista, sin negar inicialmente sus fundamentos, para tratar de mejorar las condiciones sociales. En el segundo, el colectivismo prometería garantizar las condiciones para proveer bienes materiales en abundancia para todos los ciudadanos, pero solo si estos renuncian a su libertad económica, aceptando leyes coercitivas que implican la eliminación efectiva de la propiedad privada o del derecho a la herencia.[171]

Para Belloc, tanto el reformador socialista, ya lo sea por deseo de mejorar las condiciones de los desposeídos o por convicción en las bondades de la gestión centralizada, como el «hombre práctico», que pretende mejorar

---

[169] Belloc [1912] 2010, p. 121.

[170] «To stablish the Servile State one has but to follow certain lines which lead rapidly to an ideal conclusion, a society where *all* men, the few Capitalists and the mass of proletariat are *all* securely nourished –the latter on a wage or, lacking this, a subsidy in illness. The same is true in regard to the Communist State: a society where *all* men are securely nourished as slaves of the government. A simple formula and its exact application will, in each case, produce the ideal society envisaged» (Belloc [1936] 2002, p. 11).

[171] «Under the Communist scheme the matter is simpler still. It being made an offence for any man to own, all right to the use of accumulation by a family or an individual being destroyed, and all right of inheritance being also destroyed, the whole produce of the community is available for distribution to all. And Economic Freedom has disappeared for all though the action of a very few and simple but absolute coercive laws» (Belloc [1936] 2012, p. 12).

las condiciones «prácticas» sin atender a principios fundamentales, encuentran todos sus esfuerzos reformadores involuntariamente encauzados hacia el advenimiento del estado servil. Todos estos reformadores se esfuerzan por establecer medidas prácticas que los reformados (la gran masa de asalariados) agradecen, pues contribuyen a mejorar sus condiciones de vida a corto plazo. Sin embargo, estas mejoras de diversa índole, para ser sostenibles a medio y largo plazo, han de estar vinculadas a la obligación de trabajar, incrementando el miedo a perder el empleo y con él todas las ventajas adicionales que reporta. Esta obligación práctica de trabajar como asalariado, olvidando las otras opciones posibles (no trabajar u ordenar por cuenta propia medios de producción disponibles),[172] se constituye en la única elección posible para una mayoría de individuos. De esta forma, la tendencia hacia la planificación económica termina produciendo formas de trabajo obligatorio, al tiempo que poco motivadoras para el trabajador, alejando a la gran mayoría de los ciudadanos del ejercicio de la función empresarial[173] y agotando así la vitalidad económica de la sociedad. Adicionalmente, el tamaño del Estado que conlleva este proceso, y por tanto de la presión impositiva, junto con un exceso de regulación del mercado de trabajo, produ-

---

[172] Piénsese, en el caso español, en el desincentivo que para el trabajo por cuenta propia supone el volumen de cotización a la Seguridad Social que debería realizar un trabajador autónomo para obtener una pensión similar a la de un asalariado, así como las cantidades mínimas que debe cotizar con independencia de sus ingresos.

[173] En este contexto nos referimos a la función específica de ordenación de los factores de producción. En un sentido más amplio, la función empresarial puede entenderse ejercida por «cualquier persona que actúa para modificar el presente y conseguir sus objetivos en el futuro» (Huerta de Soto [1992] 2015, p. 41).

ce efectos depresivos sobre las dinámicas de crecimiento económico, que son, en última instancia, las mejores herramientas para la reducción de la exclusión social y la incorporación de los pobres a mejores empleos.[174]

El principio fundamental en el que se basa el pensamiento económico de Belloc es la distribución más amplia posible de la propiedad de los medios de producción. Cualquier intento de distribución más equitativa de la renta, sin atacar el problema de la propiedad, es decir, de obtener los beneficios propios de la actividad económica sin abordar la responsabilidad de ordenar en alguna medida sus factores, chocaría con un principio económico insalvable: la necesidad de la ganancia.[175]

En opinión de Belloc, para evitar que se pongan en peligro las prestaciones propias de un estado del bienestar, los poderes públicos deben, como contrapartida, evitar que personas libres pongan en peligro estos planes negándose a trabajar. Reformadores bienintencionados tratarán de maximizar las prestaciones y seguridades que perciben los ciudadanos. Puesto que dichas prestaciones no se financian de la nada, sino mediante impuestos que dependen de la generación de valor añadido, su continuo incremento supondrá por fuerza un endurecimiento de los requisitos para el acceso a las mismas, así como de las condiciones del propio trabajo, que han de ser cada

---

[174] Añádanse las consecuencias derivadas de los efectos macroeconómicos de los abultados déficits fiscales, por vías como la inflación y la disponibilidad de crédito.

[175] «La ganancia sigue siendo una necesidad. Si se destruyera, más aún, si la ley impusiera una pérdida, tal cosa se hallaría en contradicción con el espíritu íntegro que inspiró todas esas reformas, las cuales se emprendieron con el objeto de implantar la estabilidad donde hoy impera la inestabilidad y de conciliar, como dice la irónica frase, los intereses del capital y del trabajo» (Belloc [1912] 2010, p. 186).

vez más duras. Es decir, la imposibilidad de sostener económicamente dichas reformas obligará a vincularlas a formas de trabajo de hecho (aunque no necesariamente de derecho) obligatorias. De este modo se incidirá en la consolidación de dos tipos de ciudadanos nominalmente libres: una minoría, poseedora o controladora de los medios de producción, y la gran mayoría, obligada a trabajar para poder sostener las prestaciones que el Estado facilita. Esto equivaldría a la práctica desaparición de las denominadas «clases medias» en las sociedades desarrolladas.

Esta línea de pensamiento crítica en relación con la provisión pública de bienestar por el Estado, sus fundamentos filosóficos y sus consecuencias, no es exclusiva de Belloc. Otros autores, desde posiciones generalmente cristianas, han sostenido teorías parecidas. Wilhelm Röpke, uno de los padres de la economía social de mercado, consideró que «el auxilio prestado a las masas por el Estado es simplemente la muleta de una sociedad lisiada por el proletarismo, adaptada a la inmadurez económica y moral de las clases que emergieron de la descomposición del viejo orden social».[176] Belloc atisbó ya en la sociedad de su tiempo visos de esa inmadurez económica al afirmar que los trabajadores de la Inglaterra que él conoció, habiendo olvidado ya la experiencia de la propiedad, concebían como natural su condición de asalariados.[177]

---

[176] Röpke [1960] 2014, p. 154.

[177] «En resumen: la actitud actual del proletariado en Inglaterra (dicho de otra manera, la actitud de la inmensa mayoría de las familias inglesas) respecto a la propiedad y a aquella libertad que solo puede obtenerse mediante la propiedad ha dejado de ser una actitud de experiencia o de expectación. Se consideran a sí mismos como asalariados, y el aumento del estipendio semanal de los asalariados es un objetivo

Belloc conoció algunas de las manifestaciones incipientes del estado del bienestar. Aunque el término *Welfare State* ve la luz durante la Segunda Guerra Mundial[178], en la legislatura 1910-1914, la siguiente a la que vio a Belloc en la Cámara de los Comunes, el gobierno liberal de Asquith aprobó la Ley Nacional del Seguro (*National Insurance Act*, 1911) y otras normas que se consideran manifestaciones primitivas de una función asistencial del Estado que ha venido ampliándose hasta nuestros días. La Ley Nacional del Seguro establecía prestaciones para los trabajadores en situaciones de enfermedad o desempleo sobre la base de fondos aportados mediante cotización. Belloc, ya fuera del Parlamento y en su calidad de periodista y comentarista político, criticó abiertamente esta y otras leyes del ejecutivo liberal de Asquith, centrando sus críticas fundamentalmente en el miembro del gabinete encargado de la Hacienda, Lloyd George.

Belloc consideraba esta ley como manifestación y prueba del advenimiento efectivo de lo que él denominó el estado servil. En su obra del mismo nombre, escrita un año después de la aprobación de la Ley Nacional del Seguro, consideró que dicha ley, destinada a paliar la inseguridad del proletariado, «sigue las directivas de un

---

que aprecian y persiguen intensamente; en cambio, el de la liberación de su condición de asalariados les parecería enteramente al margen de la realidad de la vida» (Belloc [1912] 2010, p. 150).

[178] El denominado Informe Beveridge (oficialmente *Social Insurance and Allied Services*, http://news.bbc.co.uk/2/shared/bsp/hi/pdfs/19_07_05_beveridge.pdf) de 1942 es considerado como el documento fundacional del estado del bienestar moderno. Tras la guerra, la victoria del Partido Laborista en las elecciones de 1945 supuso reformas legislativas adicionales que implementaban las ideas de Beveridge.

estado servil en todos sus detalles».[179] Las razones que refiere para apoyar esta afirmación son:

— Que no da cobertura a los ciudadanos en tanto que tales, sino en la medida en que son trabajadores. El criterio para la aplicación de la ley es el empleo. Y no cualquier tipo de empleo, sino únicamente aquel propio del «individuo común que trabaja con sus manos», es decir, el proletariado. La ley excluía «las formas de trabajo a la que se dedican las clases educadas»,[180] como el propio oficio de Belloc, el de escritor, y limitaba su aplicación tan solo al ámbito de los trabajos manuales. No es que Belloc fuese partidario de una extensión de su ámbito de aplicación, sino que veía en esta característica un reflejo de la intención del legislador.

— Que la ley implica el reconocimiento de un estatus, que sustituye a las anteriores relaciones entre iguales basadas en un contrato. El cumplimiento de la ley, en la medida en que las aportaciones al seguro son deducidas de los salarios e ingresadas en el fisco por el empleador, queda en manos de este, al que se le impone la obligación de «fiscalizar al proletariado». Esto supone, para Belloc, el reconocimiento legal de dos categorías de ciudadanos empujando a «los que están abajo a registrarse, pagar un impuesto (…) y a los que están arriba a que sirvan de agentes para hacer cumplir tal registro y recaudar tal impuesto».[181]

---

[179]   Belloc [1912] 2010, p. 175.
[180]   *Ibid.*
[181]   *Ibid.*, p. 176.

La división de los ciudadanos en dos clases legalmente reconocidas: capitalistas y proletarios, supone el reconocimiento de la división de la sociedad en dos grupos e impone, bajo la autoridad del Estado, una nueva institución a la sociedad. La diferenciación en base a la posesión o no de los medios de producción iba en contra de la práctica, habitual desde el derecho romano, del contrato libre entre iguales. Esta división de la ciudadanía en categorías (los económicamente libres y los económicamente menos libres), recogida en la Ley Nacional del Seguro, se acabará extendiendo, vaticina Belloc, a todos los aspectos de la economía. Belloc relacionaba el subsidio por desempleo con el concepto de salario mínimo y pronosticaba que la imposición de este traería consigo, como término recíproco, el principio de trabajo obligatorio.[182]

## La solución distributiva

El pesimismo con el que Belloc pronosticó el advenimiento del estado servil en su obra del mismo nombre no le impidió, sin embargo, imaginar y proponer soluciones para evitar que el devenir que observaba con preocupación en la sociedad de su tiempo terminase en la reinstauración de la servidumbre sobre un mundo que anteriormente había conocido la libertad. Los intentos de remediar la situación social provocada por el capitalismo industrial de su tiempo, debido a que estaban fundamentados en una «falsa filosofía», no llevarían sino a la eliminación de la libertad de la mayoría de las personas, que se verían sujetas a alguna forma de trabajo obligatorio.

---

[182] *Ibid.*, p. 178.

Si esa «falsa filosofía» proponía reformas en el sentido de centralizar los medios de producción en manos del Estado y daba como resultado la eliminación de la libertad, ¿qué tipo de reformas propondría una «correcta filosofía» y como conseguiría esta preservar la libertad de las personas al tiempo que aliviar la situación social que el desarrollo industrial había provocado? Belloc trató de afrontar esta cuestión desde el fundamento básico de sus teorías: la relación intrínseca entre libertad y propiedad. Su «sociedad ideal» sería una en la que el ciudadano medio tuviese propiedad o control sobre los medios de producción precisos para su propio sustento. Pero Belloc no se refirió a este tipo de sociedad como una novedad de su propia inventiva, sino que observó que estas características se habían dado en las sociedades europeas de la Baja Edad Media.

Estas sociedades, debido a la lenta pero efectiva influencia del cristianismo, habrían conseguido eliminar casi completamente la institución servil. La referencia bellociana a la Edad Media no implica que este atribuyera a dicha época un carácter de «sociedad ideal», sino que, con todas las salvedades respecto al desarrollo económico y humano posterior,[183] encontraba allí que la cuestión del control de los medios de producción se daba en las condiciones adecuadas para garantizar una sociedad de personas libres, que él denominó «estado de propietarios» o «estado distributivo». Esta denominación daría lugar al término «distributismo», con el que se caracterizó tanto la solu-

---

[183] Belloc consideraba que los avances económicos y técnicos se hubieran podido realizar, aunque de manera más lenta, en una sociedad en la que la propiedad estuviese ampliamente distribuida (Belloc [1912] 2010, p. 99).

ción teórica que Belloc y otros autores, singularmente G. K. Chesterton, propusieron para tratar de eliminar los males de su tiempo como el movimiento económico, político y social que trató de poner en práctica dicha solución.

Las propias connotaciones del término «distributismo» han dado lugar a percepciones erróneas sobre la verdadera naturaleza del pensamiento de Belloc y las soluciones por él propuestas a los males de su tiempo. Respecto al origen del problema, la «falsa filosofía» que Belloc denuncia como origen de la orientación de la sociedad de su tiempo hacia el servilismo debería ser contrarrestada, en opinión de nuestro autor, con aquella que es propia de la civilización europea y que ha configurado esta, es decir, la de la tradición intelectual católica y, en particular, la de la escolástica.

Belloc fue mucho menos concreto respecto a las soluciones al problema que sobre la explicación de sus causas. Tan solo en una de sus últimas obras, *An Essay on the Restoration of Property* (1936), formula lo que puede considerarse un programa para la reimplantación del estado distributivo. Aun así, este programa no es sistemático y carece, tal y como los críticos del distributismo achacaron a Belloc y Chesterton en vida de estos, de la profundidad y el nivel de detalle preciso para dar solución a multitud de problemas en el ámbito de la economía práctica.

Poco después de la publicación de esa obra, de nuevo a consecuencia de otro conflicto mundial, la Liga Distributista, compuesta por intelectuales y activistas comprometidos con las ideas de Belloc, cesó en sus actividades. Además de al parón bélico, la práctica disolución del movimiento se debió a discrepancias entre algunos miembros de la Liga, imbuidos del peculiar espíritu de las ideologías de su tiempo, y el pensamiento original de Chesterton y Belloc, de marcado carácter tradicionalista.

En *An Essay on the Restoration of Property*, Belloc, hacia el final de su carrera como escritor, formula por primera vez un programa para la reinstauración de la institución que él considera única solución ante la deriva hacia el servilismo que observó en la sociedad de su tiempo: la propiedad privada. Belloc identifica dos principios fundamentales a la hora de abordar el problema de la restauración de un estado distributivo a partir de una sociedad industrial donde la propiedad se encuentra fuertemente concentrada:

— El primero es que cualquier esfuerzo para reinstaurar la institución de la propiedad (esto es, restablecer una propiedad bien distribuida en una sociedad proletaria como la nuestra) solo puede tener éxito mediante una deliberada reversión de ciertas tendencias económicas naturales.

— El segundo es que nuestro esfuerzo fracasará si no va acompañado por regulaciones hechas con el fin de preservar la propiedad privada, en la medida en que esta va siendo restituida.[184]

Pese a que en *El estado servil* (1912) Belloc había pronosticado que el intervencionismo de los reformadores para tratar de aliviar los males del capitalismo industrial conduciría a un remedio mucho peor, es decir, a la servidumbre, las soluciones que propone para la reinstauración de la institución de la propiedad privada parecen pasar por algún tipo de regulación. Sin embargo, el concepto bellociano de regulación difiere de la forma habitual de implementación de políticas públicas mediante leyes y reglamentos del Estado. Belloc habla en concreto

---

[184] Belloc (1936), p. 22.

de la reinstauración de una serie de salvaguardas que no tienen que estar necesariamente en manos del Estado, ni ser implementadas necesariamente por normas que emanan de este, sino que han de estar a disposición de la comunidad en su conjunto para defender al pequeño propietario frente a la acción de intereses oligárquicos, generalmente en connivencia con el propio Estado.[185] La connivencia entre el «Gran Negocio», que asciende inicialmente a causa de leyes económicas naturales pero que pronto comienza a establecer por sí mismo las reglas del juego, y el «Gran Gobierno», que acaba siendo instrumentalizado por el primero para sus propios fines, es para Belloc la razón de la concentración de la propiedad en manos de ambos, que termina por determinar la pérdida de la libertad para la mayor parte de la población.

A la hora de plantear medidas concretas para revertir esta tendencia a la concentración de la propiedad, Belloc observó una limitación fundamental, que es que el hombre de su tiempo ya se habría acostumbrado a su condición de «esclavo-asalariado», priorizando su seguridad por encima de su libertad. Así pues, el primer paso, y el más difícil, sería para Belloc un cambio de mentalidad que implicaba la renuncia a esa «falsa filosofía» o «falsa religión» y la restitución de la que él consideraba

---

[185] Belloc habla concretamente de la plutocracia como la protagonista de las dos últimas fases del proceso de concentración de la propiedad. En las cinco primeras, esta plutocracia emerge como consecuencia de una cierta ventaja económica de la unidad más grande frente a la más pequeña, que le permite expulsar a esta última del mercado hasta acaparar este casi completamente. Una vez que esta plutocracia se ha hecho con el poder económico, corromperá el poder legislativo para que elabore leyes a su favor. Del mismo modo, extenderá la corrupción hasta el ámbito judicial, inclinando la balanza de la justicia a su favor (Belloc, 1936, pp. 26-27).

correcta.[186] Belloc no se mostraba optimista respecto de las posibilidades de que semejante cambio se produjera en un período de tiempo corto, si bien consideró que incluso un pequeño germen de «amor por la libertad» podría ser suficiente como punto de partida.[187]

Belloc dividió sus propuestas para el restablecimiento de la pequeña propiedad en tres partes, en función del sector afectado:

— El pequeño distribuidor (el tendero): se mostró partidario de favorecer al pequeño comerciante frente a las grandes cadenas mediante un sistema impositivo que fuese más riguroso con los segundos, empleando la recaudación en la promoción de los primeros.[188]

— La pequeña industria (el artesano): lo consideró el más difícil de los tres. Optó por un sistema de autoprotección mediante gremios, que, a imitación de los del medievo, regulasen las distintas profesiones evitando las prácticas abusivas (como los contratos de exclusividad) y la concentración de la producción en uno o unos pocos agentes.[189] Una dificultad que se ha achacado a menudo al distributismo es la de organizar grandes unidades de producción industrial, cuyo tamaño viene determinado por la tecnología, así como obras públicas, en un entorno de pequeños propietarios. Belloc dedicó a este asunto el apartado IV de su ensayo,

---

[186]   Belloc (1936), pp. 37-38.
[187]   «(…) though certainly it is impossible to change a false philosophy in time to save the situation, yet there *may* be enough normal love for freedom remaining, however feeble, to be used as a starting point» (*ibid.*, p. 39).
[188]   *Ibid.*, pp. 42-44.
[189]   *Ibid.*, pp. 44-48.

y propuso como soluciones, según el tamaño de la necesidad, la propiedad compartida, a través de los gremios, o la comunal, a través del Estado.[190] Pero en ambos casos, en aplicación del principio de subsidiariedad, insistió en evitar que unidades más grandes realizasen funciones que las más pequeñas podían abordar.

— El pequeño agricultor (el campesino): propuso una política de impuestos y ayudas para la compra de tierras que supusiera una fuerte carga para quien poseyera tierras en gran cantidad y quisiere adquirir más, y un incentivo para quien tuviese poca o ninguna y deseara comprar.[191]

Pese a que Belloc parece otorgar al Estado un cierto papel protagonista en el proceso de garantizar la pequeña propiedad privada, lo hace siempre de acuerdo con el principio de subsidiariedad, es decir, solo cuando esto no sea posible por otros medios.[192] Además, limita la acción de este, sabiendo que su extensión puede volverse fácilmente contra la propiedad privada, bajo la idea fundamental de que un nivel elevado de impuestos es incompatible con la institución de la propiedad.[193] Belloc consideró el nivel impositivo de su época como «fantásticamente alto» y «confiscatorio»,[194] y como una herramienta para la destruc-

---

[190] *Ibid.*, p. 53.

[191] *Ibid.*, pp. 69-71.

[192] Como alternativa a la regulación estatal, Belloc mostró su preferencia por la autorregulación mediante instituciones intermedias como los gremios (*ibid.*, p. 83).

[193] «High taxation is incompatible with the general institution of property» (*ibid.*, p. 72).

[194] *Ibid.*, pp. 72-73. Belloc tomó como referencia la tesis de John Stuart Mill, que consideraba un 10 % de los ingresos totales como un

ción deliberada de la clase media inglesa. Belloc argumentó que con el nivel de impuestos de su época resultaba imposible acometer la tarea de reinstaurar la amplia distribución de la propiedad, por lo que una parte esencial de su programa consistía en una completa reforma tributaria. Además de un nivel impositivo bajo, que permitiera al pequeño ahorrador acumular un modesto capital, Belloc argumentaba que la promoción del acceso a la propiedad requería de una moneda estable, que estuviera fundamentada en una equivalencia en oro y/o plata, que otorgaría seguridad a dicho ahorro.[195]

El programa de Belloc para implementar la solución distributiva, compilado en un ensayo de unas 90 páginas, no presenta a nuestro juicio el nivel de detalle de una propuesta que buscase su implementación inmediata sobre la compleja realidad económica e industrial de una sociedad como la de su tiempo. En el ámbito de las obras públicas y los grandes sectores energéticos e industriales, en particular, sus soluciones se limitan a principios generales de muy difícil implantación práctica, tal y como sus críticos hicieron ver a Chesterton y Belloc.[196]

---

nivel impositivo (considerando tanto impuestos directos como indirectos) máximo aceptable. El nivel de ingresos tributarios del gobierno británico en la época en la que Belloc escribía esto (1936) era inferior al 25 % del producto interior bruto, y había subido mucho tras la Primera Guerra Mundial, frente al 40 % que alcanzaría en la Segunda Guerra Mundial y mantendría hasta el final del siglo xx (Clark y Dilnot, 2002, p. 2), sobre todo a consecuencia de la necesidad de mantener el estado del bienestar implementado tras el conflicto.

[195] *Ibid.*, p. 72.

[196] Así lo hizo, por ejemplo, G. B. Shaw en su famoso debate con G. K. Chesterton el 28 de octubre de 1927, moderado por Belloc, en relación con la gestión de las minas de carbón, de cuya nacionalización Shaw era partidario (Ker, 2011, p. 585).

Pese a concluir que estas teorías no constituyen una solución en forma de «sistema completo» a todas las cuestiones que plantea una economía compleja, consideramos que sí que aporta principios generales tanto a la hora de explicar como a la de buscar soluciones y alternativas a problemas económicos de gran importancia tanto en la época de Belloc como en la nuestra.[197]

---

[197] Véase a este respecto tanto la explicación bellociana sobre la imposibilidad del socialismo (capítulo V) como la aplicación de sus teorías a otras cuestiones de la economía moderna (capítulo VII).

# IV. Pensamiento escolástico y teoría económica bellociana

> «Para los antiguos hombres sabios, el problema
> cardinal era cómo adaptar el alma a la realidad,
> y la solución fue el conocimiento, la autodisciplina y la
> virtud. Para lo mágico y para la ciencia aplicada,
> el problema es cómo adaptar la realidad a los deseos
> del hombre (…).»
>
> *C. S. Lewis*[198]

En el capítulo segundo pudimos comprobar la importancia de la tradición de pensamiento católico en general y escolástico en particular en la configuración de las ideas de Belloc. Particularmente importante fue en este sentido la filosofía política de Francisco Suárez. Tanto Belloc como otros autores católicos adscritos a la corriente denominada distributismo (particularmente los hermanos Chesterton), tomaron al Doctor Eximio como punto de referencia de una teoría política que era al mismo tiempo «democrática» y coherente con la tradición de pensamiento escolástico.

---

[198]   Lewis [1944] 2016, p. 78.

Ante todo, la filosofía política de Suárez representaba para ellos una alternativa frente a las teorías políticas que parten del contractualismo social y frente a la visión protestante de la historia preponderante en su época. La segunda cuestión constituía un tema de vital importancia para Belloc, uno de cuyos objetivos intelectuales principales era contrarrestar dicho relato histórico predominante desde un punto de vista católico. En su opinión, los historiadores que tenían una visión positiva de la Reforma Protestante, particularmente de la peculiar transición religiosa, pero también política y económica vivida en Inglaterra desde el siglo XVI, ignoraban que los debates fundamentales, permanentemente necesarios a toda filosofía, no tienen su origen exclusivo en autores protestantes, sino que proceden de épocas anteriores y nunca tan vigorosos como en el ámbito de las escuelas medievales.[199]

## Belloc y Suárez

Belloc encontró en la filosofía política de Suárez una alternativa al contractualismo social que, como hemos visto en capítulos anteriores, tiene origen secular y fundamento en una filosofía escéptica. Los contractualistas sociales partían de la imposibilidad de objetivar el bien, percibiendo la sociedad como construcción artificial y mecánica de pactos que hacían compatibles los intereses de

---

[199] «Your anti-clerical historian of the nineteenth had not read a line of St. Thomas, he was ignorant of the fundamental debates permanently necessary to all philosophy and never so vigorous as in the medieval schools» (Belloc [1928] 1954, p. 20).

sus miembros, proporcionando de este modo paz y seguridad a la comunidad. Por el contrario, Suárez empleaba el concepto clásico y cristiano del bien común, haciendo compatible una visión orgánica de la sociedad, donde la convivencia parte de la idea del consentimiento e implica obligaciones morales naturales al gobierno de la comunidad (en tanto que cosa creada) y mutuas, con la garantía de la libertad individual frente a los abusos del poder.

La filosofía política de Suárez viene a compendiar la teoría política griega y romana, la patrística y la primera escolástica con las aportaciones propias de la segunda, entre las que destaca, contrariamente a otros autores cercanos en el tiempo (como Maquiavelo, Bodin o Filmer), un énfasis en la naturaleza moral de la relación política, en las obligaciones del gobernante hacia sus súbditos y en la necesidad del consentimiento, tácito o explícito, por parte de estos a la hora de ser gobernados.

Estas ideas configuran un corpus de teoría política que puede considerarse muy avanzado a su tiempo en términos de justificación de formas de gobierno no autoritarias, y al tiempo muy diferente en sus fundamentos al desarrollado posteriormente por autores del ámbito cultural protestante. En opinión de Belloc y los hermanos Chesterton, el origen suareciano de las teorías limitativas del poder no había sido reconocido por la historiografía debido a prejuicios anticatólicos y, singularmente, antijesuitas.

Las ideas de Belloc respecto de la comunidad, sus orígenes y la naturaleza de los pactos y vínculos entre sus miembros presentan rasgos claramente suarecianos. Algunos de estos rasgos pueden considerarse genéricos de toda la tradición clásica y cristiana, pero se encuentran presentes en la síntesis del Doctor Eximio. Podemos citar en particular los siguientes:

— Importancia de la persona, de su vida y dignidad, como fundamento último de la realidad social. El pensamiento de Belloc es coherente con la antropología tomista, que presenta a la sociedad como un medio para el perfeccionamiento de las personas que la componen.[200] De este modo, el organismo social no supone una finalidad estática en sí mismo, sino que es generado por una realidad dinámica y viva, como es la relación entre los hombres.

— El énfasis en la persona es compatible con la integración de esta en instituciones naturales de nivel superior a esta e inferior al Estado. Singularmente, la familia es concebida como célula de la sociedad, tanto para los escolásticos como para Belloc, cuyo estado distributivo se caracteriza porque «una gran proporción de las familias posee y por lo tanto controla los medios de producción».[201] Entre la familia y el Estado pueden darse asimismo multitud de niveles intermedios en función de las necesidades e inquietudes humanas, de acuerdo con el principio de subsidiariedad, según el cual estas han de ser resueltas al nivel más desagregado posible. Esta visión escolástica, presente en el pensamiento de Francisco Suárez, supone una de las grandes diferencias entre este y el de los contractualistas sociales, que basan su análisis en la relación entre el individuo y el Estado.

— Fundamento moral de la comunidad política. Tanto el pensamiento escolástico como el distributismo se basan en la idea del bien común integral, que justifica y legitima la idea del Estado y de su

---

[200]  Antuñano (2004), p. 291.
[201]  Belloc [1936] 2009, p. 6.

autoridad.[202] Dicho fundamento moral, que está presente en la filosofía política tradicional desde Aristóteles y es defendido enfáticamente por Suárez en una época en la que era ya ampliamente cuestionado,[203] no es una cuestión exclusiva de los dirigentes, sino del conjunto de los ciudadanos, pues los primeros son tan solo una muestra de los segundos. Como vimos anteriormente, el ideal cívico de Belloc no es sino un reflejo del *spoudaios* aristotélico, un ciudadano ideal cuya actitud moral da sentido y soporte a una vida en comunidad que se rige por principios de democracia y responsabilidad.

— La soberanía de las familias en el ámbito de su hogar. Para Francisco Suárez, corresponde a las familias el poder «económico», en el sentido tradicional de «gestión de la casa». Este sentido es diferente, pese a la etimología, de nuestra idea actual de economía, que se correspondería aproximadamente a lo que los escolásticos denominaron «crematística». No obstante, en la idea bellociana del distributismo como sistema basado en familias económicamente independientes, ambas nociones resultarían cercanas. La disponibilidad de propiedades permitiría a las familias garantizar su autonomía en la gestión de los asuntos propios de su casa, frente a posibles injerencias del poder político.

— Limitación del poder político del cuerpo de gobierno de la comunidad. El enfoque suareciano

---

[202]   Antuñano (2004), p. 292.

[203]   Suárez criticó expresamente lo que denominó «el error de Maquiavelo» (Suárez [1612], 1918, vol. III, p. 142; *De Legibus*, Libro III, cap. 12, 2), quien defendía atender a las cuestiones prácticas antes que a la moral.

entiende que dicho cuerpo de gobierno, si bien se crea por voluntad de los miembros de la comunidad y se mantiene con el consentimiento de estos, tiene sus propias reglas, que le son naturales en tanto que cosa y no dependen de la voluntad de los pactantes. Esas reglas naturales dictarían que a dicho cuerpo de gobierno le corresponde el poder político, consistente en la gestión de los asuntos comunes en sentido restrictivo, es decir, de aquellos que no pueden ser gestionados por las familias. Esta idea, presente en la tradición clásica y cristiana, es la base del principio de subsidiariedad y de una concepción limitada del poder que está presente en la visión de los escolásticos.[204] Esta tradición y este principio constituyen el fundamento intelectual de la propuesta económica de Belloc y la base filosófica de su propuesta de un estado distributivo o estado de propietarios.

— Racionalidad del comportamiento moral en el ámbito político, social y económico. En la mentalidad del mundo moderno, los conceptos de razón y fe se encuentran en distintos planos.[205] No era así para los escolásticos, que entendían, en palabras de Francisco Gómez Camacho, que «toda decisión moral debía ser racional» y, a la inversa, «no podría

---

[204]   Véase a este respecto Gómez Rivas (2019).

[205]   A partir de la división radical luterana de los conceptos de «razón» y «fe» como elementos casi contrapuestos, con una caracterización negativa del primero y positiva del segundo desde el enfoque religioso que después se invertiría con la secularización, así como la separación de la realidad mundana y la acción de la Gracia (escisión que se percibe en elementos teológicos como la negación de la presencia real de Cristo en la Eucaristía o del perdón sacramental de los pecados).

ser moralmente correcta una decisión que no fuera racional».[206] Las normas naturales que rigen el gobierno de la comunidad y las relaciones entre sus miembros exigen, para producir sus efectos positivos, una determinada actitud moral por parte de estos. Desde este enfoque, el comportamiento ético de las personas que forman parte de la comunidad, integren estas o no su cuerpo de gobierno, es la base para un desarrollo óptimo de la misma en unos términos que permitan articular la voluntad con la racionalidad.[207] Esta racionalidad de las decisiones morales se daría también en el ámbito de lo económico, como veremos al tratar cuestiones como la usura.

## De la filosofía política a la economía

Es preciso contextualizar todas estas cuestiones en el marco de las enormes diferencias entre las sociedades que Suárez y Belloc conocieron. Si bien el incipiente desarrollo y el aumento de la complejidad de la economía y el comercio en su tiempo fue una de las motivaciones principales del análisis de la segunda escolástica, aquel primitivo y exiguo capitalismo carecía aún de la

---

[206] Molina [1597] (1989), Introducción de Francisco Gómez Camacho, p. xxi.

[207] La recta razón permite al agente económico tomar decisiones que sean coherentes con la ley natural, de la cual no posee un conocimiento perfecto, pues no se trata de un conjunto de normas conocidas *a priori* y directamente aplicables en cualquier circunstancia, sino en un mandato divino que se desvela en el empeño por acertar la articulación de la razón y la voluntad (Font de Villanueva, 2006, pp. 158-159).

enorme complejidad de la sociedad que Belloc conoció y estudió. De acuerdo con el enfoque histórico de Belloc, aún no se habrían producido los procesos de concentración de la propiedad que, en el ámbito inglés, fueron especialmente intensos. La sociedad española y europea que los escolásticos conocieron podría encajar en cierta medida en lo que Belloc denominó una «sociedad distributiva», caracterizada por una moralidad aún con fuertes rasgos medievales. Sería de este tipo de comunidad y los pensadores que desde dentro de la misma abordaron estas cuestiones (los escolásticos) de donde Belloc extraería los principios morales fundamentales en relación con la actividad económica que después trataría de aplicar a la sociedad mucho más compleja de su tiempo, dando lugar a una teoría económica plenamente compatible con, y desarrollo lógico de, la comunidad política ideal suareciana. Este ejercicio de extrapolación implica ciertas dificultades que Belloc trató de solucionar mediante la construcción de una teoría económica compatible con los principios tradicionales, que incluía elementos difíciles de defender en su época como el rechazo de la usura.

Una cuestión de singular importancia en la argumentación de Belloc es la de la propiedad de los medios de producción. El concepto de propiedad que Belloc emplea en sus ensayos es el de la tradición escolástica y cristiana. En este sentido, la propiedad de los bienes creados, dada la naturaleza humana, permite su mejor administración, pero siempre bajo el principio del destino universal de los bienes. Algunos autores de la primera escolástica habían argumentado en contra de quienes poseían riquezas, recomendando la propiedad común. Solían basar esta opinión en el pasaje evangélico del joven rico

(Lucas 18:18-25), que interpretaban como una condena a la propiedad. Santo Tomás argumentó que este punto de vista era erróneo y que este pasaje no estaba condenando la posesión de riquezas, sino el apego a las mismas, pues «el rico del evangelio es reprendido porque creía que los bienes exteriores eran principalmente suyos, como si no los hubiera recibido de otro, esto es, de Dios».[208]

Desde una perspectiva aristotélica, santo Tomás, con el rigor analítico que le caracteriza, aporta tres argumentos a favor de la división de los bienes:[209]

— Porque cada uno es más solícito en la gestión de aquello que le pertenece con exclusividad.
— Porque las cosas humanas se administran más ordenadamente cuando a cada uno le incumbe el cuidado de sus propios intereses.
— Porque el estado de paz entre los hombres se conserva mejor si cada uno está contento con lo suyo.

Desde el punto de vista causal, la tradición canonista, sintetizada en el *Decretum* de Graciano (1142), vincula la aparición de esta división de los bienes a la caída del hombre. En el estado de inocencia, una situación idílica en la que los hombres se amarían sin lugar para el egoísmo y la mezquindad, todas las cosas se poseerían en común. La caída del hombre en el pecado, razón de la pérdida de ese paraíso, hace de este un ser no preparado para la posesión en común de los bienes. Francisco de Vitoria afirmó que «si los bienes se poseyeran en común serían los hombres malvados e incluso los avaros y

---

[208] Santo Tomás, Summa, II-II, qu. 66, art. 1, resp. 2.
[209] *Ibid.*, qu. 66, art. 2, C.

ladrones quienes más se beneficiarían», pues «sacarían más y pondrían menos en el granero de la comunidad».[210] De este modo, la naturaleza caída del ser humano, razón de su inclinación hacia el egoísmo, convierte el colectivismo económico en una utopía.

La propiedad común sería por tanto para los escolásticos impracticable en un mundo caído. Esa imposibilidad práctica del colectivismo abre el camino a la idoneidad de la propiedad privada. Pero su inclusión dentro del concepto de ley natural resultaría controvertida, ya que la idoneidad de la propiedad privada (o la imposibilidad práctica de una propiedad común administrada con criterios de justicia) no se deriva de la naturaleza de las cosas en sí, sino de la particular naturaleza caída del ser humano.

Francisco de Vitoria, que entendía que al decir santo Tomás que las cosas son comunes por derecho natural quería decir que este no hace división de ellas ni las apropia a nadie,[211] resolvió esta controversia incluyendo la propiedad o dominio en el denominado «derecho de gentes», una categoría a medio camino entre el derecho natural y la legislación positiva. Mediante esta diferenciación, los bienes serían comunes a todos los hombres por derecho natural, pero en el siguiente nivel, el derecho de gentes, aplicable, aunque carezca de desarrollo en la legislación positiva, debido a las ventajas organizativas que ofrece frente a la posesión en común, se incluiría la división de la propiedad o dominio particular sobre las cosas. Desde el punto de vista de la teología cristiana, estas ventajas se derivan de los inconvenientes de la pro-

---

[210]    Vitoria [1527-1528] (1934), p. 325.
[211]    Vitoria (1939), p. 139.

piedad en común como consecuencia, como hemos citado anteriormente, de la caída del hombre en el pecado.

Posteriormente, a principios del siglo XVII, destacados autores jesuitas como Francisco Suárez, Juan de Lugo y Juan de Mariana realizaron, partiendo del pensamiento tomista, desarrollos particulares de la concepción y naturaleza del derecho de propiedad, que destacaban ante todo las ventajas de la propiedad particular frente a la posesión en común de todas las cosas. Se concluía igualmente que la propiedad privada resultaba idónea para el desarrollo del ser humano, y que el hombre, como animal social, la necesitaba para una mejor consecución de sus fines y para una correcta defensa de todas las personas frente a los arbitrios de los poderosos. Juan de Mariana, sin entrar en consideraciones sobre su inclusión o no en el derecho natural, concedía a la propiedad la más alta jerarquía y la finalidad esencial de limitar el poder del rey.

Con independencia de la catalogación de la propiedad privada en el ámbito del derecho natural o fuera de él, podemos apreciar una dualidad común en todos los autores escolásticos respecto del problema de la propiedad. Todos ellos entienden que los bienes creados tienen una finalidad colectiva, es decir, sirven a un propósito querido por Dios, para el cual este los ha creado. Sin embargo, a la hora de analizar el dominio y el uso de esos bienes creados, se decantan por su consideración como derechos individuales, ya que de otro modo el hombre, con cierta inclinación al egoísmo por razón del pecado original, tendería a una administración abusiva de los bienes comunes. Ni siquiera los religiosos podían escapar a esta tendencia humana, pues como señala Tomás de Mercado al referirse a la propiedad privada de los bienes:

(…) fue esta división y partición tan necesaria por nuestra miseria, y flaqueza, que aún los religiosos que se esfuerzan a imitar en algo aquella inocencia original, votando pobreza y poseyendo los bienes en común, es necesario que el prelado reparta y aplique a cada uno cuanto al uso los hábitos, libros, papeles y demás cosas (…).[212]

Esta línea argumental respecto de la necesidad social del dominio particular de los bienes y las razones de índole antropológica por las que el dominio colectivo de los mismos es desaconsejable, constituirá uno de los argumentos principales de Belloc respecto de la imposibilidad del socialismo. Como veremos en el capítulo correspondiente a las razones para la imposibilidad del socialismo, Belloc partía de una antropología basada en el concepto católico de mundo caído. Al no ser los humanos ángeles, ni los dirigentes de la comunidad ni aquellos que son dirigidos adoptarán la actitud y el comportamiento precisos para la adecuada gestión de los bienes poseídos en común. Belloc cuestionaba incluso el realismo de dicha «posesión en común» y atribuía directamente la posesión (en coherencia con el sentido escolástico de dominio) de los medios de producción en una sociedad colectivizada a los dirigentes de dicha sociedad.[213]

## Moneda, justiprecio y usura

Uno de los aspectos más incomprendidos del pensamiento escolástico relativo a las cuestiones de lo que hoy denominamos economía, y que para ellos entraba en el

---

[212]  Tomás de Mercado [1571] 1975, p. 128.
[213]  Belloc [1924] 2004, p. 107.

ámbito de la crematística, es la doctrina del precio justo. La idea del precio justo surge del análisis escolástico de la legitimidad del lucro en la actividad comercial. No se trata de un precio determinado que marque una autoridad con la finalidad de corregir el que determinaría el mercado, sino del análisis de las condiciones bajo las cuales este último es lícito.

Para los escolásticos, estas condiciones no son sino las que hacen del intercambio un acto plenamente voluntario, es decir, la ausencia de fraude o engaño, y que ninguna parte (vendedor o comprador) se aproveche de la necesidad de la otra. Schumpeter afirmó que el enfoque tomista sobre la cuestión nos lleva a pensar que para el Aquinate el precio justo es el que se establecería en un mercado competitivo normal, en el que la existencia de múltiples vendedores y compradores hace difícil manipular el precio.[214] Sin embargo, el análisis tomista de la cuestión ha sido criticado en otras ocasiones por su aparente actitud anticomercial.[215]

En la segunda escolástica, que conoció y analizó una práctica mercantil más compleja que la del siglo XIII, la actitud frente a la actividad comercial es más positiva. Partiendo de la idea tomista del precio justo como aquel que se iguala al valor de la cosa, los escolásticos tratarán la cuestión fundamental de cuál es el valor de la cosa.[216] Francisco de Vitoria entendió la cuestión de valor desde

---

[214] Schumpeter [1954] 2006, p. 93, nota 15.
[215] Así lo entendió F. A. Hayek, quien criticó en particular «la animadversión hacia la práctica del comercio, (...) su defensa del precio justo y su displicente tratamiento del beneficio» (Hayek [1988] 2015, p. 91), presentes en su opinión tanto en el pensamiento tomista y la tradición católica como en Aristóteles.
[216] Cendejas Bueno (2018), p. 24.

una perspectiva subjetivista, concibiendo el origen de este en la común estimación de los hombres. De la concurrencia de compradores y vendedores en número suficiente resulta una opinión sobre el valor de la cosa con la que todos concuerdan, dando lugar a la común estimación que conforma el valor. El precio justo implica una igualdad natural entre el valor del bien y lo pagado por él, de modo que «ni comprador ni vendedor sufren injusticia».[217] Dicho precio justo no consiste ni para santo Tomás ni para los autores de la segunda escolástica en un único valor, sino en una estimación aproximada, lo que implica la existencia de un margen de precios admisibles dentro de las condiciones anteriormente citadas.[218]

Belloc entendió la doctrina del precio justo como una salvaguarda moral del estado distributivo. Así, identificó las estrategias fraudulentas sobre los precios como una de las formas mediante las cuales el control de los medios de producción tiende a concentrarse en pocas manos. En su opinión, la gran empresa podía expulsar del mercado a la pequeña ofreciendo durante un tiempo precios por debajo del coste de producción, pues la primera puede afrontar las pérdidas consecuentes durante más tiempo que la segunda.[219] Se trataría de una práctica antigua, moralmente indeseable según Belloc, cuyo empleo se habría incrementado notablemente hacia mediados del siglo XIX. Este enfoque extiende la doctrina del precio justo más allá del típico caso de abuso de la ne-

---

[217] *Ibid.*, p. 32.

[218] *Ibid.*, p. 27.

[219] Respecto de este fenómeno Belloc escribió: «It is, of course, for those who admit the doctrine of the Just Price, manifestly a form of theft» (Belloc [1936] 2009, p. 25).

cesidad ajena aplicando precios artificialmente altos, ampliándola a un supuesto más moderno y extendiendo el concepto de víctima de esta práctica del consumidor a otros productores concurrentes en el mercado que sufrirían igualmente un «robo» mediante una competencia desleal consistente en precios anormalmente bajos.

Belloc, al igual que los autores escolásticos, entendió el precio justo en términos subjetivos, no como una cantidad cierta y universal, sino más bien como un rango de valores admisibles dependiente de diversas circunstancias que debe apreciar el productor en función de su intencionalidad. Así, no vio objeción en una venta por debajo del coste de producción en circunstancias diferentes, en las que no existe la intencionalidad de arruinar a un competidor.[220] También advirtió de la dificultad, desde el punto de vista del legislador, de identificar uno y otro supuesto en el caso de un hipotético intento de regulación de estas cuestiones.[221]

Belloc nos ofrece una visión moderna de la doctrina del precio justo que contrasta con la habitual ridiculización de esta teoría al considerarla como un intento de imponer un precio fijo determinado al margen del mercado. Belloc, tomando como punto de partida la tradición escolástica y aplicándola a nuevos supuestos propios de una realidad económica mucho más compleja, entiende el precio justo como un rango de valores admisibles que fluctúa dentro de las condiciones del mercado y marca como criterio subjetivista para determinar si un precio

---

[220] «For there are many conditions under which a man may honestly and in good faith sell at a loss» (*ibid.*, p. 26).
[221] Dificultad que se verifica hoy en día en el ámbito de actuación de los organismos de defensa de la competencia.

escapa de ese rango la intencionalidad del oferente (sea esta abusar de la otra parte en un trato comercial o expulsar a los competidores del mercado).

El enfoque con el que Belloc introduce la cuestión del dinero en su obra *Economics for Helen* recuerda mucho al de los tratados escolásticos.[222] Los pensadores escolásticos identificaron las tres funciones del dinero que aún hoy se le atribuyen, a saber: medio de pago, unidad de cuenta y depósito de valor.[223] Belloc, que menciona las funciones de medio de cambio[224] y unidad de medida, pero no

---

[222] En concreto, cuando menciona las cinco cualidades que ha de tener un bien para servir como dinero, llegando a la conclusión de que son las que se corresponden con los metales preciosos. Las cualidades que menciona son:

«1. It must be portable, that is, a large weight of it must take up little room, so that quite considerable values can be taken easily from place to place – for money has to be always moving from one to another to effect purchases and sales.

2. It must be easily divisible, for one is always wanting to use it in all sorts of amounts, very little and very large.

3. It must keep. That is, it must not deteriorate quickly, or it would have very little use as money.

4. It must be of an even quality, so that, wherever you come across it, you may count on its being pretty well always the same, and therefore weight for weight of the same value.

5. It must be more or less stable in value. It would be difficult to use as money some object which was very plentiful at one moment and suddenly scarce at another; very cheap this year, and very dear next year – such as are, for instance, agricultural products depending upon the season» (Belloc [1924] 2004, pp. 69-70).

[223] Respecto a la función del dinero como depósito de valor, Francisco Gómez Camacho, a propósito de Luis de Molina, nos dice que este «juzgaría inconcebible que pudiera servir correctamente como unidad de cuenta y medida de valor un dinero que para ello no necesitara ser reserva de valor; y justificaría su opinión, como los demás doctores, remitiendo a la *teoría de la medición*» (Molina [1597] 1989, introducción, p. XXII).

[224] La más importante para Aristóteles (véase Ética a Nicómaco).

la de depósito de valor (si bien puede deducirse de su análisis), centra su estudio en el problema de la inflación, acuciante en el momento en que escribió *Economics for Helen*.

La inflación, especialmente la producida por el envilecimiento de la moneda,[225] es percibida por Belloc como un peligro y como una confiscación de los ahorros de las personas. Belloc vivió una época, la inmediatamente posterior a la Primera Guerra Mundial, en la que en muchas economías el patrón oro fue suplantado por el dinero fiduciario, al que los gobiernos beligerantes recurrieron masivamente para financiar gastos bélicos, intereses y vencimientos de préstamos, coste de reconstrucción e indemnizaciones de guerra. Así pues, fue testigo de un uso de la inflación como impuesto generalizado sobre la riqueza y el ahorro de las personas. Los escolásticos, particularmente el jesuita Juan de Mariana, ya advirtieron del uso de la inflación como impuesto.[226]

Su manera de expresar la ecuación cuantitativa, poniendo los precios en relación con la cantidad de moneda y su velocidad de circulación,[227] recuerda también a la de los escolásticos. Así pues, al margen de la cantidad de dinero en circulación, el elemento fundamental para la determinación de los precios desde la perspectiva monetaria es la «eficiencia en la circulación del dinero», un

---

[225] En términos escolásticos, consiste en la pérdida de paridad entre el valor legal o facial de la moneda y su contenido metálico o valor natural (Mariana [1609] 2012, p. 22).

[226] *Ibid.*

[227] «But the general rules would seem to be something like this: the exchange value of things against gold, or the value of gold, against the things for which it exchanges (that is prices) is made up of two things: First, the amount of gold present to do the work of exchange; Secondly, the amount of work you can make it do in exchange: the pace at which you get it to circulate» (Belloc [1924] 2004, p. 72).

elemento que Belloc identifica como estabilizador de los precios.[228] Este estabilizador monetario automático compensaría posibles tensiones al alza y a la baja en los precios, salvo aquellas, claro está, que tuviesen un fundamento estructural sólido, pero solo en tanto que se mantuviese el compromiso de los bancos centrales de mantener «dinero bueno», es decir, de garantizar el valor de los billetes bancarios en oro. Así, para Belloc, en circunstancias normales, es decir, de dinero no fiduciario, los precios tenderían a la estabilidad. Además de estabilidad en los precios, la garantía de equivalencia del dinero en oro y/o plata otorgaría, tanto para Belloc como para los escolásticos, seguridad a los ahorros de las familias,[229] necesaria para que estas puedan acumular pequeños capitales que les den acceso a la propiedad. Belloc, en la más pura tradición escolástica, vio en el dinero fiduciario que empezaba a imponerse en su época un enemigo de las economías familiares y de la pequeña propiedad y una herramienta de los estados para incrementar sus ingresos a costa de empobrecer a sus súbditos.[230]

Uno de los conceptos que más alejan a Belloc del economista moderno es su concepción de la usura y sus efectos sobre la economía. De hecho, la principal objeción académica a *Economics for Helen*, plasmada tanto en la recensión publicada en *The Economic Journal*

---

[228] «The factor in the making of prices called "Efficiency in Circulation" works like a sort of automatic governor, tending to keep prices fairly stable; but of course it cannot prevent the gradual changes, and sometimes it cannot prevent quite sharp changes» (*ibid.*, p. 73).

[229] Belloc (1936), p. 72.

[230] En este aspecto, su análisis coincidía plenamente con el de Juan de Mariana.

como en la de *American Economic Review*,[231] es la relativa a la cuestión de la usura, que es destacada como el aspecto más chocante y controvertido de la obra de Belloc. Él mismo reconoció que hablar de la usura en su época podía parecer anacrónico e implicaba el riesgo de ser contado «entre los que piensan que la tierra es plana».[232] Sin embargo, Belloc entra de lleno en el análisis de esta cuestión debido a la importancia que tiene, a su juicio, para explicar algunos de los males de la economía de su tiempo, como veremos en el capítulo dedicado a los ciclos económicos.

Los orígenes escolásticos del planteamiento bellociano en este punto son evidentes. J. E. Le Rossignol[233] afirmó que el tratamiento de la usura en *Economics for Helen* supone, con matices, un «retroceso»[234] al escolasticismo y que los puntos de vista de Belloc sobre la cuestión son, cuanto menos, peculiares. Se refiere en particular a su definición de usura como «la toma de cualquier interés sobre un préstamo improductivo».[235]

El concepto bellociano de usura difiere nominalmente del empleado por santo Tomás de Aquino y posteriormente por la segunda escolástica. Santo Tomás, en consonancia con la tradición aristotélica y patrística, llamó usura al hecho de «percibir un precio por el uso del dinero pres-

---

[231] Escritas por H. Reynard y J. E. Le Rossignol, respectivamente.

[232] «Most of the careless and all of the foolish with put you into the company of those who think the earth is flat» (Belloc, 1932, p. 37).

[233] James Edward Le Rossignol (1866-1959), profesor canadiense de economía de la Universidad de Nebraska. Tenía interés particularmente en la cuestión del socialismo y es el autor de la recensión de *Economics for Helen* en *The American Economic Review* (Rossignol, 1925, pp. 84-85).

[234] El autor utiliza la expresión *harking back*.

[235] «Usury is the taking of any interest whatever upon an UNPRODUCTIVE loan» (Belloc [1924] 2004, p. 156, las mayúsculas son del original).

tado»,[236] práctica que consideró ilícita, pues el dinero se ha inventado principalmente para realizar cambios[237] y se gasta con su uso en las transacciones. De este modo, cobrar interés equivaldría a la venta de algo que no existe, lo que produce una desigualdad contraria a la justicia.

Los autores de la segunda escolástica trataron la cuestión de la usura en profundidad. Las nuevas prácticas comerciales y financieras, como las ventas con pago aplazado en las ferias, complicaban la identificación de la usura de acuerdo con la definición tradicional.[238] La razón de la ilicitud de la usura para los escolásticos, al igual que en el planteamiento tomista, es la justicia conmutativa, que establece la necesidad de respetar la igualdad en los intercambios, por lo que lo que se devuelve ha de ser equivalente a lo que se dio.

La idea principal detrás de la cuestión de la usura, tanto en el enfoque tomista como en el de la segunda escolástica, es que el dinero no es productivo. Esta idea no es admisible desde el punto de vista de los economistas modernos. Belloc también entendió la usura, en plena consonancia con la tradición escolástica, como «el reclamo de un beneficio inexistente»,[239] dada la incapacidad del dinero para producir riqueza, por lo que el beneficio sobre el mismo no era posible en la teoría económica.[240] Con esta

---

[236]  Suma teológica. Parte II, IIae. Cuestión 78.

[237]  V Ética y I *Política* de Aristóteles.

[238]  «Ganancia por razón del préstamo» es la definición atribuible a los padres de la Iglesia (dentro de estos, en particular, a Cayetano, Agustín, Jerónimo y Ambrosio) de acuerdo con Luis de Molina (Molina [1597] 1989, p. 39). Esta definición es similar, aunque menos precisa, que la del Aquinate.

[239]  «(…) the claiming of a profit which is not really there» (Belloc [1924] 2004, p. 51).

[240]  *Ibid.*

afirmación parece claro que el propósito de Belloc, que como hemos visto era consciente de la incomprensión a la que le llevarían sus comentarios sobre la usura,[241] no es otro que construir su propia teoría compatible con la tradición católica.

Además de dedicar el capítulo XI de *Economics for Helen*, escrita en 1923 y publicada un año después, a la cuestión de la usura, Belloc publica en 1933 un ensayo denominado «On Usury» en su libro *Essays of a Catholic Layman in England*. En dicho ensayo se refiere a las raíces aristotélicas y tomistas de la cuestión.[242] También lo hace, sobre bases similares, en su libro *The Crisis of Civilization* (1937). Belloc analizó el devenir histórico de la cuestión y trató de explicar por qué hasta cierto momento de la historia la condena de la usura era algo moralmente sancionado por todos los grandes sistemas religiosos y de filosofía moral conocidos. Una vez más, encuentra en la Reforma Protestante el origen de un tipo de mentalidad que, si bien al principio coincidía en la condena de la usura, terminaría lentamente propiciando un levantamiento de la sanción a esta. De este modo, se iría pasando progresivamente de su consentimiento

---

[241] «Usury, the last subject but one on which I am going to touch in this book, is one which modern people have almost entirely forgotten, and which you will not find mentioned in any book on Economics that I know» (Belloc [1924] 2004, p. 156).

[242] A modo de anécdota, relata cómo un profesor suyo de Oxford pensaba que los escritos sobre la usura de Aristóteles le estaban incorrectamente atribuidos, pues alguien tan inteligente no podía considerar la usura como algo erróneo (Belloc, 1933, p. 34, nota al pie). Una argumentación similar ha sido empleada en otras ocasiones en relación con el tratamiento aristotélico de la esclavitud, lo que no refleja sino la dificultad para elucidar determinadas cuestiones desde distintos contextos culturales e históricos.

como excepción a su establecimiento como hábito,[243] que no se completaría hasta principios del siglo xix. En su opinión, la expansión del crédito a la que da lugar el levantamiento de la sanción sobre la usura produce un fuerte incremento de la productividad, pero a costa de una fuerte inestabilidad, por las razones que veremos en el capítulo sobre los ciclos económicos.

En este ensayo de 1933, Belloc amplía su definición de usura, como el cobro de interés sobre un préstamo improductivo, a un segundo caso, el cobro de un interés «superior al incremento de riqueza que supone un préstamo productivo».[244] Esta nueva definición supone un cambio respecto de la anterior, pues en un principio consideró que el carácter usurero de un préstamo no guardaba relación con el tipo de interés acordado.[245] Con ello queda claro su concepto de «inversión productiva», que ya ilustró con ejemplos en 1924, como aquella capaz de producir riqueza, de modo que el interés legítimamente cobrado no era sino una parte de la riqueza producida con el capital que el prestatario había podido adquirir a partir del préstamo. De acuerdo con el planteamiento de Belloc, que se aparta en este punto de los postulados escolásticos, de ser la inversión improductiva o menos productiva que el interés a pagar, el prestamista estaría cobrando sobre una riqueza que no ha sido generada.

Si bien la definición escolástica parece indicar que es usura cualquier ganancia por razón de un préstamo, con

---

[243] Belloc (1937), p. 143.

[244] *Ibid.*, p. 32.

[245] «The character of Usury has nothing to do with the taking of high or low interest. It is concerned with something quite different. Usury is the taking of any interest whatever upon an unproductive loan» (Belloc [1924] 2004, p. 156).

*154*

independencia del destino del mismo, al hablar de «inversión productiva» Belloc argumenta que no existe diferencia entre prestar un bien de capital (pone el ejemplo de un barco) o prestar el dinero para adquirirlo,[246] y en ambos casos sería igual de legítimo que el prestamista obtuviese una parte del beneficio generado. Al analizar la diferencia nominal entre ambas definiciones, se debe considerar la distinción tomista entre objetos que, como el dinero y los bienes fungibles (comida y bebida, por ejemplo), se consumen con el «uso» (en el caso del dinero, en la transacción), respecto de los cuales se daría la usura, y otros, como una casa (pone como ejemplo el Aquinate), cuyo uso no implica su consumición.[247] Esta definición lleva implícita una distinción entre bienes de consumo y de capital análoga a la diferenciación que Belloc realiza respecto de préstamos productivos (destinados a la compra de bienes de capital capaces de producir riqueza) e improductivos (destinados al consumo o a otros fines no generadores de riqueza como la guerra). Posteriormente la segunda escolástica, como reconoce Keynes,[248] trató de enfatizar la diferencia entre el retorno de un préstamo en dinero y el de una inversión, una diferencia que no advertirían posteriormente los economistas clásicos, con la idea de reclamar una recompensa justa por el riesgo que toma el inversor en relación con

---

[246] Belloc [1924] 2004, pp. 156-158.

[247] *Suma teológica*. Parte II-IIae. Cuestión 78.

[248] «A mí se me hizo creer que la actitud de la iglesia medieval hacia la tasa de interés era intrínsecamente absurda (…) ahora se ve claramente que las disquisiciones de los eruditos escolásticos tenían por objeto dilucidar una fórmula que permitiera a la curva de la eficiencia marginal del capital ser elevada, mientras aplicaban los reglamentos, las costumbres y la ley moral para conservar baja la tasa de interés» (Keynes [1936], 2014, p. 331).

la posición en teoría más cómoda del prestamista.[249] En cualquier caso, tanto en el enfoque escolástico como en el de Belloc, la ilegitimidad del préstamo usurario tiene un mismo origen: la improductividad del dinero. En el enfoque bellociano, el caso en el que un préstamo se realiza en función de una inversión productiva estaría fuera del concepto de usura, pues se reclama un pago sobre la base de un beneficio que se espera obtener, y no simplemente porque se presta una cantidad de dinero, que en sí mismo, tanto para Belloc como para los escolásticos, no es productivo. Existiría usura, en el enfoque de Belloc, cuando se pide interés por un préstamo improductivo o de «solo dinero»[250].

El enfoque de Belloc es subjetivista, pues para él la usura está presente en función de la intención de prestatario y prestamista,[251] pero su análisis está enfocado hacia las consecuencias de esta práctica para el conjunto de la comunidad. Los escolásticos analizaron la usura

---

[249] Sin embargo, contra este argumento se puede indicar que los maestros escolásticos sostuvieron en ocasiones una visión negativa del riesgo en los negocios, como reflejan estas letras de Tomás de Mercado aconsejando a los banqueros «que no se metan en negocios peligrosos. Que pecan, dado les sucedan prósperamente por el peligro que se pusieron de faltar, y hacer grave daño, a los que de ellos se confiaron» (Mercado [1571] 1975, p. 401). Es preciso, sin embargo, aclarar que Mercado se está refiriendo a un supuesto de contrato de depósito, y a la actitud del banquero respecto del dinero depositado, supuesto diferente al de un préstamo en el que el prestatario pudiera valorar adecuadamente los riesgos de la inversión productiva que el prestamista fuese a realizar.

[250] Belloc (1937), pp. 143-145.

[251] «The intention of Usury is present when the money is lent at interest on what the lender knows will be an unproductive purpose, and the actual practice of Usury is present when the loan, having as a fact been used unproductively, interest is none the less demanded» (Belloc [1924] 2004, p. 158).

desde el punto de vista de la acción de prestatario y prestamista, tratando de identificar si en la misma se daba el supuesto de vicio o pecado. Si bien mostraron interés por los efectos generales de los comportamientos individuales,[252] su énfasis estuvo centrado en determinar la conformidad de los segundos con la doctrina católica, asunto que consideraron estrechamente vinculado al interés general. Belloc, si bien seguía considerando la usura como vicio moral, analizó la cuestión poniendo el énfasis en sus efectos económicos. Su distinción entre préstamos «lícitos e ilícitos» parte tanto de la intención de las partes como de la consideración de los efectos de estos. Esta interconexión entre «intención individual» y «efectos generales o sociales» es prueba de la relación intrínseca entre moralidad y racionalidad que caracteriza tanto el enfoque de Belloc como el de los escolásticos.

Naturalmente, Belloc entendió que su criterio de intencionalidad productiva o no productiva del préstamo para incurrir en usura, de igual modo que los criterios escolásticos que analizaban la existencia del vicio desde el punto de vista de los contratantes, hace muy difícil la tarea de un hipotético legislador que quisiera atajar los efectos negativos que, según el propio Belloc, tendría esta práctica para el conjunto de la comunidad. Adicionalmente, en una economía compleja con un gran volumen de negocios impersonales, es muy complejo, reconoce Belloc, seguir la pista de la intencionalidad, y la presencia de la usura es inevitable. No obstante esta inevitabilidad, continúa Belloc, la usura produce sus desastrosos

---

[252] Así, santo Tomás afirma que no todo lo ilícito ha de estar prohibido: a la ley humana no le incumbe reprimir todos los vicios, sino limitarse a aquellos que amenazan la vida en sociedad (STh I-II, c. 96, a. 2).

efectos sobre la comunidad,[253] que la sociedad de su tiempo estaba notando debido a la imposibilidad de devolución efectiva del valor equivalente de los préstamos de guerra y los desequilibrios, como la hiperinflación germana, que en 1923 se apreciaba en toda su crudeza por causa, según Belloc, del recurso generalizado a la usura por parte de los beligerantes de la Gran Guerra.

## Una interpretación de Belloc en clave escolástica

Como hemos indicado, el distributismo, como doctrina económica, tiene su base en una teoría política y una interpretación de la historia genuinamente católicas. Las características principales de dicha teoría política y dicha visión histórica se encuentran dispersas por la extensa obra de Hilaire Belloc. El rasgo esencial de la teoría política bellociana sería, como hemos visto anteriormente, que está configurada por la combinación de un ideal democrático extremo, propio del liberalismo radical decimonónico, con unos fundamentos propios de la tradición católica. El tipo de sociedad a la que dicho ideal político daría lugar sería el que Belloc denomina «estado distributivo» o «sociedad de propietarios»,[254] en la que la mayoría de las familias participarían activamente en la vida polí-

---

[253] «Thus, with a very large volume of impersonal business, the presence of usury is inevitable. But though inevitable, and though therefore the practice of it, being indirect and distant, cannot be imputed to this man or that, usury inevitably produces its disastrous effects, and the modern world is at last coming to feel those effects very sharply» (Belloc [1924] 2004, p. 161).
[254] Empleó el primero de los términos (*distributive state*) en *El estado servil* (1912) y el segundo (*propietary society*) en *An Essay on the Restoration of Property* (1936).

tica y económica de la comunidad. El medio que Belloc identifica para llevar a cabo dicha participación es la diversificación del control de los medios de producción, que otorga a las familias autonomía en el ámbito económico, condición necesaria en el enfoque bellociano para que exista verdadera libertad política. La libertad política de las familias solo está garantizada si lo está también su independencia económica, es decir, si pueden ejercer el control de ciertos medios de producción que garanticen su sostenimiento. De este modo, Belloc no haría sino aplicar este ideal político de comunidad de origen escolástico, y específicamente jesuita, a su propio tiempo y a las condiciones económicas y políticas específicas del mismo. La mayor complejidad de ese mundo respecto del que conocieron los maestros de la escolástica traería consigo una serie de dificultades teóricas que Belloc trató de solventar.

Las ideas económicas de Belloc parten, pues, de planteamientos propios de la escolástica (tanto la tomista como la segunda o tardía) y los desarrollan y aplican a un contexto económico mucho más complejo como el que a él le tocó vivir. Para ello, Belloc deduce ciertos criterios de tipo subjetivo que informan acerca de cuándo un determinado comportamiento económico individual (a la hora, por ejemplo, de establecer un precio o de pedir u otorgar un crédito) cae dentro de lo admisible por la moral tradicional. Pese a que dicho comportamiento sea individual, sus consecuencias son sociales, pues afectan a las posibilidades de acción y decisión de otros, pudiendo llegar, si dichos comportamientos no cuentan con el fundamento moral adecuado, a evitar que los mecanismos del mercado produzcan sus efectos positivos sobre el conjunto de la comunidad.

Belloc no pretende una corrección de los resultados que el mercado produce, sino asegurar que este funciona adecuadamente y está libre de distorsiones que le impidan generar sus efectos beneficiosos para el conjunto de la sociedad. Parte de una visión del mercado propia de la segunda escolástica, más concretamente del pensamiento social de autores jesuitas como Francisco Suárez y Luis de Molina, según la cual se trataría de una institución natural en la que las personas intervienen voluntariamente, generalmente en busca de un lucro legítimo, pero que produce efectos positivos para la comunidad que van más allá que su voluntad e intención.[255]

Al igual que sucede en el caso de otras instituciones del orden social, como el gobierno de la comunidad, el fundamento de la acción positiva de los mercados es de tipo moral, es decir, para que el mercado produzca sus efectos beneficiosos para el conjunto de la comunidad es preciso que los concurrentes al mismo procedan con

---

[255] Hayek escribió sobre el término *naturalis*, en referencia a ciertos fenómenos sociales que dependen de la actividad humana pero no de la voluntad humana, produciendo efectos beneficiosos que van más allá de esta (Hayek [1973] 2013, p. 21). Lo consideró un antecedente de sus «órdenes espontáneos», poniendo como ejemplo el «precio natural» en Luis de Molina, si bien fue Francisco Suárez quien desarrolló esta idea con mayor extensión. Dicho orden de fenómenos sociales que entran dentro de lo que hoy consideramos economía encuentra sus paralelos en otros propios de la política, como las normas que rigen el cuerpo de gobierno de la comunidad, que son naturales a tal cuerpo como cosa intangible pero creada y que producen, siempre que dichas normas naturales sean respetadas, efectos positivos que van más allá de la voluntad de los miembros de la comunidad. Dichos miembros tendrían la potestad de constituir libremente o consentir dicho cuerpo de gobierno, pero no la de determinar sus normas de funcionamiento, que le son naturales en tanto que cosa creada.

una intención constructiva y no intenten sabotear sus mecanismos con estratagemas.

La apreciación de esta moralidad en el concurrente al mercado o, en sentido más general, en cualquier actividad económica que realiza la persona, ha de ser por fuerza subjetiva. De ahí la dificultad, que Belloc advirtió, para discernir cuándo existe intención de manipular antinaturalmente el precio de un bien o cuándo se incurre en usura. La inclusión de su actuación económica en dichos supuestos depende en última instancia de la intención de la persona. Así, Belloc considera legítimas actuaciones como vender a un precio menor al coste de producción o tomar/otorgar un crédito con un elevado tipo de interés, siempre que la intención que mueva dicha actuación no sea arruinar a un competidor en el primer caso o prestar dinero para fines no productivos en el segundo. Esta dificultad para identificar la intencionalidad del agente, en un mundo en el que existen multitud de estos y que ha adquirido una complejidad económica notable, haría muy difícil, reconoce Belloc, la labor de un legislador que intentase regular fenómenos como la adulteración de precios o la usura.

La dificultad anteriormente señalada es concordante con el punto de vista general de Belloc sobre la economía y su enfoque fuertemente descentralizado. En línea con la tradición escolástica,[256] la intención o propósito de

---

[256]  Los escolásticos emplearon el concepto filosófico de intencionalidad, que Franz Brentano reintrodujo en el pensamiento moderno a partir de su obra *Psychologie vom empirischen Standpunkt* (1874), para distinguir los fenómenos físicos de los psíquicos. Para Brentano, la intencionalidad es una cualidad no presente en los fenómenos físicos, sino tan solo en los mentales, y define a estos por el hecho de contenerla en sí mismos (Brentano [1874] 1995, pp. 88-89).

las acciones tiene para Belloc relación con los efectos económicos que producen. Así, para garantizar el buen funcionamiento de la economía dentro de los patrones que Belloc identifica a tal fin, no sería suficiente disponer de leyes apropiadas para tales casos, pues estas serían inefectivas si no existiese un fundamento moral en la actuación de la mayor parte de los miembros de la comunidad. Por expresarlo coloquialmente, diríamos que no se precisarían «buenas leyes» sino «buenos ciudadanos». El *spoudaios*[257] bellociano no tendría que ser necesariamente un «santo», sino una persona que, actuando en la búsqueda de su propio interés, llevase a cabo su tarea de ordenación de los factores productivos con diligencia y responsabilidad, con vistas a una participación en el mercado que no anulase los beneficios sociales del mismo (lo que precisa conocerlos e identificarlos) y con un enfoque productivo tendente a incrementar el *stock* de capital futuro (en lugar de buscar el beneficio a corto plazo mediante actuaciones especulativas).

---

[257] Término que emplea Aristóteles en su Ética a Nicómaco para referirse al ciudadano ideal.

# V. Belloc y la imposibilidad del socialismo

«La razón del fracaso comunista es obvia. La economía
no es una actividad animal o fisiológica, sino
espiritual. El hombre no se dedica a hacer dinero para
comer cinco comidas diarias, porque sabe que no
podría digerirlas, sino para alcanzar el reconocimiento
y la estimación de sus conciudadanos. La economía es
un valor espiritual, y en un régimen donde todas las
actividades del espíritu están menospreciadas, decae
fatalmente, hasta extinguirse, el bienestar del pueblo.»

*Ramiro de Maeztu*[258]


Belloc, si bien era respetuoso respecto de las intenciones
de los reformadores sociales de su tiempo, particularmente de los socialistas fabianos, vaticinó para estas reformas un rotundo fracaso. Esto era debido a la «falsa
filosofía» que según él las inspiraba y que no solamente
las haría fracasar, sino que provocaría que produjesen
los resultados opuestos a los deseados. Podemos consi-

---

[258]   Maeztu Whitney [1934] 2007, p. 124.

derar por tanto que Belloc defendió la «imposibilidad del socialismo», entendida como la postura que niega que pueda darse en la práctica un régimen que tenga las características que el ideario socialista propugna. Por el contrario, argumentaba Belloc, la búsqueda de semejante ideal da lugar a regímenes de muy diferente tenor. No nos estamos refiriendo, por tanto, a si un régimen denominado «socialista» puede perdurar bajo esa denominación, sino a si es posible conseguir los objetivos que pretende (bienestar e igualdad para todos) con los medios que emplea (control estatal de la economía).

## El socialismo en las obras de Belloc

La visión de Belloc sobre el socialismo como sistema económico y sobre sus posibilidades de ser llevado a la práctica no fue homogénea a lo largo de toda su obra, sino que sufrió ligeros cambios de matiz debido a las circunstancias históricas. Así, podemos distinguir tres momentos que coinciden con las fechas de publicación de sus obras de contenido esencialmente económico, separadas por un lapso de una docena de años, a saber:

— 1912, año de publicación de *El estado servil*. Obviando la fugaz y violenta experiencia de la Comuna de París,[259] hasta esa fecha no se había intentado poner en práctica las ideas revolucionarias de Marx, con lo que el sistema económico socialista era fundamentalmente una cuestión teórica.

---

[259] Que Belloc posteriormente entendió como un antecedente a menor escala de la Revolución Rusa (Belloc, 1937, p. 186).

— 1924, momento de publicación de *Economics for Helen*. Tras la Revolución y la Guerra Civil Rusa, el régimen leninista de la recién constituida Unión Soviética parecía representar un primer laboratorio de prueba para las ideas marxistas. La violencia a gran escala, la represión de la cultura tradicional, singularmente de la religión, y la supresión de las libertades individuales habían alcanzado, ya en aquel momento, un nivel difícil de imaginar previamente a los acontecimientos.

— 1936, año de publicación de *An Essay on the Restoration of Property*. El experimento económico, social y cultural soviético se había ido consolidando al tiempo que ofrecía su lado más distópico. El totalitarismo extendía su represión a todos los niveles y la violencia interna, en forma de represión y purgas, no cesaba pese a ser aún una etapa de relativa paz exterior.

En 1912 Belloc nos ofrece una definición de socialismo como sistema teórico en el que «los medios de producción están en manos de los dirigentes políticos de la comunidad».[260] Se trata de una definición bastante aséptica, pues en ese momento a Belloc semejante sistema no le parece por sí mismo indeseable, sino, como veremos más adelante, imposible, en el sentido de incapaz de alcanzar los objetivos que pretende, pues para ser puesto en práctica precisaría la instauración del trabajo obligatorio. En *El estado servil* Belloc utiliza la palabra «colectivismo» como sinónimo de «socialismo».

---

[260] «An ideal society in which the means of production should be in the hands of the political officers of the community we call *Collectivist*, or more generally *Socialist*» (Belloc [1912] 2007, p. 15).

En *Economics for Helen* (1924) encontramos una definición más amplia y rica en matices. Según esta, los dirigentes políticos de la comunidad poseen (en 1912 empleaba el término «controlan») los medios de producción y son además los únicos que pueden poseerlos,[261] estando dicha posesión prohibida para familias y empresas. Añade además un matiz teórico que atribuye a Louis Blanc[262], consistente en que bajo el socialismo la riqueza producida es distribuida entre las familias, pero a condición de que se use solo para fines de consumo, es decir, que con ella estas no puedan aumentar la riqueza futura.[263] Dicho de otro modo, se niega a las familias el acceso a cualquier forma de capital, que, al igual que la tierra y todos los recursos naturales de la nación, es propiedad exclusiva del Estado. Belloc introduce en esta obra el término «comunismo» como sinónimo imperfecto de «socialismo», pues define el primero como aquella forma del segundo en la que (en el plano teórico) la riqueza se reparte entre todos a partes iguales.[264]

En 1936 la visión de Belloc sobre el socialismo se había visto modificada por los acontecimientos históricos. El estalinismo mostraba, junto con su equivalente

---

[261] «The Officers of the State were to own all the Means of Production —machinery and land and stores of food, etc.— and they alone should be allowed to own it» (Belloc [1924] 2004, p. 107).

[262] Louis Jean Joseph Charles Blanc (1811-1882), historiador y político socialista francés. Discípulo de Proudhon, Belloc le consideró, antes que a Marx, el verdadero inventor de la teoría socialista (Belloc, 1936, pp. 184-185).

[263] «Any wealth used for the making of future wealth, that is, Capital in any form, was to be handed over to the officers of the State; and all land and natural forces were to be owned forever by the State» (Belloc [1924] 2004, p. 107).

[264] *Ibid.*, p. 108.

totalitario alemán, el nazismo, la cara más amarga de un régimen fundamentado en una ideología materialista. En *An Essay on the Restoration of Property* Belloc emplea directamente el término comunismo y lo define como un sistema en el que los medios de producción están bajo el control de los dirigentes del Estado, que son en la práctica los amos de los trabajadores, esclavos del Estado, y la riqueza sería producida y distribuida a la sola discrecionalidad de dichos amos.[265] Es muy significativa la nueva connotación, pues si bien recupera el término «control» en lugar de «propiedad» de los medios de producción, lo que parece indicar un menor énfasis en la cuestión económica, habla directamente de «esclavitud» de la población, que podría considerarse propiedad del Estado, y de discrecionalidad de los dirigentes de este en la distribución de la riqueza, poniendo el peso del argumento sobre los abusos y arbitrariedades a los que la fuerte concentración de poder da lugar. Que el experimento soviético iba mucho más allá de lo económico, algo que Belloc hubiera pronosticado con anterioridad, pero no imaginado en sus más crudas consecuencias, queda patente en lo escrito por este en 1936, cuando afirma que la distribución de la producción se realiza «entre las familias o, si se intentase abolir incluso estas, entre los individuos de la comunidad».[266] El empleo del término «comunismo» para referirse al sistema en el que los medios de producción están en manos del Estado, en lugar de «socialismo», como en obras anteriores, parece

---

[265] «Under this (…) system the means of production are controlled by the officers of the State, who are the masters of all the workers (slaves of the State) and the wealth produced is distributed, at the discretion of State officals (…)» (Belloc [1936] 2009, pp. 5-6).
[266] *Ibid.*, p. 6.

indicar que los usa prácticamente como sinónimos, si bien el primero parece adquirir ya el matiz de sistema «histórico» o «intentado en la práctica», con consecuencias sociales asimilables al estado de servidumbre que Belloc pronosticó, en tanto que el segundo término presenta un matiz más teórico.

El socialismo como sistema teórico fue percibido por Belloc, desde sus primeros escritos al respecto que culminarían en su obra *El estado servil*, como un sistema a medio camino entre el capitalismo y el estado servil. En este primer momento, anterior a la Primera Guerra Mundial y a la Revolución Rusa, la principal motivación de Belloc para escribir sobre economía era similar a la que animaba a los socialistas fabianos, partidarios del modelo teórico socialista. Ambos trataban de intentar de comprender y enfrentarse a la situación social de la Inglaterra de su tiempo, que consideraban producto del desarrollo del capitalismo.

Belloc entendió que la solución propuesta por los fabianos, el socialismo, no solo no era practicable como solución, sino que, como vimos en el capítulo correspondiente a *El estado servil*, conducía directamente a ese tipo de sociedad en la que la mayoría de las personas se verían obligadas por ley a trabajar. Así lo expresó en el debate mantenido con Ramsay McDonald[267] en la sede londinense de la Sociedad Fabiana en 1911, en el que sostuvo que, si bien la intención de los intelectuales socialistas no tenía semejante objeto, sus esfuerzos no conducirían al establecimiento de un régimen colectivista sino al estado

---

[267] J. Ramsay McDonald (1866-1937), político británico, posteriormente primer ministro de Su Majestad en dos ocasiones (en 1924 y de 1929 a 1935). Resulta interesante comprobar cómo, en este debate con Belloc, McDonald sostuvo posiciones muy próximas al colectivismo, que moderaría considerablemente tras su llegada al poder.

servil.[268] Así lo expresa también en la obra del mismo título, publicada en 1912, en la que afirma que la solución socialista a los males del capitalismo, siendo aparentemente la más sencilla, no conduce como pretende al colectivismo, sino a la servidumbre de la mayoría y la confirmación de los privilegios de la minoría que ostenta el poder.[269] En esta obra Belloc describe varios caminos por los que el reformador socialista, tratando de mejorar las condiciones sociales sobre la base de centralizar el control de los medios de producción en el Estado, contribuye (por lo general involuntariamente) al advenimiento de la condición servil.

Esta concepción del socialismo como un sistema imposible en la práctica y cuyo intento de implementación lleva a males peores de los que intentaba resolver, que Belloc plantea en 1912, se mantiene prácticamente intacta en 1924, cuando el mundo asiste a los primeros años del experimento soviético, años de economía de guerra caracterizados por los vaivenes entre reformas colectivistas radicales acordes con el ideario comunista y leves flexibilizaciones con vistas a tratar de paliar las consecuencias negativas de dichas reformas sobre la economía real. En su obra *Economics for Helen*, Belloc sostiene que el socialismo «no ha sido nunca puesto en práctica y

---

[268] «I maintain that the efforts of Collectivist idealism and of Collectivists speakers, writers and thinkers is having as its result, not as its object, with the material with which it disposes —to wit, human nature, and specially Western European human nature— not to the establishment of the Collectivist or Socialist State, but to the establishment of what I shall call The Servile State» (Belloc, 1911, p. 5).

[269] «(...) in the very act of attempting Collectivism, what results is not Collectivism at all, but the servitude of the many, and the confirmation in their present privilege of the few» (Belloc [1912] 2007, p. 105).

nunca podrá serlo».[270] El intento leninista de implantar el colectivismo en Rusia es visto por Belloc como un experimento destinado al fracaso, ya sea un intento realizado con una motivación sincera de alcanzar el socialismo o una mera excusa para justificar el despotismo. A la vista de las noticias sobre los desmanes y la violencia padecida por la población rusa entre 1917 y 1924, Belloc parece dudar seriamente de la verdadera intención de este tipo de «reformador» que pretende implantar el colectivismo por la vía directa de la expropiación.

Belloc atribuye el experimento socialista ruso a «aventureros judíos»[271] que se hicieron con el poder, ya fuera en un intento sincero de mejorar la sociedad o con una intención puramente tiránica. En el momento en el que Belloc escribe *Economics for Helen*, se estaba desarrollando un intento de apertura económica por parte de Lenin,[272] que Belloc interpretó erróneamente como la demostración de la imposibilidad de una colectivización absoluta de la tierra.[273] Si bien

---

[270]  Belloc [1924] (2004), p. 110.

[271]  Esta afirmación parece reforzar la acusación de antisemitismo que analizamos en el capítulo correspondiente al legado y repercusión de Belloc. Sin embargo, se trata de una apreciación compatible con la de otros comentaristas de la época. El propio Hayek afirmó que si Mises no obtuvo una plaza de profesor en la Universidad de Viena en los años 20 pese a sus evidentes méritos no fue, como suele creerse, por su condición de judío, sino porque la propia comunidad universitaria judía le rechazaba, según Hayek, por sus ideas contrarias al comunismo (Hayek [1994] 2010, pp. 92-93).

[272]  La nueva política económica (NEP), instaurada en 1921, consistente en permitir temporalmente la actividad de empresas privadas (particularmente en el sector ganadero y agrícola) bajo supervisión del Estado.

[273]  «As in Russia today, where, whether the Jew adventurers who seized power (…) have (…) been compelled at last to let nearly all the nation live as owners tilling their own land» (Belloc [1924] 2004, p. 110).

Belloc cayó en el error de pensar que estas reformas no serían revertidas con el tiempo,[274] sí que acertó en identificarlas como un paso hacia una economía más humana y, sobre todo, más eficiente, como era propósito de la reforma.

Tras estos primeros años de desarrollo incierto del socialismo práctico, el régimen soviético se fue consolidando y dando lugar a un totalitarismo hasta entonces desconocido, que impresionó notablemente a Belloc, quien empezó a ver la revolución económica rusa tan solo como una parte de un proceso destructivo mucho más amplio y radical de lo esperado que afectaba a toda la sociedad en todas sus facetas, singularmente en la cultural y la religiosa. Así, en 1936, en su obra *The Crisis of Civilization*, escribe que es un error considerar la Revolución Rusa como algo meramente social y económico, pues tras la intención y acción de sus líderes existe un propósito fundamentalmente religioso: destruir la presencia del cristianismo en la sociedad.[275] Belloc describe el régimen soviético como un «diseño completo de control total de la voluntad humana por un pequeño grupo de hombres enérgicos y determinados que ha ve-

---

[274] Posteriormente se pudo observar que el pronóstico de Belloc era erróneo, pues la NEP no supuso un viraje definitivo, sino que fue más bien una de las titubeantes reformas en el marco de la metodología de prueba y error aplicada por los bolcheviques, que carecían en aquellos años de un plan definido para organizar la economía. Véase a este respecto la opinión de Keynes y de varios viajeros españoles, testigos del experimento económico soviético de aquellos años, en Perdices de Blas y Ramos Gorostiza (2017).

[275] «(…) it is an utterly false picture which presents the tremendous event as mainly social and economic; it was in the mind and action of its leaders primarily religious. Their business was to destroy the Christian name and the spirit of Christ in Society» (Belloc [1936] 2009, p. 187).

nido a denominarse el Gobierno Soviético».[276] Este rediseño completo de la sociedad mediante la eliminación de la huella del cristianismo no tendría otra consecuencia que, en coherencia con la argumentación histórica de Belloc, la restauración de la institución servil que caracterizaba a las sociedades precristianas.

Así pues, la visión de Belloc en 1936 pasa por reconocer, tal como lo hace en *An Essay on the Restoration of Property*, que el comunismo sería practicable, pero tan solo por un período de tiempo corto, en comparación con otros sistemas más estables, y en medio de una enorme tensión.[277] Esta tensión se debería a la necesidad, constatada por la práctica, de imponer leyes coercitivas que harían desaparecer por completo la libertad.[278] El comunismo supondría pues la puesta en práctica, por un tiempo limitado, del ideal socialista, pero no la consecución de este, sino la imposición de la servidumbre generalizada, en coherencia con el esquema planteado por Belloc desde sus primeras obras. El posterior devenir histórico confirmaría el carácter inestable y limitado en el tiempo de los sistemas económicos reales sostenidos, al menos en teoría, por los principios ideales propios del socialismo.

Belloc introdujo a lo largo de sus obras gran variedad de argumentos contra el ideal socialista. Además de en los tres ensayos que hemos destacado al comienzo de este capítulo, Belloc argumentó contra el socialismo en otras de sus obras, así como en artículos, debates y

---

[276] *Ibid.*

[277] «(Communism is) of its nature unstable but practicable at a heavy strain though, presumably, for only a comparative short space of time» (*ibid.*, p. 5).

[278] *Ibid.*, p. 12.

conferencias. Con anterioridad a la publicación de *El estado servil*, ya había criticado la solución colectivista a los males de su tiempo. En 1908 y 1909 publica sendos panfletos para la Catholic Truth Society: *An Examination of Socialism* y *The Church and Socialism*. En ellos considera el colectivismo como un error consistente en tratar de solucionar el problema «con la introducción de un remedio que descansa en la misma falsa filosofía: el remedio del colectivismo».[279] En el debate mantenido en 1911 con Ramsay McDonald[280], Belloc argumentó que la teoría socialista había sido confeccionada a partir de un profundo desconocimiento de la naturaleza de la materia sobre la que dicha teoría debe trabajar, esto es, el ser humano.[281] El socialismo pretende proveer a todas las personas de dos cosas: suficiencia (algo que no puede definirse, pues las personas siempre desean más) y seguridad (algo que nunca puede darse completamente). Al intentar otorgar estas dos cosas mediante la distribución de la renta y al margen de la cuestión fundamental para Belloc de la propiedad, se está omitiendo, según él, un elemento fundamental: la libertad. Al no avanzar los desposeídos, a los que el socialismo pretende salvar, por el camino de la posesión y el control de los medios de producción, sino por una restricción cada vez mayor del acceso a estos y un monopolio cada vez más absoluto de los mismos en favor del Estado, el colectivismo consigue el efecto contrario al que pretendía.

---

[279] Belloc (1909), p. 6.
[280] Ramsay McDonald (1866-1937), líder laborista dos veces primer ministro del Reino Unido.
[281] Belloc (1911), p. 11.

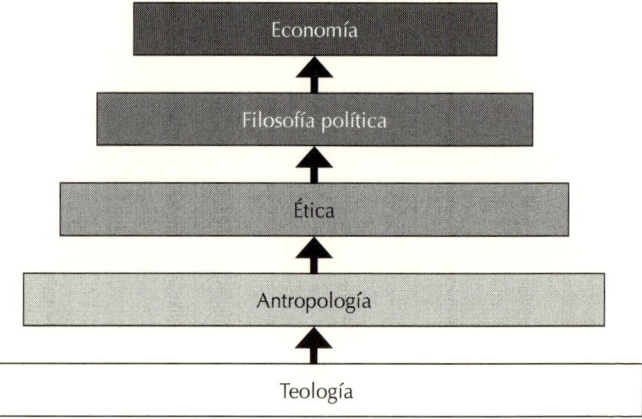

Caracterización esquemática de las diferentes perspectivas de la imposibilidad del socialismo.

## Argumentos contra el socialismo

Los argumentos de Belloc para afirmar la imposibilidad del socialismo, si bien se encuentran dispersos a lo largo de sus obras y presentan una cierta variedad temática, pueden agruparse bajo un enfoque unitario que los englobe y enlace como distintas facetas de una misma argumentación. Es decir, los distintos argumentos no serían sino diferentes dimensiones o perspectivas de una misma imposibilidad. Podemos caracterizar estas perspectivas de acuerdo con las disciplinas que tienen como objeto de estudio aquellas cuestiones que Belloc plantea. Dicha caracterización daría como resultado un esquema conceptual como el representado a continuación.

Este esquema presenta las diferentes disciplinas en orden ascendente a su nivel de abstracción. En el sistema filosófico bellociano, la economía figuraría en primer lugar en dicho orden, pues Belloc la concibe como una ciencia con una finalidad práctica, que no hace ni debe hacer referencia a cuestiones como la felicidad humana o el bienestar material.[282] Estas cuestiones serían dirimidas en los siguientes niveles; estos niveles estarían vinculados argumentalmente, de modo que cada uno de ellos plantearía una respuesta a las cuestiones que deja abierto el anterior y al mismo tiempo implicaría cuestiones adicionales que habrían de ser contestadas en los niveles siguientes. El último de ellos, el de la teología, supondría un nivel «de cierre», pues las respuestas a las cuestiones planteadas no harían referencia a nuevos niveles argumentales, sino a una verdad revelada, la de la religión cristiana, que constituye el fundamento último de la filosofía de Belloc.

La ciencia económica tendría para Belloc un campo muy acotado, restringido al estudio de la producción de riqueza, y que debe obviar cuestiones como la felicidad y el bienestar. Esto no implica que Belloc conceda a estas cuestiones una importancia secundaria, sino que concibe la economía como un saber práctico, de carácter instrumental y con un campo de estudio limitado. Belloc concibe la disciplina como el estudio de la producción de riqueza mediante el análisis de las normas que gobiernan esta. Desde su punto de vista, la ciencia económica sería una herramienta, y como tal carecería de connotaciones morales, en el sentido de que se podría emplear tanto para el

---

[282] «The Science of Economics does not deal with true happiness nor even with well-being in material things. It deals with a strictly limited field of what is called "Economic Wealth", and if it goes outside its own boundaries it goes wrong. Making people as happy as possible is much more than Economics can pretend to. Economics cannot even tell you how to make people well-to-do in material things» (Belloc [1924] 2004, p. 35).

bien como para el mal. Dichas connotaciones se darían a un nivel superior al de la economía, si bien la intencionalidad también tiene en el sistema bellociano importantes consecuencias respecto de la eficiencia.[283]

La dimensión económica de la imposibilidad del socialismo podría sintetizarse en que este sistema teórico, en el que el control de los medios de producción está completamente centralizado, destruye la acumulación de capital. El capital, como forma de riqueza que permite la producción de riqueza futura, estaría gobernado por tres normas fundamentales: su variabilidad,[284] la necesidad de su reposición[285] y su origen en el ahorro o restricción del consumo presente. La incomprensión sobre la verdadera naturaleza del capital llevaría al tipo de error intelectual que estaría detrás de la creencia en la posibilidad de la planificación centralizada. Así, la inadecuada apreciación de la naturaleza del capital, que tendría su origen en el objetivismo, tendería a infravalorar las necesidades de reposición de este en una economía centralizada.[286] El capital solo puede ser repuesto de manera eficiente mediante la confluencia de multitud de planes descentralizados. La disociación

---

[283] Como estudiamos en el capítulo que trata sobre Hilaire Belloc y el pensamiento escolástico, Belloc comparte con los pensadores de la escolástica la noción fundamental de la racionalidad del bien moral.

[284] Como ya señalamos, al estar compuesto por la valoración económica de los bienes de capital, y no por los bienes mismos, el valor del capital no solo está sujeto a la obsolescencia física de dichos bienes, sino sobre todo a las continuas variaciones subjetivas en la valoración de los bienes de consumo que pueden ser producidos a partir de ellos.

[285] El capital es consumido en el proceso productivo y necesita ser repuesto para que este proceso continúe (Belloc [1924] 2004, p. 23).

[286] Pues en esta no sería posible generar la información descentraliza respecto de la valoración subjetiva de los bienes de consumo, que en una economía de mercado se expresaría a través de los precios.

entre las decisiones de ahorro (tomadas por el órgano planificador) y las restricciones al consumo a que darían lugar (sufridas por la población), no solo provocaría ineficiencias en dichos planes derivadas de la falta de incentivos y el gigantismo, sino que haría preciso el recurso a la coacción para que estos fueran implementados.

Este enfoque subjetivista de Belloc es confluyente con la argumentación fundamental de la Escuela Austriaca de Economía sobre la imposibilidad del socialismo en el marco del debate sobre el cálculo económico, fundamentada por Mises en la idea de la función informativa de los precios. El común subjetivismo de ambos puntos de vista, ya provenga este directa o indirectamente de la tradición de pensamiento escolástica y/o tenga su precedente más cercano en la versión mengeriana de la revolución marginalista,[287] les permite apreciar de manera parecida esta perspectiva económica de la imposibilidad del socialismo. Por el contrario, como apuntaría Hayek,[288] es la concepción objetivista del capital, impregnada aún de las nociones erróneas de los economistas clásicos,[289] la que haría que los neoclásicos no pudieran apreciar adecuadamente la profundidad del argumento misesiano sobre la imposibilidad del socialismo.

Aunque este enfoque es puramente económico en el sentido bellociano, pues hace referencia al desconocimiento por parte de los teóricos socialistas de algunas de

---

[287] Sobre la relación entre ambos, véase Huber (2016).

[288] Hayek (1936).

[289] De acuerdo con Schumpeter, las teorías de los escolásticos contenían ya los elementos necesarios para una teoría de la demanda y la oferta, que no llegaron a formular a falta de los conceptos técnicos desarrollados con la revolución marginalista en el siglo xix (Schumpeter [1954] 2006, p. 94).

las leyes fundamentales respecto de la creación de riqueza, en concreto respecto del capital y su acumulación, podemos observar que su desarrollo requiere el concurso de otros ámbitos del conocimiento humano que van más allá del estudio de la producción de riqueza. En el sistema de Belloc, estos argumentos se encontrarían ya por tanto fuera del ámbito estricto de la ciencia económica. Dando por bueno el concepto bellociano de capital, aún cabría formular una serie de preguntas en relación con las razones de la imposibilidad del socialismo, como por ejemplo: ¿por qué la acción de las personas en la economía no puede ser suplantada por la de un órgano central?, ¿por qué muchos planes descentralizados son más eficientes que uno centralizado? o ¿por qué la disociación entre el órgano que toma la decisión de ahorrar y las personas que sufren las restricciones derivadas de dicha decisión ha de crear tensión hasta el punto de tener que ser impuesta mediante algún tipo de coacción?

Las respuestas a las anteriores preguntas no pueden ser buscadas en el ámbito estricto del estudio de las leyes que gobiernan la creación de riqueza, que es al que Belloc circunscribe el campo de estudio de la economía. Han de ser buscadas en niveles superiores al de la ciencia económica, pues se precisa de un mayor grado de abstracción que el que puede ofrecer una disciplina cuyo enfoque es, de acuerdo con el planteamiento de Belloc, eminentemente práctico.

Desde la perspectiva de la filosofía política, la imposibilidad bellociana del socialismo guarda una relación intrínseca con el concepto de la libertad de las personas y familias en el seno de la comunidad. Belloc establece en su obra *El estado servil* un estrecho vínculo entre la libertad política y la independencia económica que ofrece a las personas y familias el control de los medios de producción. La participación en la vida pública solo puede darse con plena libertad si no se depende económicamente de otras personas o del Estado.[290] De igual modo, Hayek entendió que no existe un concepto de libertad política disociado de los elementos económicos, pues no existe un ámbito de libertad política específico una vez garantizado el sustento de la persona a costa de la pérdida de su libertad en el ámbito económico, como defienden las ideologías colectivistas, sino que ambos tipos de libertad son inseparables y constituyen un único concepto. El control de los medios de producción, o de la vida económica, equivale para ambos autores al control de la vida política de la comunidad.

El ideal de comunidad política de Belloc, si bien no fue homogéneo a lo largo de su vida,[291] mantuvo unas referencias constantes a una comunidad natural y orgánica, cuyos miembros habrían de ser las familias propietarias y libres, de acuerdo con el principio de subsidiariedad propio de la doctrina social de la Iglesia. Este ideal tiene su fundamento en la tradición escolástica en materia de

---

[290]  A partir de este argumento, Belloc llegó a oponerse al sufragio universal, no porque no fuera partidario de la extensión del sufragio censitario, sino porque creía que este debería realizarse sobre la base de la extensión del acceso a la propiedad, pues de otro modo se crearían multitudes de votantes que antepondrían sus intereses económicos a los políticos de la comunidad (Belloc, 1897, p. 29).

[291]  Pasó del liberalismo radical de su juventud a la defensa de la institución monárquica, al entender, a partir de su experiencia práctica, que la segunda defendía mejor la libertad de las familias frente a las tendencias oligárquicas de las democracias liberales de su tiempo. En palabras de Belloc: «The leading function of the Monarch is to protect the weak man against the strong, and therefore to prevent the accumulation of wealth in a few hands, the corruption of the Courts of Justice and of the sources of public opinion» (Belloc, 1920, p. 178).

filosofía política, singularmente en su síntesis suareciana que Belloc defendía como alternativa a la visión artificial y mecánica de comunidad propia de los contractualistas sociales.

A partir de este ideal de comunidad política, Belloc encontró falsa y absurda la pretensión colectivista de que las personas debían renunciar a su libertad económica individual en aras de la consecución de un mayor bienestar material.[292] Y es que para Belloc un órgano de planificación centralizada no puede prever ni materializar la infinidad de actos particulares que componen la vida humana y que no pueden llevarse a cabo mediante un sistema de delegación.[293] Este principio fundamental, la imposibilidad de la delegación efectiva de la toma de decisiones individuales a pequeña escala, conforma un elemento de limitación en la toma de decisiones a nivel centralizado aplicable tanto a la economía, en la que se da un número de decisiones muy elevado y cotidiano, como a la propia política.[294]

Belloc, al igual que Hayek, se mostró comprensivo con la intención de cierto tipo de reformador social que pretendía la mejora de las condiciones de vida de las personas sin menoscabo de su libertad individual mediante la planificación de la actividad económica. Sin embargo, para ambos autores, las dos cosas resultaban incompatibles entre sí, pues las reformas en dirección al colectivismo no harían sino reducir la libertad de las per-

[292] Belloc [1936] (2009), p. 9.
[293] *Ibid.*, p. 8.
[294] La imposibilidad de delegación efectiva de decisiones, a un nivel más general, es asimismo una de las razones del recelo de Belloc hacia los sistemas democráticos en las últimas etapas de su carrera como periodista y escritor.

sonas al alejarlas del control de los medios de producción, garante de dicha libertad. Las reformas en esa dirección, o en otras aparentemente respetuosas con el principio de propiedad privada, agravarían la situación en lugar de mejorarla, pues el coste de su mantenimiento haría necesaria la generación de riqueza adicional para su sostenibilidad, incrementando, cuantitativa y cualitativamente,[295] las obligaciones laborales.

Estos resultados se darían tanto para el reformista consciente de los efectos reales de sus medidas como para el idealista, que tratando de mejorar la situación social obtendría justo el efecto contrario debido a un error intelectual o falsa filosofía en el origen de sus planteamientos. Esta falsa filosofía estaría enraizada, entre otros factores, en una concepción artificial y mecánica de la comunidad y una incomprensión de la no neutralidad en términos políticos de la concentración de poder económico en sus órganos de gobierno.

El ámbito de la filosofía política no permite por sí solo una respuesta concluyente respecto de la totalidad de cuestiones planteadas desde la perspectiva económica, y plantea, al mismo tiempo, nuevas cuestiones cuya respuesta ha de buscarse en otros ámbitos. Se trata de cuestiones relativas a las limitaciones humanas, desde el punto de vista individual, para la construcción de una comunidad política como la que requeriría el colectivismo para ser implantado y funcionar de acuerdo con sus principios, y que aluden a aspectos como la ética y la antropología.

Desde la perspectiva ética, procede el análisis de cuestiones que han quedado abiertas tras el análisis de los

---

[295]  Por ejemplo, vinculando la percepción de determinados beneficios sociales a la obligación de trabajar.

aspectos económicos y filosófico-políticos de su pensamiento, como: ¿qué tipo de virtudes individuales requerirían los ciudadanos de una sociedad para que fuera posible el ideal colectivista? o ¿es posible disponer de un número suficiente de ciudadanos que posean tales virtudes para hacer real dicho ideal? La filosofía política de Belloc situaba en la base de una sociedad saludable un tipo de ciudadano ideal que se caracterizaba ante todo por una serie de virtudes de tipo moral, como la austeridad, el autocontrol y el sentido del honor personal.[296] Estas virtudes harían posible el desarrollo de una comunidad política caracterizada por los ideales de la libertad, y al mismo tiempo dicho tipo de sociedad fomentaría dichas virtudes morales en los ciudadanos. Sin embargo, en una sociedad colectivizada, toda la experiencia vital estaría condicionada por órdenes recibidas de otras personas. Semejante estado de cosas supondría para la persona la renuncia no solo a sus instintos fundamentales, sino a su libertad y honor personal.[297] De este modo, la puesta en práctica del ideal colectivista traería consigo, en opinión de Belloc, un deterioro en las virtudes morales de la sociedad y de los ciudadanos que la componen, pues estos carecerían de incentivos para el ejercicio de dichas virtudes.

El Estado en sí mismo es incapaz de ostentar virtud alguna, pues en la visión de la filosofía política tradicional, desde el punto de vista moral no es sino un velo tras el cual se encuentran las personas que actúan en representación de dicho Estado, que, estas sí, aportan, en tanto que personas, un componente ético a su comportamiento. El ideal colectivista precisaría para su realización

---

[296]  Belloc (1897), p. 4.
[297]  Belloc [1924] (2004), p. 110.

práctica poner al frente de la gestión económica de la comunidad a un ejército de personas generosas y justas, que fueran capaces de administrar las tareas de producción y distribución con total honestidad. Desde la tradición escolástica, fuente fundamental del pensamiento bellociano, se viene advirtiendo sobre los inconvenientes de dar a los dirigentes un poder tan grande como el que se precisaría para dirigir todos los asuntos de la vida social, como los relativos al ámbito de la economía. Es fácil esperar que los dirigentes, en los diferentes escalafones de responsabilidad, puedan abusar de dicho poder, en tanto que están controlando aquello que no les pertenece.[298] Estos conceptos básicos de la tradición filosófica cristiana son el fundamento del principio de subsidiariedad presente en la doctrina social de la Iglesia.[299]

Las virtudes morales que deberían estar presentes en el conjunto de la ciudadanía para el logro de una sociedad en la que los medios de producción estuviesen completamente centralizados, habrían de darse en un grado aún superior en sus dirigentes. Sin embargo, Belloc afirma que la experiencia nos dice todo lo contrario, pues demuestra que los políticos «no son ángeles de esta naturaleza» y que es absurdo esperar que alguien que ha llevado «la vida de intrigas» necesaria para ascender en política se convierta de pronto en un ser «generoso y devoto» como sería preciso para semejante tarea.[300] La

---

[298] En opinión de Belloc, ningún hombre pone el mismo empeño en la propiedad pública que en el cuidado de aquello que realmente le pertenece (Belloc [1924] 2004, p. 8).
[299] A modo de ejemplo, en la encíclica *Rerum Novarum* se afirma que «los hombres ponen mayor esmero y entusiasmo sabiendo que trabajan sobre lo que es suyo» (León XIII, *Rerum Novarum*, n. 33).
[300] Belloc [1924] (2004), p. 8.

existencia de esta «selección negativa» en términos de virtudes morales a lo largo del camino de ascenso a posiciones de poder haría aún más difícil la consecución del ideal colectivista, pues, en opinión de Belloc, no se puede otorgar a ese tipo de personas un poder enorme y esperar que no abusen de él.

Con estos argumentos Belloc caracterizó la dimensión ética de la imposibilidad del socialismo. Sin embargo, estas ideas no cierran la argumentación bellociana al respecto, pues nuestro autor aportó argumentos adicionales sobre por qué determinadas actitudes morales son esperables o no en los seres humanos. Dichos argumentos constituirán la siguiente dimensión o perspectiva que hemos denominado «antropológica». Esta perspectiva antropológica haría referencias a cuestiones que han quedado abiertas en los argumentos anteriores, como: ¿por qué las personas necesitan incentivos para un comportamiento moral? o ¿por qué no se puede esperar que ciertas cualidades éticas estén presentes al menos en el selecto subgrupo de ciudadanos que han de dirigir a la comunidad?

Belloc afirmó que el colectivismo constituye una teoría formulada desde un profundo desconocimiento de aquello sobre lo que pretende aplicarse: el ser humano.[301] Y es que para él existen dos elementos fundamentales en la naturaleza humana que el colectivismo simplemente pasa por alto. El primero es el deseo de libertad o independencia, es decir, la voluntad del ser humano de no

---

[301] «Your theory is not chosen with a knowledge of the stuff with which it has to deal, and human nature, in all its little ways and instincts, pushes you off into something other and worse than you intended» (Belloc, 1911, p. 11).

depender de otras personas y sentirse, por así decirlo, su propio amo.[302] El segundo instinto fundamental humano sería el deseo de poseer la mayor cantidad posible de bienes, circunstancia que hace que el concepto de necesidad, desde un punto de vista subjetivista, se convierta en algo relativo. El ideal colectivista requeriría que dichos instintos fueran suprimidos.[303] Bajo circunstancias excepcionales, como una guerra, las personas estarían dispuestas a renunciar tanto a la libertad personal como a sus posibilidades de riqueza, pero dicha renuncia sería siempre temporal y nunca completa, pues se requeriría cierto grado de libertad personal y un mínimo de posibilidades de consumo. Singularmente, las personas que están al frente del Estado habrían de renunciar a todo deseo personal y no aspirar a nada salvo al bienestar de la sociedad que dirigen, algo difícil de esperar desde el conocimiento de la naturaleza humana.

Las ideas de Belloc en esta materia tienen su base en una concepción católica de la antropología humana. Esta concepción resulta algo más compleja que la que se deriva de las teorías contractualistas sociales. Estas, en sus distintas versiones, ofrecen una caracterización positiva (Rousseau) o negativa (Hobbes) de la naturaleza humana, que carece de los matices algo más complejos de la antropología de inspiración católica. Esta última parte de la concepción del hombre como un ser de naturaleza caída, condición que solo puede superar mediante la acción de la gracia y la práctica de los preceptos cristianos. El desarrollo de estas ideas nos llevaría por tanto a

---

[302] Belloc [1924] (2004), p. 109.
[303] «Now the Socialist scheme requires both these very strong emotions, common to all mankind, to be suppressed» (*ibid.*).

una perspectiva teológica de la cuestión que Belloc también aborda en sus obras.

La explicación del porqué de las afirmaciones de Belloc sobre la naturaleza humana y de cómo esta resulta incompatible con la práctica del ideal colectivista queda relegada al último de los ámbitos descritos, el de la teología. Como hemos indicado, la perspectiva antropológica de la imposibilidad del socialismo en el pensamiento de Belloc descansa sobre una visión del ser humano radicalmente distinta a la de los contractualistas sociales, que es la que sirve de base a las teorías políticas propias del pensamiento moderno. Según la visión de los contractualistas, el hombre parte de un «estado de la naturaleza» original en el que no existe aún la comunidad política. A partir de esta abstracción, y de acuerdo con las distintas percepciones positivas o negativas sobre la naturaleza humana, se construye la comunidad mediante pacto o contrato, que implica en líneas generales el intercambio de libertad personal por seguridad y prosperidad. De este modo, la sociedad se concibe como un pacto fruto de la voluntad de sus miembros, y las funciones del órgano de gobierno de dicha comunidad estarían también marcadas por idéntica voluntad de cesión de soberanía, sin obedecer por tanto a limitación alguna o haciéndolo en un sentido muy restringido (para Locke, por ejemplo, el límite al poder público se hallaba en el respecto a la vida y la propiedad).

Por el contrario, el concepto de comunidad bellociano, inspirado en la tradición escolástica, parte de un estado de la naturaleza humana caracterizado por lo descrito en la *Biblia* respecto de los orígenes del hombre y el pecado original. Este concepto revelado explica la debilidad humana respecto del mal. Pero la revelación también incluye la promesa de la redención, que no ha de darse por la sola fuerza de la voluntad humana, pero respecto de la cual el comportamiento acorde con las leyes divinas juega también un papel importante. Desde la visión escolástica de la comunidad, sintetizada en la teología de Francisco Suárez, si bien esta se constituye mediante el consentimiento de sus integrantes, las normas que regulan su funcionamiento, y en particular el de sus órganos de gobierno, son de origen divino, lo que implica una limitación de sus funciones a aquellas que le son naturales. Esta visión suareciana implica importantes restricciones a las potestades del órgano de gobierno de la comunidad y adelanta el principio de subsidiariedad, base del pensamiento social de Belloc.

Belloc observó que el rechazo a la visión católica del hombre y de la comunidad, lejos de suponer la eliminación de todo fundamento teológico de la filosofía política moderna, supuso la formulación de una nueva teología alternativa a la del cristianismo tradicional. De hecho, esta nueva teología tomaba elementos esenciales del cristianismo, como algunos de sus valores morales,[304] pero daba a su consecución un carácter voluntarista e inmanente, de acuerdo con los principios de la herejía gnóstica.[305] Así, las ideologías modernas prometerían llevar a cabo la redén-

---

[304] Pero al considerarlos aisladamente, rompiendo el vínculo fundamental de unidad de los valores que caracteriza a la ética cristiana, se daba paso a la justificación de comportamientos considerados inmorales por el cristianismo en aras de la consecución de determinados ideales. De este modo, muchas de las ideologías que preconizaban valores propios de la civilización cristiana, como la solidaridad, no han dudado en infringir el resto de valores de la ética cristiana, atentando singularmente contra la libertad y la vida humana.

[305] Belloc relacionó las ideologías modernas con el gnosticismo con anterioridad a Eric Voegelin, que elaboró su teoría sobre las religiones políticas a partir de supuestos similares.

ción del ser humano prometida en la *Biblia*, pero en la vida terrenal, sin contar con Dios y utilizando un Estado todopoderoso como sustitutivo del verdadero todopoderoso[306] y como herramienta de cambio hacia la sociedad perfecta del futuro. Esta suerte de «auto-redención» gnóstica, en la que un Estado personalizado asumiría el papel de divinidad, requeriría de una nueva «religión estatal», en la línea sugerida por Eric Voegelin.[307] Esto explicaría que el intento de implementación de sistemas económicos centralizados pase siempre en primer lugar por la destrucción de la cultura y la moral tradicionales, no para dejar en su lugar un vacío que cada uno pueda llenar libremente, sino para implementar una ética y unos dogmas alternativos que sean útiles a los objetivos de los dirigentes de la comunidad, configurando una auténtica religión estatal. En estos nuevos sistemas se daría además la confluencia de la *auctoritas* y la *potestas* en los poderes del Estado, una tendencia iniciada en las sociedades occidentales a partir de la Reforma Protestante.

Pero la nueva religión plantea un problema fundamental en opinión de Belloc: que no es acorde con la naturaleza de las cosas ni de los seres humanos. El intento de implementarla se enfrentaría a la resistencia de las perso-

---

[306] A este respecto, véase el análisis de Samuel 8 del profesor Huerta de Soto en clave de advertencia sobre las consecuencias de la divinización del poder en Huerta de Soto Ballester (2018). En este sentido, Eric Voegelin consideró que la gran revolución política que trajo la generalización de la religión cristiana fue que acabó con la divinización del poder típica de las sociedades paganas, al considerar que los poderosos estaban también sujetos a las leyes naturales de origen divino. Para Voegelin, las ideologías modernas pretenden romper esta sujeción del poder a la ley natural mediante la redivinización del Estado (Voegelin [1952] 1992).

[307] *Ibid.*

nas, y su intento de transgredir las limitaciones naturales del órgano de gobierno de la comunidad para construir algo esencialmente antinatural chocaría con las leyes naturales sobre el funcionamiento de esta. Desde el enfoque económico, habíamos caracterizado este enfrentamiento con la naturaleza de las cosas como la imposibilidad de planear la vida de la sociedad «de arriba abajo». Belloc encuentra en la teología, es decir, en el diseño divino de las cuestiones naturales y sociales, la explicación última de esta imposibilidad. Este argumento, al ser de naturaleza revelada y dogmática, supone el punto de cierre de la reflexión de Belloc respecto de la imposibilidad del socialismo. El propio Belloc indica que es el abandono de la religión cristiana la causa última del declive de la civilización occidental,[308] que habría alcanzado un nivel de desarrollo humano significativo a partir de la conquista de las libertades individuales gracias al influjo del cristianismo y que vería estas conquistas decaer progresivamente como consecuencia de su abandono. Junto con la libertad, languidecería también el bienestar, pues el mundo y la sociedad están diseñados de tal manera en el plan divino que la moral, en el sentido de respeto a la ley de Dios, y la eficiencia económica están estrechamente vinculadas.[309]

---

[308]  Belloc [1912] 2007, p. 189.

[309]  En el enfoque de Belloc, como en el de la tradición escolástica, la aplicación de principios morales en el comportamiento individual ejerce un efecto positivo sobre el conjunto de la comunidad. En cambio, la planificación centralizada, incluso partiendo de principios morales, no genera efectos positivos. Las normas (leyes naturales en el enfoque escolástico que Belloc aplica) de lo social han sido creadas de tal forma que sus mecanismos funcionan de abajo arriba, pero no de arriba abajo. El mundo habría sido creado de tal manera que una intencionalidad económica de fundamento moral produce sus efectos positivos de abajo arriba, es decir, desde la acción individual hacia el conjunto de la comunidad.

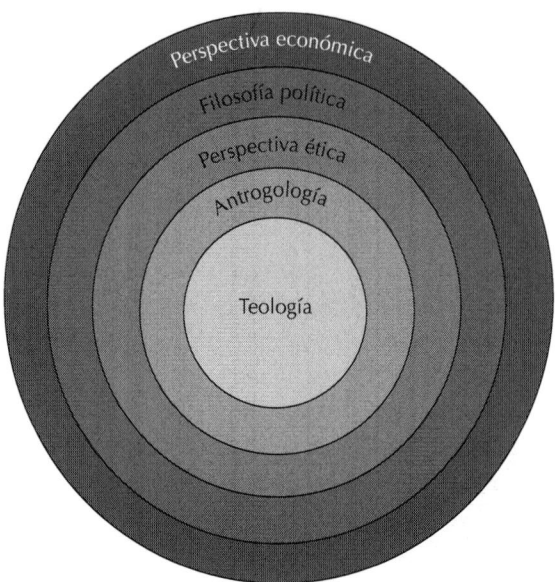

Perspectivas de la imposibilidad del socialismo.

## Un esquema alternativo

Hemos tratado de aglutinar los distintos argumentos que ofrece Belloc respecto de la imposibilidad del socialismo en una única visión coherente que se despliega desde diferentes perspectivas interdependientes entre sí. Un esquema posiblemente más didáctico al respecto sería el presentado en la siguiente figura, en el que las perspectivas están ordenadas a modo de «capas» de mayor a menor visibilidad desde el punto de vista de la observación cotidiana de fenómenos de distinta naturaleza.

Así, la realidad económica sería la más «visible» o próxima a nuestra experiencia práctica cotidiana, y mediante ella podríamos observar, ya sea en la práctica de una organización de gran tamaño en la vivencia actual o histórica de una economía planificada, los múltiples obstáculos e ineficiencias que la centralización de la economía supone. Estos derivan en última instancia en la destrucción de la riqueza que tal sistema produce, debido a las dificultades para la acumulación de capital de cara a la producción futura.

Desde la perspectiva de la filosofía política, el argumento de Belloc se despliega en torno a la imposibilidad práctica de sustituir los efectos de la libertad de acción individual de las personas dentro de la comunidad por la exclusividad de acción del órgano de gobierno.

La perspectiva ética nos explicaría la imposibilidad argumentada en el punto anterior bajo la premisa de que no se puede esperar por parte de los ciudadanos, y menos aún de los dirigentes, el comportamiento moral que se precisaría para llevar a buen funcionamiento una economía centralizada. Dicho funcionamiento supondría incluso un progresivo desincentivo de los comportamientos morales, minando lo que podríamos denominar «capital moral» de la sociedad, como puede observarse en países que han estado bajo regímenes colectivistas.

El enfoque antropológico permite a Belloc explicar las razones últimas de esa incapacidad del ser humano para proporcionar el fundamento necesario al régimen ideal colectivista. El deseo de libertad personal y de acumulación de riqueza, presentes en todos los seres humanos, harían del colectivismo un régimen contrario a la propia naturaleza humana.

Por último, como núcleo del esquema propuesto, encontramos aquella perspectiva que constituye el punto de cierre del sistema bellociano y que no se soporta por tanto en ninguna otra: la teológica. Las afirmaciones que Belloc realiza sobre la naturaleza del ser humano y de la sociedad, que permiten explicar la inadecuación del primero a la propuesta colectivista para la segunda, están fundamentadas en última instancia en sus creencias religiosas. Las verdades reveladas de la religión católica proporcionan a Belloc un marco explicativo coherente que parte de la naturaleza contingente de las cosas y las personas, es decir, de su carácter de parte de la creación. Dicha naturaleza se extendería también a los fenómenos políticos y económicos, determinando la existencia de normas naturales y limitaciones al poder del órgano de gobierno de la comunidad, así como leyes específicas que gobiernan la creación de la riqueza. Estas realidades del ámbito intangible de lo político y lo económico, siendo de institución divina, están al alcance de nuestro intelecto. Para Belloc, un sistema económico como el socialismo no puede funcionar porque da la espalda a todas estas realidades.

Las perspectivas expuestas no son sino diferentes facetas de un mismo error que es al mismo tiempo intelectual, en tanto que implica una incomprensión del funcionamiento de las comunidades humanas y singularmente de los aspectos económicos de estas, y moral, pues dicha incomprensión proviene en última instancia de la soberbia humana.

# VI. El lugar de Belloc en la historia del pensamiento económico

«Errado el principal punto de vista, es imposible que todo cuanto tiene relación con él, no se nos presente alterado, desfigurado y confundido.»

*Jaime Balmes*[310]

La riqueza de la argumentación de Belloc en relación con la cuestión de la imposibilidad del socialismo, que podría ponerse en comparación con la de otros defensores de la imposibilidad del socialismo, como los integrantes de la Escuela Austriaca de Economía, nos da una idea de la perspicacia y capacidad del autor inglés en el campo del análisis económico. Sin embargo, no debe olvidarse que Belloc no era un economista, ni por formación ni por ejercicio. Pese a ello, o gracias a ello, parece analizar las interacciones entre los efectos económicos, políticos y sociales de la planificación económica y la concentración de la propiedad de una manera muy inte-

[310] Palabras de Jaime Balmes en relación con la teoría del valor trabajo, en su ensayo *Verdadera idea del valor o reflexiones sobre el origen, naturaleza y variedades de los precios* (Balmes y Urpiá, 1850, p. 446).

grada. Del mismo modo, esta perspicacia respecto de las cuestiones económicas puede apreciarse en otras cuestiones distintas de la imposibilidad del socialismo. En todas ellas observamos, como pauta común, que Belloc busca en sus análisis una síntesis entre el pensamiento católico tradicional, particularmente el escolástico en cuanto se ocupó de cuestiones asimilables, y las realidades económicas, políticas y sociales, mucho más complejas, de su mundo.

## Belloc y la escuela clásica de economía

Ya hemos apuntado que una de las claves que explican la agudeza y profundidad del análisis económico de Belloc es la estricta subjetividad de su concepción del valor, singularmente en lo relativo al concepto de capital. Esto marca ya una gran diferencia de partida respecto a autores como Smith, Ricardo o Marx.

Así, para Smith el factor trabajo, aplicado a la tierra y al capital, es la fuente del valor de las mercancías.[311] Para él, puesto que en la producción de todo bien se emplea necesariamente trabajo, este daría la medida exacta que permitiría cuantificar el valor del bien producido. Esto sería naturalmente compatible con las oscilaciones de precios de las mercancías en función de la oferta y la demanda, si bien el juego de estas hace que a largo plazo

---

[311] «(…) el valor de cualquier mercancía, para la persona que la posee y que no pretende usarla o consumirla sino intercambiarla por otras, es igual a la cantidad de trabajo que le permite a la persona comprar u ordenar. El trabajo es, así, la medida real del valor de cambio de todas las mercancías» (Smith [1776] 2016, p. 64, traducción de Carlos Rodríguez Braun).

dicho precio oscile hacia el valor de producción. De este modo, aunque las mercancías variasen su precio en el mercado, es la cantidad de trabajo empleada en su producción, o el desgaste de energías físicas e intelectuales que ha sido necesario para producirlas, el patrón definitivo e invariable del valor.

David Ricardo asume parcialmente las tesis de Smith, si bien critica sus teorías en un punto fundamental: el valor del trabajo también varía. Para Ricardo, el trabajo no tiene un valor invariable[312] y lo único que puede servir de norma para el intercambio de bienes es la cantidad de distintas clases de trabajo que se necesitan para producirlos. La teoría de Ricardo es algo más compleja que la de Smith, pero conserva dos elementos fundamentales que han sido posteriormente rebatidos por la teoría económica:

— La búsqueda de un concepto de valor universal y objetivo.
— La identificación del factor trabajo y su acción sobre los otros factores (bienes naturales y capital) como fuente exclusiva del valor.

Karl Marx desarrollaría su teoría del valor trabajo partiendo igualmente de estas premisas, si bien su objetivo no era tanto explicar el precio de las mercancías en el mercado como componer una teoría que explicase el origen de la ganancia del capitalista, la plusvalía, a partir

---

[312] «Adam Smith (…) maintained that a rise in the price of labour would be uniformly followed by a rise in the price of all commodities. I hope I have succeeded in showing, that there are no grounds for such an opinion, and that only those commodities would rise which have less fixed capital employed upon them than the medium in which price was estimated (…)» (Ricardo [1817] 2001, p. 34).

del trabajo del proletariado.[313] Marx partía de la base de que el valor de una mercancía viene dado por la cantidad de trabajo (esfuerzo físico y mental, medido en función del tiempo empleado) socialmente necesario (en condiciones medias de productividad para una determinada sociedad y época) para producirla. El trabajo, a diferencia de los demás factores de producción, genera un plusvalor, pues traspasa a la mercancía un valor de uso superior a su valor original, en tanto que su remuneración (el salario, valor de cambio del trabajo) es inferior. Esta diferencia se debería a la diferenciación que hace Marx entre trabajo y fuerza de trabajo. El trabajo sería el empleo de la fuerza de trabajo, pero como el capitalista contrata lo segundo y esta se extiende en el tiempo más allá de lo necesario para reproducir el valor en la mercancía, se genera un tiempo de «plustrabajo», que sería el origen del plusvalor del que se apropia el capitalista. En cualquier caso, se mantiene la teoría del trabajo, aplicado a los demás factores, como única fuente de valor, con independencia de que dicho incremento de valor sea remunerado al trabajador mediante el salario o pase a manos del capitalista.

Para Schumpeter, la teoría del valor trabajo serviría a Marx para argumentar que el origen de todo ingreso que no sea el salario es la explotación del trabajador.[314] Para

---

[313] «Hasta qué punto una parte de los economistas se deja encandilar por el fetichismo adherido al mundo de las mercancías (…) nos lo muestra, entre otras cosas, la tediosa e insulsa controversia en torno al papel que desempeñaría la naturaleza en la formación del valor de cambio. Como el valor de cambio es determinada manera social de expresar el trabajo empleado en una cosa, no puede contener más materia natural que, por ejemplo, el curso cambiario» (Marx [1867] 2008, p. 100, traducción de Pedro Scaron).

[314] Schumpeter [1954] (2006), p. 42.

el autor austriaco, la teoría del valor trabajo, en términos generales, fue un error de los economistas clásicos[315] en el que no cayeron estudiosos anteriores de las cuestiones políticas y sociales. En particular, escolásticos tardíos como Juan de Lugo o Luis de Molina distinguían claramente entre el coste de un bien, en función de los factores empleados, incluido el trabajo, y su valor, en cuya determinación el coste podría tener influencia, pero que en ningún caso era la fuente o causa lógica de la que procedía el mismo. Molina y Lugo fueron, en palabras de Schumpeter, «tan cuidadosos como C. Menger»[316] en apuntar hacia una cualidad, la utilidad, que era no intrínseca a las mercancías, sino particular de los sujetos. De esta forma, Schumpeter defiende que los escolásticos tardíos poseían una concepción subjetivista del valor más avanzada en términos teóricos que la que desarrollarían posteriormente los economistas clásicos, y que tan solo sería restituida a partir de la revolución marginalista. En el mismo sentido, Murray N. Rothbard argumentó que los escolásticos tardíos españoles llevaron la teoría del valor por la senda correcta al defender, al contrario que Ricardo o Marx, que este «no depende de propiedades intrínsecas del bien o de su producción, sino de las estimaciones de los consumidores»,[317] quedándose «a las puertas de la explicación del valor que se ofreció en el siglo XIX basada en la utilidad marginal».[318] Previamente a la revolución marginalista, pero aún en el XIX, Jaime

---

[315] Si bien Schumpeter exoneraba a Smith de sostener, al contrario que Ricardo y Marx, una verdadera teoría del valor trabajo (*ibid.*, p. 183).

[316] *Ibid.*, p. 94.

[317] Rothbard (1999), p. 141.

[318] *Ibid.*, p. 160.

Balmes[319], continuador de la tradición escolástica, denunció los errores de la teoría del valor trabajo, al afirmar que el valor de una cosa depende de su utilidad y no de su coste en términos de trabajo incorporado.[320]

Para analizar si los conceptos económicos de Belloc se corresponden, como habitualmente se le atribuye, con los de los economistas clásicos, resulta fundamental tratar de identificar, a partir del estudio de su obra, si existen en ella elementos que nos remitan a la teoría del valor trabajo. Para ello partiremos de los dos elementos que hemos considerado fundamentales en la descripción de esta, a saber:

— La idea de la producción, descrita como empleo del factor trabajo sobre el resto de los factores, como fuente exclusiva del valor de un bien.
— Un concepto de valor objetivo y universal.

Respecto al primer elemento, Belloc atribuye la generación de valor a la acción de los factores productivos, tierra, trabajo y capital, y considera el incremento de riqueza derivado de la acción de esos factores no como las mercancías u objetos que producen, sino como el valor económico asociado a dichas mercancías u objetos.[321]

---

[319] Jaime Balmes y Urpiá (1810-1848), filósofo y teólogo español, fue calificado por Pío XII como «príncipe de la apologética moderna».

[320] Véase a este respecto «Verdadera idea del valor o reflexiones sobre el origen, naturaleza y variedades de los precios», en Balmes y Urpiá (1850), pp. 445-454.

[321] «You have seen how the production of wealth takes place through the combination of these three things, Land, Labour and Capital, and you have also seen how the wealth so produced consists not in the objects themselves, but in the economic values attached to the objects» (Belloc [1924] 2004, p. 43).

Para Belloc no solamente la producción, sino también el transporte y el intercambio[322] son creadores de riqueza, como lo es toda cosa hecha para incrementar la utilidad del objeto hasta el momento del consumo.[323] Si bien podemos observar que Belloc mantiene un elemento característico de los economistas clásicos, como es la diferenciación clara entre la fase de producción y la fase de consumo, también podemos ver cómo sus conceptos económicos superan la idea de la producción, y de la aplicación de un factor concreto como el trabajo, como determinante del valor de una mercancía, y toman la utilidad del consumidor final como elemento subjetivo determinante de dicho valor.

No obstante, debemos notar que el concepto «usabilidad» (*usefulness*) empleado por Belloc no equivale gramaticalmente a «utilidad» (*utility*). Belloc atribuye el origen del valor no a la obtención de bienes en función del proceso productivo, sino al efecto económico que este, al igual que otros procesos, tiene sobre el bien. Dicho efecto económico se debe en última instancia al incremento de la «usabilidad» del bien. En tanto que dicho concepto, al igual que el de utilidad, está asociado a la figura del consumidor final y su valoración subjetiva del bien en cuestión, no puede ser tratado como objetivo ni universal.

Con más claridad expresa Belloc la naturaleza subjetiva del valor al dar su definición de riqueza. Esta estaría constituida para él no por bienes, sino por la valoración

---

[322] «(...) exchange is a direct creator of wealth, and the transport effecting the exchange is a creator of wealth» (*ibid.*, p. 44).
[323] «Strictly speaking, everything done to increase the usefulness of an object right up to the moment when consumption begins is part of the production of wealth» (*ibid.*, 45).

económica de dichos de bienes, que vendría dada por el intercambio.[324]

Podemos deducir de lo anterior que el análisis económico que Belloc efectúa no está condicionado por los supuestos, considerados hoy obsoletos, de la teoría del valor trabajo, que su visión de la interrelación entre los factores y el proceso productivo es más abierta, y por tanto más moderna, que la de la interpretación clásica y que el elemento fundamental de la subjetividad del valor (apreciado por la segunda escolástica, obviado en buena medida por los economistas clásicos, y recuperado por la revolución marginalista) está presente en su análisis.

Adam Smith, al igual que otros economistas clásicos, incluido Marx, partió para su teoría del valor de la distinción entre valor de uso y valor de cambio. La pretensión de medir el segundo de ellos en términos de trabajo y la creencia en la existencia de un valor natural objetivo de los bienes, distinto o no al precio de mercado, expresado en dichos términos (o bien en su equivalencia monetaria) da lugar a la teoría del valor trabajo. El análisis del valor de uso, que Smith liga estrechamente al de cambio, le lleva al concepto de la utilidad de los bienes o mercancías.

Belloc también realiza dicha distinción, lo que parece acercarle conceptualmente al planteamiento de los economistas clásicos. Pero al hablar de valor de uso y de la utilidad o felicidad que los bienes pueden proporcionar no lo hace sino para eliminar estos conceptos del ámbito

---

[324] «Wealth, for the purposes of economic study, means ONLY exchange values: that is, values against which other values will be given in exchange» (*ibid.*, p. 35).

de estudio de la teoría económica, que circunscribe a la riqueza medida como valor de cambio.[325]

Otros aspectos del enfoque con el que Belloc analiza las cuestiones económicas tienen también reminiscencias smithianas, que se observan por ejemplo en la concepción de la creación de riqueza como objeto principal de la economía y en la distinción entre inversiones productivas e improductivas. Como analizamos en el capítulo anterior, esta última distinción es muy relevante para Belloc, pues marca la frontera entre un préstamo legítimo y otro usurero.

Pese a que Smith es considerado hoy en día como el iniciador de una manera racional de entender las cuestiones económicas alejada del moralismo de los escolásticos, el autor escocés también consideró la usura como un mal derivado de la exigencia de un pago por el uso del dinero.[326] Sin embargo, consideró legítimo el cobro de intereses cuando el uso del dinero tenía por finalidad una inversión productiva.[327]

---

[325] «Economic Wealth is a separate thing from wellbeing. Economic Wealth may well be increasing though the general well-being of the people is going down (...) Economic Wealth consists in exchangeable values, and nothing else» (*ibid.*).

[326] En relación con las leyes contra la usura escribió en *La riqueza de las naciones*: «Y la experiencia ha demostrado que esta reglamentación, en vez de impedir el mal de la usura, lo ha agudizado: el deudor se ha visto obligado a pagar no solo por el uso del dinero sino por el riesgo que su acreedor corre por aceptar un pago por dicho uso» (Smith [1776] 2016, p. 457, traducción de Carlos Rodríguez Braun).

[327] «El [ingreso] derivado del capital no por la persona que lo emplea ella misma sino que lo presta a otro, se llama interés o uso del dinero. Es la compensación que el prestatario paga al prestamista por el beneficio que tiene la oportunidad de conseguir por el uso del dinero. Una parte de ese beneficio pertenece naturalmente al prestatario, que corre con el riesgo y las molestias de emplearlo, y otra parte al pres-

Belloc definía la usura como el cobro de intereses bien sobre un préstamo improductivo o bien sobre uno productivo, pero en cuantía superior al incremento de riqueza que se realiza a raíz de un préstamo productivo.[328] Este enfoque parece coherente con la visión de Smith sobre el préstamo productivo como una forma de asociación para la inversión, de modo que el interés constituiría una parte de la riqueza generada por la inversión productiva, sin llegar a agotar la misma.[329] El autor escocés distingue dos supuestos en los préstamos: que el dinero prestado sea invertido como capital o que sea empleado para consumo inmediato, teniendo la primera efectos positivos para la riqueza del país y la segunda negativos.[330]

Así pues, Smith parece referirse a la usura no en el sentido coloquial de «interés muy alto», sino en términos similares a los de Belloc al relacionar la legitimidad del interés y, sobre todo, el efecto económico del préstamo sobre el conjunto de la comunidad, con el carácter productivo de la inversión a la que dicho préstamo daría lugar. Aquellos préstamos que no tienen como finalidad una inversión productiva, así como aquellos cuyo interés

---

tamista, que le da la oportunidad de conseguir ese beneficio» (*ibid.*, pp. 92-93).

[328] Belloc, 1933, p. 32.

[329] «En un país donde la tasa corriente de beneficio neto es del ocho o del diez por ciento, puede ser razonable que la mitad vaya al interés en aquellos negocios desarrollados con dinero prestado» (Smith [1776] 2016, p. 150, traducción de Carlos Rodríguez Braun).

[330] «Si los emplea para el consumo inmediato asume el papel del pródigo y disipa en la manutención del perezoso lo que estaba destinado a sostener al trabajador. En este caso no puede reponer el capital ni pagar el interés sin enajenar o liquidar otra fuente de ingreso, como la propiedad o renta de la tierra» (*ibid.*, p. 449).

es superior al rendimiento de esta, quedarían fuera de dicho ámbito de legitimidad.

La obra de Belloc con mayor contenido en términos de conceptos propios de la teoría económica, el ensayo divulgativo *Economics for Helen* (1924), contiene, sin llegar a citar al autor inglés, varios conceptos fundamentales propios del pensamiento de David Ricardo.

Uno de ellos es la teoría de la ventaja relativa, en relación con el comercio internacional. Al analizar este tema,[331] Belloc considera, en términos clásicos, el principio general del intercambio como algo beneficioso para las partes. Este se daría en función de un «potencial de intercambio», presente cuando los valores proporcionales de dos bienes son diferentes en dos comunidades. De este modo, argumenta que no es la ventaja absoluta, sino la relativa, la que da lugar al intercambio. Belloc concluye su razonamiento con un argumento en favor de la libertad comercial.[332] Sin embargo, posteriormente matiza esta norma general cuando el comercio se da entre países, al afirmar que, si bien cuando el comercio se da entre unidades grandes (como son las naciones) ambas se benefician en su conjunto, no es cierto que cada parte se haya hecho más rica debido al intercambio.[333] Es decir, dentro de la propia nación puede haber beneficiados y perjudicados por el comercio internacional, debido a la especialización productiva que dicho comercio genera.

Otro elemento fundamental, de inspiración claramente ricardiana, y que juega un papel importante en la

---

[331] Belloc [1924] (2004), caps. V y VI, pp. 59-67.
[332] «(...) the greatest freedom of exchange in any given area makes for the greatest amount of wealth in that area» (*ibid.*, p. 63).
[333] *Ibid.*, p. 65.

justificación teórica de las ideas de Belloc, es la ley de los rendimientos decrecientes. Belloc la menciona en relación con su argumentación sobre el interés,[334] entendido como rendimiento del capital físico, y no cuando escribe sobre el trabajo, como es habitual en el enfoque clásico que centra su atención singularmente en este factor. A partir de cierto punto, un aumento del capital acumulado produce un aumento proporcionalmente mayor de la producción. Pero existe otro punto a partir del cual, si el método de producción no es modificado, unidades adicionales de capital proporcionarán un aumento de la producción total menor en proporción al crecimiento del capital empleado. El ahorro presente es la forma de reponer y ampliar el *stock* de capital con vistas a la producción futura. Llegados a un punto, por razón de la ley de los rendimientos decrecientes, el incentivo para ahorrar desaparece.

Un aspecto fundamental respecto de la acumulación de capital, que Belloc tomó de la obra de J. S. Mill para su propia argumentación, y así lo citó en *An Essay on the Restoration of Property*, es el de «el deseo efectivo de acumulación de capital»[335]. Belloc argumentaba que el mayor tamaño de una unidad económica (por ejemplo, de una empresa) le permite acumular capital con más facilidad. El que más tiene puede ahorrar proporcionalmente más, y este era para Belloc uno de los factores que hacía que la competencia sin regulación tendiese a concentrar el control de los medios de producción en muy pocas manos.[336] El capital es creado

---

[334] *Ibid.*, pp. 51-55.
[335] «(…) the effective desire of accumulation of Capital» (*ibid.*, p. 26).
[336] *Ibid.*, pp. 20-21.

mediante el ahorro presente con vistas a la producción futura. La existencia de un «deseo efectivo» respecto de dicha acumulación sería para Belloc una condición lógica y fundamental para todo proyecto económico y bajo todo sistema, incluido el comunismo. Este deseo, que puede ser interpretado por tanto como renuncia al consumo presente en favor del desarrollo futuro, puede ser satisfecho en mayor medida por las unidades grandes que por las pequeñas, lo que supone un inconveniente para la acumulación de capital efectiva en una «sociedad de propietarios» como la que Belloc propugnaba. El propio Belloc reconoció que, por esta razón, dicha sociedad no podría desarrollarse a un ritmo tan rápido como aquella en la que la propiedad estuviera concentrada (en pocas manos, en el caso capitalista, exclusivamente en las del Estado, en el supuesto comunista), si bien se trataría de una sociedad más estable en el largo plazo.

Belloc admiraba la extraordinaria inteligencia de Mill y la calidad de sus obras, particularmente de sus *Principios de Economía Política* (1848), que consideró como un tratamiento metódico y brillante de la economía. Belloc resaltó sin embargo el carácter ambivalente de esta obra, pues era reivindicada tanto por los partidarios del *laissez-faire* como por algunos socialistas que admiraban la descripción que Mill realizaba de una economía ideal de cooperativas controladas por los trabajadores.[337]

Pese a su elevada consideración hacia Mill, Belloc le vio como un exponente del «utilitarismo», una forma de filosofía ética que mantenía que las acciones son buenas o malas en función de sus efectos. La teoría del utilitaris-

---

[337] Belloc [1936] (2009), pp. 83-84, nota 5.

mo está construida sobre la base del consecuencialismo, y Mill la formuló en los siguientes términos: «una acción es correcta en la medida en que tienda a promover la felicidad, y errónea en la medida en que tienda a reducirla».[338] De este modo, las motivaciones egoístas pueden ser correctas si incrementan la felicidad.

Belloc rechazó de plano la visión utilitarista, por ser opuesta a la noción clásica y católica de virtud. Belloc vio el utilitarismo como una suerte de filosofía escéptica llamada a sustituir los valores tradicionales en un mundo materialista y secularizado. Para él, la felicidad humana no entraría dentro del ámbito restringido de la ciencia económica.[339] Belloc, que concebía la economía como el estudio de la producción y el intercambio de riqueza, encontraba en esta un medio, y no un fin en sí mismo. La economía permitiría comprender las leyes que rigen la producción de dicha riqueza, lo cual, unido a un enfoque moral apropiado, la convertiría en una herramienta adecuada para la búsqueda de la felicidad humana, pero dicha felicidad no forma parte del ámbito de estudio ni del propósito de la economía como ciencia. En este sentido, podemos concluir que su visión sobre la economía como disciplina es más «moderna»[340] que la de Mill.

---

[338] Mill (2002), p. 239.

[339] «The Science of Economics does not deal with true happiness nor even with well-being in material things (…). Making people as happy as possible is much more than Economics can pretend to» (Belloc [1924] 2004, p. 35).

[340] Más acorde con la definición de economía de Lionel Robbins como «el estudio de la asignación de recursos escasos entre fines alternativos». La definición exacta en inglés es «Economics is the science which studies human behaviour as a relationship between ends and scarce means which have alternative uses» (Robbins, 1932, p. 15).

## Belloc y Marx

Otra cuestión importante tratada por Belloc en *Economics for Helen* es la teoría de la distribución del valor añadido en la producción, que presenta, como era de esperar, notables diferencias respecto de la teoría marxista, enraizadas igualmente en las diferentes concepciones del valor. En consonancia con una actitud común entre los economistas clásicos, Marx centra su análisis en el factor trabajo y parece inferir, como veremos a continuación, reglas diferentes para diferentes factores de producción. Belloc, por el contrario, incluirá en su análisis reglas más homogéneas para el tratamiento de los distintos factores.

Marx, como es sabido, divide el valor en unidades físicas (horas) de trabajo, que se distribuye en dos partes: una va destinada a remunerar al factor trabajo y el resto corresponde al capital. La remuneración del factor trabajo, si se dan las circunstancias de existencia de un cierto nivel de desempleo, termina a la larga situándose en torno a un nivel de subsistencia. Marx pone el énfasis en el proceso productivo, y para él el valor de cambio se reparte exclusivamente entre los factores (en una economía industrializada, fundamentalmente trabajo y capital), en el caso del trabajo por necesidades del propio proceso productivo y en el caso del capital por apropiación de la plusvalía producida por el trabajo. Se trata pues de un «valor producido», atribuible exclusivamente a los factores que han participado en la producción. Dichos factores presentan además una caracterización rígida, arquetípica del tipo de economía industrializada que Marx conoció, en la que una mayoría de personas, los proletarios, poseen tan solo su fuerza de trabajo y la venden a una minoría, los capitalistas, que poseen el capital.

En enfoque de Belloc, aunque desplegado sobre un marco analítico que se asemeja al de Marx, pues parte de la pregunta acerca de cómo se produce el valor y cómo se divide la riqueza a que este da lugar, es totalmente diferente. Belloc concibe el valor desde un punto de vista más general, pues este no solo se generaría en el proceso fabril, sino también mediante otras actividades, como el comercio o el transporte.[341] Para Belloc, cualquier actividad que incremente la usabilidad del bien hasta el momento de su consumo produce riqueza.[342] De este modo, el valor no se atribuye exclusivamente a la intervención de los factores tierra, trabajo y capital en el proceso productivo, no siendo posible, por tanto, descomponer este en unidades físicas que hagan referencia a la intervención de un factor determinado, como hace Marx con el factor trabajo.

Partiendo de esta concepción del valor no como algo exclusivamente producido en el proceso manufacturero sino como un añadido de distintas acciones (de producción, comercialización, transporte, etc.) que aumentan la usabilidad del bien, la cuestión de la distribución de la riqueza tiene en Belloc un enfoque totalmente distinto al de Marx. Belloc divide la riqueza producida en tres partes:

— Subsistencia. Esta parte iría, de manera análoga al análisis de Marx, a permitir la «supervivencia» del factor trabajo. No se trata de un concepto de supervivencia meramente físico, sino de un «estándar

---

[341] Belloc [1924] (2004), pp. 43-44.
[342] «Strictly speaking, everything done to increase the usefulness of an object right up to the moment when consumption begins is part of the production of wealth» (*ibid.*, p. 45).

mínimo de subsistencia»[343] que varía con las épocas y países, y que incluye lo necesario para llevar un nivel de vida mínimamente «tolerable» por la sociedad.

— Beneficio o interés. Es la parte que remunera el uso del capital. Al igual que en el caso del trabajo, la cuantía de esta parte viene determinada por la necesidad de subsistencia de este factor. De este modo, esta parte se define como la necesaria para conservar intacto el *stock* de capital. Belloc denomina también a esta parte «interés», lo cual puede dar lugar a confusión. Lo hace así para enfatizar su punto de vista respecto de la cuestión de la usura,[344] que es acorde con la tradición escolástica en la que se enmarca su concepción de las cuestiones económicas y sociales.

— *Surplus* o renta. Se debe a la existencia de un margen de producción, es decir, de una diferencia entre la riqueza producida y la remuneración mínima o de supervivencia requerida por el trabajo y el capital para participar en el proceso. Como en el caso del beneficio, Belloc emplea para el *surplus* la denominación alternativa de renta, que puede dar lugar a confusión con el sentido coloquial de dicha palabra, como él mismo reconoce.[345]

---

[343] *Ibid.*, p. 49.

[344] Belloc niega la existencia del interés sobre el dinero como concepto económicamente aceptable: «Interest on money does not really exist. It is either interest on Real Capital (machines, stores, etc.) for which the money is only a symbol, or else it is Usury, that is, the claiming of a profit which is not really there (...). The thing to remember here is that there is no such thing in Economic Science as Interest on Money» (*ibid.*, p. 51).

[345] *Ibid.*, p. 56.

Los conceptos primero y tercero serían asimilables a los dos contemplados por Marx en su análisis. Respecto al análisis marxista, es novedoso en Belloc el concepto de interés como remuneración mínima del factor capital, determinados en términos similares a los de trabajo, es decir, en niveles de supervivencia (en el caso del capital, entendida como mantenimiento del *stock*). Por último, queda el *surplus* o margen de beneficio después de compensar la participación de los factores, y que Belloc no atribuye como Marx al capitalista. Belloc concibe los tres factores de producción (tierra, trabajo y capital) como generadores de riqueza, pues los tres participan en el proceso productivo, si bien a veces se comete el error de pensar tan solo en el trabajo como creador de valor por ser una actividad que tiene al propio observador (el ser humano) por inmediato protagonista.[346] De hecho, Belloc no asigna las tres divisiones de la riqueza a grupos de personas concretos, pues considera que los factores de producción, así como el margen o *surplus*, pueden corresponder a una misma persona. Así sería en su sociedad ideal, la distributiva, en la que las tres partes de la riqueza producida (subsistencia, beneficio y *surplus*) corresponderían a una misma persona (en función, respectivamente, de su trabajo, su posesión de bienes de capital y su propiedad sobre la tierra).

Tras comparar los planteamientos de Belloc y de los economistas clásicos, podemos observar que, en térmi-

---

[346] «He thinks of his labour as the one agent of the whole affair, and so it is the one immediate human agent; but, as we have seen, there are two other agents as well. His mere labour (that is, the use of his brain and his muscles) would not have produced a pennyworth of wealth, but for two other agents: Natural Forces (or Land) and Capital» (*ibid.*, p. 48).

nos de la teoría económica actual, el primero supera ampliamente el enfoque de los segundos. Su marco analítico es más general y más directamente aplicable a distintas situaciones que el de los economistas clásicos, y contiene además un fuerte componente subjetivista en cuestiones como el valor o la distribución de la riqueza. Sin ser un economista, está más cerca del pensamiento económico de su época, marcado por los efectos de la revolución marginalista sobre la teoría, que del de los clásicos. Su teoría del valor y su concepto de «usabilidad» apuntan a elementos que han permitido a los economistas un análisis más complejo y una mejor comprensión de los fenómenos económicos, alejándose de las tendencias objetivistas de los clásicos, que no estaban presentes en la tradición escolástica.

La concepción de la economía como disciplina, su objeto de estudio y sus límites, marcan otra diferencia importante con los clásicos. Pero es en la teoría del valor donde Belloc, al igual que anteriormente hicieran los escolásticos tardíos, introduce el elemento subjetivista que los economistas clásicos no percibieron. Si bien en la época de Belloc este objetivismo respecto del valor ya se consideraba superado en el ámbito de la economía a partir de la revolución marginalista, dejaría su huella en algunos elementos de la economía neoclásica, singularmente en conceptos como el capital o el coste de oportunidad.

## Belloc y la escuela clásica de economía

La percepción subjetivista del valor de Belloc resulta de la máxima importancia para explicar sus conclusiones respecto de la imposibilidad del socialismo, especialmente en lo referido a su concepto de capital, que no difiere en lo esencial de otros desarrollos como los de la Escuela Austriaca de economía. Desde esta perspectiva, Böhm-Bawerk[347] introdujo un concepto subjetivista del capital, en consonancia con la teoría del valor derivada de la revolución marginalista. Serían bienes de capital aquellos que el agente subjetivamente concibe como pasos intermedios en el proceso productivo. El propósito de empleo de los bienes y la perspectiva subjetiva del agente sobre los pasos necesarios para ello serían las notas definitorias de los bienes de capital.[348]

La condición necesaria para la producción de bienes de capital es el ahorro, es decir, la renuncia al consumo presente en favor de un plan para la producción futura. La «teoría de la abstinencia» tiene su origen en N. W. Senior,[349] que trató de esta manera de justificar que el capital también era generador de valor, en clara oposición a la teoría de Ricardo (y, en menor medida, Smith), que concebía el trabajo como única fuente de valor y que posteriormente sería adoptada por Marx. Böhm-Bawerk asumió la «teoría de la abstinencia» de Senior en relación con el origen de la acumulación de capital, si bien discrepó respecto al origen del interés.[350] A partir de la idea de la renuncia

---

[347] Eugen Böhm-Bawerk (1851-1914), discípulo de Carl Menger y maestro de Ludwig Von Mises, realizó importantes aportaciones a la teoría austriaca, contribuyendo a expandir la teoría subjetiva de Menger hacia asuntos como el capital y el tipo de interés.

[348] Huerta de Soto (2015), p. 46.

[349] Nassau William Senior (1790-1864), jurista y economista de la denominada «Escuela de Oxford», fue el primero en formular la «teoría de la abstinencia» como origen del capital y justificación de la ganancia del poseedor del mismo en su obra *An Outline of the Science of Political Economy* (1836).

[350] Böhm-Bawerk (1890), p. 278.

al consumo presente como origen del capital, Böhm-Bawerk desarrolló una teoría subjetiva de este basada en la valoración que los agentes, en su intento de conseguir beneficios futuros, realizan de los bienes en el mercado. El capital, en la teoría austriaca, es concebido como un valor que representa la estimación subjetiva de los bienes de capital de acuerdo con las condiciones del mercado, por lo que la existencia de un mercado que funcione sin trabas es fundamental para la acumulación de capital, pues para que esta sea eficiente los agentes deben incorporar a sus planes información relativa a los precios.

Belloc entendió el capital como un tipo de riqueza, cualquiera que sea su forma material, que es empleada con el propósito de producir riqueza futura, y sin la cual la riqueza futura no podría ser creada.[351] Pero el capital, como las demás formas de riqueza, no lo constituyen los bienes en sí mismos, sino su valor económico. Dicho valor económico se correspondería con el valor de mercado, es decir, con el que le otorgan las personas mediante el ejercicio del intercambio,[352] pues Belloc parte de una concepción subjetivista del valor. Esta definición, como puede apreciarse, es compatible con el enfoque subjetivista que desarrolló la Escuela Austriaca a partir de la obra de Böhm-Bawerk, y contraria al enfoque objetivista propio de la tradición ricardiana.[353]

---

[351] «[Capital] includes all kinds of wealth whatsoever which man uses with the object of producing further wealth, and without which the further wealth could not be produced» (Belloc [1924] 2004, p. 39).

[352] «Wealth, for the purposes of economic study, is confined to those values attaching to material objects through the action of man, which values can be exchanged for other values» (*ibid.*, p. 34).

[353] Las teorías de Ricardo llevaron de manera natural a las conclusiones de Marx (Trincado Aznar, 2010, p. 62). Su definición del capital como tiempo de espera para obtener réditos de una inversión está en

Junto a su definición, Belloc apunta tres notas fundamentales sobre el capital:

— Que un bien sea capital no depende de la naturaleza física del bien, sino de la intención de quien lo controla de emplearlo para la producción de riqueza futura.

— El capital se consume con el proceso productivo, y por tanto debe ser reemplazado para que este pueda continuar.

— El capital siempre es resultado del ahorro, es decir, para incrementar la riqueza futura es preciso renunciar al consumo presente.

Al igual que los economistas de la Escuela Austriaca, Belloc tiene un concepto subjetivista del capital, que identifica no con los bienes de capital, sino con la valoración económica subjetiva que los individuos hacen de los mismos, mediante el intercambio en los mercados. El capital sería por tanto un concepto cuantitativo abstracto que viene determinado por la valoración subjetiva de los concurrentes en el mercado. Al ser cuantitativo posibilita el cálculo económico a los agentes que pretendan utili-

---

la base de las interpretaciones objetivistas. Rosa Luxemburgo, que desarrolló el concepto de capital de Marx, entendió este como medios necesarios para la producción, incluyendo los salarios precisos para remunerar el trabajo de los obreros, que para ellos son rentas (*ibid.*). Belloc, desde un enfoque subjetivista, identificó el capital, como forma de riqueza, con la valoración de los bienes que permiten la producción futura, y no con los bienes mismos. De ello se infiere que su valor fluctuaría con las preferencias respecto de los bienes que permite producir, y además el capital acumulado tendería a reducirse de manera natural por su consumo en la producción. Esta visión contradice el denominado «efecto Ricardo» (*ibid.*, p. 65), la idea de una tendencia inexorable a la reproducción ampliada del capital.

zar los bienes que el concepto «capital» representa para la producción de riqueza futura. Belloc confiere al concepto de capital un carácter «intencional»,[354] pues lo que determina si un bien es capital o no es el propósito de emplearlo en la producción, y no su naturaleza física. Así, prácticamente cualquier bien puede ser de capital en la medida en que sea acopiado como reserva para la producción futura y, del mismo modo, aquel objeto ya producido que no entre en los planes de ningún agente para la creación de riqueza futura no entraría dentro del concepto «capital». La naturaleza intencional del capital presente en la definición de Belloc tiene múltiples conexiones con el concepto austriaco de «empresarialidad», pues para que un bien sea de capital es preciso que alguna persona lo incluya en sus planes o proyectos de inversión.

La puesta en marcha de estos planes exigirá la renuncia al consumo presente de parte de la riqueza que potencialmente podría ser empleada de ese modo. Belloc, al igual que los economistas de la Escuela Austriaca y en línea con la «teoría de la abstinencia» de Senior, identifica el capital con el ahorro presente.

Un último matiz importante es que el capital, al consumirse parcialmente en el proceso productivo, debe ser repuesto. Dicha reposición se realiza mediante sucesivas renuncias al consumo presente, pues de otra forma el capital inicialmente constituido, en la forma material de determinados bienes de producción, perdería su uti-

---

[354] «(...) what makes a particular piece of wealth into capital is not the kind of object to which the economic value attaches, but the intention of using it as capital on the part of the person who controls that object; that is, the intention to use it for the production of future wealth» (Belloc [1924] 2004, p. 40).

lidad con vistas a la creación de riqueza.[355] Esto es cierto, indica Belloc, para cualquier sistema económico, es decir, con independencia de quién controle los medios de producción.

Como podemos observar, los principales conceptos de Belloc en relación con el capital son plenamente compatibles con los de la Escuela Austriaca de Economía. No ocurrirá así en lo relativo al tipo de interés. Un matiz que distingue la teoría subjetiva del capital de Belloc de la austriaca es su énfasis especial en la naturaleza «intencional» del capital (una naturaleza que se puede deducir también de la teoría austriaca). Hablamos de énfasis pues, si bien para Belloc ni la moralidad ni la felicidad humana forman parte del objeto del análisis económico, la presencia de la primera en la intencionalidad de los agentes sí que es un elemento relevante de cara a los efectos económicos que su acción pueda producir sobre el conjunto de la comunidad. Este vínculo entre racionalidad económica y moralidad es, como vimos en el capítulo correspondiente, uno de los muchos elementos que Belloc toma del pensamiento escolástico, y será también fundamental de cara a comprender su análisis relativo al tipo de interés y la usura.

La definición bellociana de usura como el cobro de interés sobre un préstamo improductivo no solo contempla como tal el crédito para el consumo. También incluye un supuesto de préstamo no productivo de gran importancia en el momento en el que escribe *Economics for*

---

[355] «In the same way this capital, once it has come into existence in the shape of cargo ships and stocks of coal and the rest, would soon disappear if it were not perpetually replenished by further saving» (*ibid.*, p. 42).

*Helen*, el año 1923, como es de los bonos de guerra. Mediante dichos bonos, los gobiernos de los beligerantes en la Gran Guerra prometieron un interés por un dinero que no estaba destinado a producir ninguna riqueza futura, pues iba a ser empleado en una finalidad totalmente improductiva como era la guerra.[356]

La Gran Guerra tuvo otro efecto de naturaleza monetaria que fue advertido por Belloc. Si anteriormente, bajo el sistema del patrón oro puro, el papel moneda podía ser cambiado en el Banco de Inglaterra por su equivalente en oro, permitiendo de esa forma la mejora en la eficiencia de la circulación al ser el billete más fácil de transportar que el oro, las necesidades del conflicto bélico hicieron que los gobiernos fueran retirando en la práctica dicha garantía y acumulando oro procedente de los particulares en tanto que estos acumulaban papel moneda.[357] De este modo, salvo en los países no beligerantes y en los Estados Unidos de América, las principales economías industriales fueron introduciendo el dinero *fiat*, cuyo valor depende de lo que los gobiernos establecen, un tipo de dinero que Belloc consideraba «no real», pues provocaba que «nadie tuviera seguridad sobre si sus deudas serían pagadas, si sus ahorros estaban segu-

---

[356] «If you look at the usury created by the Great War, you Will see this kind of thing going on all sides. The Governments that were fighting borrowed money from individuals and promised interest upon it. Most of that money was not used productively: it was used for buying wheat and metal, and machinery and the rest, but the wheat was not used to feed workmen who were producing more wealth. It was used to feed soldiers who were producing no wealth, and so were the ships and the metal and the machinery, etc.» (Belloc [1924] 2004, p. 162).

[357] *Ibid.*, p. 76. No obstante, el patrón-cambio-oro, una versión menos exigente del patrón-oro, volvió a estar vigente en el Reino Unido entre 1925 y 1931.

ros o si un contrato con pago aplazado sería cumplido».[358] Con el dinero *fiat*, los gobiernos tenían en sus manos una nueva arma: la posibilidad de imprimir cantidades adicionales de dinero, que no debía guardar ya ninguna relación con reservas de oro u otros activos, para pagar los préstamos derivados de la guerra. Puesto que esos préstamos no habían dado lugar a inversiones productivas que pudieran generar la riqueza necesaria para su devolución, los únicos recursos con que los gobiernos contaban para atender las obligaciones contraídas, aparte de recurrir a nuevos préstamos, era aumentar sus ingresos vía impuestos o devaluar la moneda. Esta última medida tenía en realidad un efecto similar al de un impuesto indirecto que afectaba a todos los productos y que tenía especial incidencia en los más pobres, como denunció Juan de Mariana.

La experiencia histórica verificó estos principios, teniendo este fenómeno inflacionario incidencia en los países beligerantes, especialmente en los derrotados y singularmente en Alemania, sometida al pago de enormes indemnizaciones de guerra.[359]

En su obra *Economics for Helen*, Belloc analiza también los entresijos del sector bancario. Parte para ello de la definición del contrato bancario o de depósito, que

---

[358] *Ibid.*, p. 77.
[359] Respecto a estas indemnizaciones, que Keynes famosamente criticó, Belloc mantuvo una postura radicalmente opuesta, pues consideró que por elevadas que fueran dichas indemnizaciones las potencias centrales nunca podrían reparar el daño que habían provocado. La postura de Belloc estaba condicionada por su fuerte sentido patriótico y por las pérdidas personales en el conflicto (su hijo y su mejor amigo Cecil Chesterton perecieron en él), que se unían al fuerte sentimiento antiprusiano que le caracterizó (su familia dejó su Francia natal a consecuencia de la Guerra Franco-Prusiana).

implicaba, desde el punto de vista del depositario, dejar una cantidad de dinero al banquero entendiendo que, si bien este podría emplearla para fines de inversión, siempre tendría la posibilidad de devolverla cuando el depositario lo exigiese.[360] A continuación, desglosa someramente la evolución de la práctica bancaria en la historia, en la que consideró que el efecto económico de la banca fue netamente positivo,[361] pues Belloc, pese a emplear en sus escritos la palabra prohibida «usura», veía el sistema crediticio y bancario como un elemento fundamental del desarrollo económico. Pero una vez llegado dicho sistema bancario a un cierto tamaño y nivel de complejidad sucumbiría a la tentación de prácticas peligrosas que harían que se abandonase la esencia del contrato bancario o de depósito. Una de esas prácticas sería la de responder de los cheques de particulares que no disponían de fondos reales con los que pagarlos. Con esta y otras formas de concesión de créditos en cuantía superior a los depósitos, se generaba una capacidad adquisitiva que no estaba soportada por el ahorro. De este modo, los bancos podían crear dinero mediante la técnica de disponer tan solo de una fracción de los recursos con los que hacer frente al pago de depósitos, pues este difícilmente les sería exigido por todos los depositarios a la vez, dada la cantidad de estos.[362] La crea-

---

[360]   Belloc [1924] 2004, p. 127.

[361]   «So far so good. The Banking System up to this point in its development was an advantage to the community and to individuals. It enabled a large number of small sums which could not be used very well separately to be collected together for big enterprises» (*ibid.*, p. 134).

[362]   «(…) so the banks could create paper money, or its equivalent, in the form of overdrafts (…). They were issuing promises to pay, exactly like bank-notes, knowing that of the total amount out only a small proportion at any moment would be required in real money» (*ibid.*, p. 137).

ción de dinero mediante el denominado coeficiente de reserva fraccionaria vería agravados sus efectos negativos (y reducidas las garantías para los depositarios) con la introducción del dinero fiduciario. Dicho coeficiente sería determinado por los bancos centrales, que lo emplearían como medio de propagación de sus políticas monetarias.

Sobre las anteriores premisas, Belloc, al igual que el Instituto Austriaco de Investigación sobre el Ciclo Económico, fundado por Mises y dirigido por F. A. Hayek, fue capaz de predecir la llegada de la Gran Depresión de 1929, como resultado de los excesos crediticios y monetarios de la década de 1920.[363] La explicación de Belloc viene marcada por un elemento original, como es su consideración de los bonos de guerra como préstamos usureros.[364] Para él, los excesos crediticios y monetarios tendrían origen sobre todo en estos préstamos de guerra, un problema que los gobiernos tratarían de afrontar con el recurso al dinero fiduciario, que provocaría tensiones inflacionarias y en el mercado de crédito cuyos efectos se verían amplificados por la existencia del mecanismo del coeficiente de caja.

Si bien Belloc no ordenó sus ideas bajo la forma de una teoría sobre el ciclo, el razonamiento que empleó para describir los efectos negativos del coeficiente de reserva (disponibilidad de dinero no respaldado por ahorro) y del dinero *fiat* (que daba a los gobiernos plena libertad para devaluar la moneda) es en lo fundamental

---

[363] *Ibid.*, p. 66.
[364] «But though inevitable, and though therefore the practice of it, being indirect and distant, cannot be imputed to this man or that, usury inevitably produces its disastrous effects, and the modern world is at last coming to feel those effects very sharply» (Belloc [1924] 2004, p. 161).

similar al empleado por los autores de la Escuela Austriaca. Al igual que para estos, la razón última de los problemas está en los efectos de una regulación arbitraria que antepone los intereses del regulador a los de los agentes, vulnerando su legítimo derecho de propiedad.

Hemos mencionado anteriormente la importancia del concepto de «empresarialidad» en la definición de capital, pues para que unos bienes sean considerados capital, tanto para Belloc como para la Escuela Austriaca de Economía, es preciso que las personas los incluyan en sus planes productivos. Sin embargo, es preciso considerar en este punto una notable diferencia entre la empresarialidad desde la perspectiva austriaca y desde la de Belloc. Para la Escuela Austriaca de Economía, la empresarialidad es entendida en relación con la acción humana, cuando no identificada directamente con esta. En este sentido, siguiendo a Jesús Huerta de Soto, podemos afirmar que «ejerce la función empresarial cualquier persona que actúa para modificar el presente y conseguir sus objetivos en el futuro».[365] En este concepto, la Escuela Austriaca se separa decisivamente de la teoría económica predominante, de fundamento neoclásico, que concibe al agente económico como mero «maximizador». Esta separación de ambos enfoques es tan profunda que llega incluso a la propia definición de economía. Así, en la definición generalmente aceptada de Lionel Robbins, la economía sería el estudio de la asignación de recursos escasos entre fines alternativos.[366] Esta defini-

---

[365] *Ibid.*, p. 41.
[366] «Economics is the science which studies human behaviour as a relationship between ends and scarce means which have alternative uses» (Robbins, 1932, p. 15).

ción, que sintetiza el problema económico en una mera asignación de determinados recursos entre fines conocidos, no satisface, por su carácter estático, el enfoque basado en la acción humana de la Escuela Austriaca. Así, Huerta de Soto indica que «el hombre robbinsiano es un autómata o caricatura humana que se limita a reaccionar de forma pasiva ante los acontecimientos».[367] Frente a esta visión estática, contrapone la del *homo agens* misesiano, que busca activamente «nuevos fines y medios, aprendiendo del pasado y usando su imaginación para descubrir y crear el futuro paso a paso».[368]

Además de la creatividad, entendida como capacidad para descubrir nuevos fines y medios, otro rasgo esencial de empresarialidad en el enfoque austriaco es la competitividad. La función empresarial es, desde este punto de vista, esencialmente competitiva, en el sentido de que al descubrir una persona una oportunidad de ganancia y actuar para aprovecharla esta «desaparece y ya no puede ser apreciada y aprovechada por otro».[369]

Hilaire Belloc también otorga al agente un papel protagonista en la economía. La persona o familia, que en su sistema debería idealmente tener acceso al control de los medios de producción, pone en juego sus cualidades para la generación de riqueza. En este énfasis personalista o humanista de su análisis económico viene a coincidir en lo esencial con el enfoque de la Escuela Austriaca. Sin embargo, existen notables diferencias con esta que tienen su punto de partida en la propia definición de la disciplina.

---

[367] Huerta de Soto [1992] (2015), p. 83.
[368] *Ibid.*, p. 84.
[369] *Ibid.*, p. 77.

Para la Escuela Austriaca, la economía es concebida como el estudio de la eficiencia dinámica,[370] lo que implica una notable diferenciación respecto de la definición de Robbins, que podríamos caracterizar como de «eficiencia estática». Sin embargo, desde el punto de vista de la tradición intelectual de la que Belloc proviene, la eficiencia no sería concebida como un «criterio de ciencia», sino como un «criterio de acción». En este sentido, Belloc, en consonancia en este punto con los economistas clásicos y con la tradición anterior a estos, se atendría a una definición de la economía basada en la delimitación del tipo de fenómenos que estudia.

## La economía como disciplina en Belloc

Para Belloc, la economía no sería sino «el estudio de la producción de riqueza».[371] La producción de riqueza consiste, en palabras de Belloc, en la transformación humana del entorno, de un estado de menor a otro de mayor utilidad.[372] Si bien esta definición parece hacer referencia a dos conceptos familiares para el economista moderno: la utilidad y la eficiencia, el sentido en el que Belloc orienta ambas cuestiones difiere del de la teoría económica convencional. La idea bellociana de utilidad está muy lejos de la idea de satisfacción obtenida por el consumo de bienes, y hace referencia más bien a la motivación del sujeto para actuar «económicamente», es decir,

---

[370] En este sentido, véase Huerta de Soto (2004).

[371] Belloc [1924] (2004), p. 35.

[372] «Man, to live, must transform his environment from a state in which it is less to a state in which it is more useful to himself. This process is called "The Production of Wealth"» (Belloc, 1936, p. 7).

para producir riqueza. Esta motivación, que es completamente subjetiva, escaparía en su opinión del campo del análisis de la economía como disciplina. La eficiencia es para Belloc un simple criterio de acción, muy difícil de estudiar desde un punto de vista externo al de la persona que toma una decisión concreta, pues, salvo en cuestiones económicas muy sencillas, no es habitual que dos alternativas ofrezcan un resultado perfectamente comparable en términos económicos.[373] En cualquier caso, Belloc restringe el ámbito de la economía al estudio de la producción de riqueza, y no, como en el enfoque de Robbins, a una cuestión general de elección entre alternativas perfectamente conocidas y comparables a partir de recursos limitados.

La definición de economía de Belloc como «estudio de la producción de riqueza» pone el énfasis en el objeto formal de la economía, en tanto que el objeto material de la disciplina, como es común a todas las ciencias humanas y sociales, sería el ser humano. Así, la economía se centraría en el estudio del ser humano desde la perspectiva particular del objeto formal indicado, es decir, desde su faceta como creador de riqueza. Esta perspectiva acota temáticamente el ámbito de estudio de la acción del objeto material, el ser humano, al campo restringido del objeto formal o perspectiva de estudio de este, y no al empleo por parte de este de un determinado «criterio de actuación».

Esta diferenciación respecto del «criterio de ciencia» aplicable a la economía sitúa el enfoque de Belloc en un plano diferente al de los economistas modernos. La adopción por parte de estos del estudio de la eficiencia

---

[373] Belloc, 1911, pp. 72-73.

como criterio definidor de la disciplina da a la ciencia económica un carácter mucho más genérico, pues amplía su objeto formal hacia todas aquellas facetas de la actividad humana en las que puede darse un comportamiento «eficiente». Esta generalización del ámbito de estudio de la economía puede resultar atractiva desde el punto de vista de la profesión, pero presenta problemas de falta de definición de sus límites respecto de los de otras disciplinas que podrían tener implicaciones negativas de cara a la utilización conjunta del método interpretativo o *verstehen*.[374] Este método, que es el tradicionalmente empleado en las ciencias humanas, precisaría para el avance conjunto de las distintas materias una homogeneidad de conceptos y criterios que hace necesaria una clara delimitación previa de los objetos formales de las diferentes disciplinas para hacer posible la comunicación efectiva entre ellas.[375] Las definiciones disciplinares basadas en criterios de acción, en lugar de en objetos formales, no contribuirían a hacer posible esta clara delimitación, lo que haría a su vez impracticable una metodología común basada en el *verstehen*. Esta diferenciación metodológica acabaría actuando en el sentido de utilizar esta como criterio de ciencia, dada su mayor visibilidad respecto del criterio de acción al que trata de ser útil. Nótese en este sentido la vinculación evidente entre un determi-

---

[374] Lachmann (1971).

[375] En el ambiente intelectual escolástico, en el que apenas existían barreras interdisciplinares pues los ámbitos de estudios solían ordenarse entre teología moral, relativa al ser humano y la sociedad, y teología natural, relativa al resto de la creación, esta homogeneidad de conceptos se daba por hecha, de modo que las reflexiones en distintos ámbitos del conocimiento podían construirse a partir de conceptos comunes.

nado criterio de acción (por ejemplo, eficiencia en su sentido estático) y un determinado método (en nuestro ejemplo, la formalización matemática en términos de maximización, que acaba de hecho convirtiéndose en criterio de ciencia en relación con la economía),[376] y cómo esta vinculación da un sentido abierto a la delimitación interdisciplinar que impide *de facto* la comunicación efectiva entre los distintos estudios.

La definición bellociana de economía, al poner el foco en un determinado aspecto cualitativo de la acción del ser humano, no presenta un énfasis en virtudes relacionadas con un determinado criterio de acción. Así, si para la Escuela Austriaca la creatividad y la competitividad son comportamientos humanos esenciales a la función empresarial, en la medida en que están relacionados con la eficiencia dinámica y esta es entendida como criterio de ciencia, en el enfoque de Belloc las virtudes propias de la empresarialidad no serían sino las que cabría esperar, al igual que en otros ámbitos disciplinares como la política o la moral, del ciudadano ideal. El *spoudaios*[377] bellociano no tendría que destacar entre sus conciudadanos por su especial creatividad o por su éxito competitivo, sino que se exigirían de él cualidades mucho más básicas y no exclusivas, es decir, que podrían darse, e idealmente deberían darse, en todos los miembros de la comunidad, cosa que resulta por definición imposible en el caso de las virtudes basadas en la eficiencia. Así, este ciudadano ideal bellociano habría de ser ahorrador, responsable, consciente, honorable en el sentido de mantener su palabra como algo sagrado,

---

[376]   Véase a este respecto Voegelin [1954] (1992).
[377]   Ciudadano ideal.

independiente del control de otros y con una fortaleza moral que le hiciera inmune a intentos de abuso por parte de hombres más poderosos.[378] Esta no es sino la descripción de un hombre social, no esencialmente económico, capaz de una vida en comunidad plena en todas sus facetas y que, en consonancia con lo apuntado respecto de la definición bellociana de economía, podría ser considerado virtuoso desde una perspectiva multidisciplinar.

## Belloc y el espíritu emprendedor

Para ilustrar mejor la diferencia entre el empresario tradicional, propuesto por Belloc, y el moderno o eficiente, tomado como modelo en la teoría económica actual, recurriremos a un ejemplo tomado del capítulo II de la obra seminal de Max Weber *La ética protestante y el espíritu del capitalismo*. Hacia el final del capítulo, Weber describe un negocio tradicional de venta de paños. Tradicionalmente, los campesinos iban a la ciudad a ofrecer a los comerciantes las prendas elaboradas por ellos mismos en épocas de baja actividad agrícola. El comerciante comprobaba la calidad y ofrecía los precios habituales. El beneficio del comerciante era moderado y las relaciones con los competidores eran «por lo general buenas». Pese a que su organización era racional y «capitalista» en su carácter comercial, en su forma de llevar la contabilidad y su manera de planear futuras compras e inversiones, la mentalidad tradicional marcaba la actitud de aquel tipo de empresario. «La actitud tradicional ante la

---

[378] Belloc (1897), p. 4.

vida, la cuantía tradicional del beneficio, la medida tradicional del trabajo, el modo tradicional de llevar los negocios, de relacionarse con los trabajadores y con el círculo de clientes»[379] estaban en la base del *ethos* de este tipo de empresario. Las cualidades que se exigían para ser considerado un buen empresario no eran en esencia muy diferentes de las que se exigían para ser considerado un miembro constructivo de la comunidad.

La transformación, según Weber, no vino derivada de un cambio en la organización de la empresa o en la tecnología, sino en la mentalidad del empresario.

> Lo que pasó fue a menudo simplemente esto: que algún joven de una de estas familias de empresarios (…) se marchó de la ciudad al campo, eligió cuidadosamente los tejedores que necesitaba, aumentó rápidamente la dependencia y control de estos por su parte, educó a estos campesinos para ser trabajadores, se encargó de la venta visitando personalmente a los compradores últimos (…), ganó personalmente clientes, los visitó todos los años, supo adaptar la calidad de los productos exclusivamente a sus necesidades y deseos y al mismo tiempo empezó a aplicar el principio «precio barato, venta grande».[380]

De esta forma nos describe Weber el paso de una mentalidad tradicional al «espíritu del capitalismo moderno», al que el autor alemán confería una base de tipo religioso en la ética del trabajo protestante y, sobre todo, en las teorías calvinistas de la predestinación y la prueba.

Este nuevo espíritu, que no tardó en tener su repercusión en el propio enfoque de la ciencia económica, ven-

---

[379] Weber [1904] (2017), pp. 123-125.
[380] *Ibid.*, p. 124.

dría marcado por un énfasis en la eficiencia en los negocios aun a costa de otros aspectos esenciales para la vida social. Desde el punto de vista teórico, se observa cómo la teoría económica que Belloc trató de desarrollar se basaba en un concepto de empresario tradicional, cuya actividad no estaba aún desvinculada de su compromiso con el conjunto de la comunidad, y que basaba ambos elementos en un principio fundamental e irrenunciable de moralidad personal.

## Un concepto subjetivista del capital

Hemos aludido con anterioridad a la persistencia en el enfoque neoclásico de ciertos elementos de los economistas clásicos fuertemente sesgados hacia una visión objetivista de la realidad económica. Estos elementos resultan fundamentales de cara a la comprensión del argumento de Mises sobre la imposibilidad del socialismo. El aludido objetivismo puede ser observado en elementos que aún persisten en el análisis económico actual, como por ejemplo el «coste de oportunidad». Este es entendido como la renuncia a una serie de oportunidades objetivas por parte del agente económico al optar este por un determinado curso de acción, en lugar de como alternativas subjetivamente percibidas por este en el momento de su decisión.[381] La descripción de estos elementos en términos de curvas de costes marginales y medios, si bien puede ser entendida con una finalidad expositiva, conduce a serias limitaciones de cara al análisis de lo que realmente sucede en los mercados. El enfoque sub-

---

[381]   Lavoie [1985] (2015), p. 115.

jetivista, que implica que los costes en que se incurre solo son observables desde un punto de vista subjetivo por quienes elaboran planes de inversión, es obviado por la teoría económica neoclásica en este importante punto.

Algo similar sucede respecto del concepto de capital. La concepción neoclásica del capital está marcada por una concepción del valor en la que aún perviven elementos objetivistas. El error fundamental de esta visión es descrito por Hayek como «la idea del capital como un fondo que se mantiene automáticamente y que, en consecuencia, una vez que el capital ha sido constituido la necesidad de reponerlo no supone un problema económico».[382] Como hemos venido indicando en relación con el concepto bellociano de capital, la necesidad de reposición de este es para el autor inglés un problema económico de primera magnitud, pues, dado su enfoque subjetivista, la pérdida de valor no solo se produce por obsolescencia física, sino singularmente por cambios en las preferencias de las personas que alteran la valoración de los bienes que dicho capital permite producir.

El enfoque de Belloc sería en este punto similar al de la Escuela Austriaca de Economía, para la cual la información acerca de la valoración subjetiva de los bienes de consumo, generada en los procesos de mercado y transmitida a través del mecanismo de los precios, es necesaria como elemento abstracto de cálculo que permite a los empresarios planear sus inversiones. Pero Belloc añade un matiz, en concordancia con otros aspectos de su pensamiento económico, y es el de la «intencionalidad». Para él, la valoración económica de los bienes (de inversión o de consumo para el mantenimiento del pro-

---

[382]  Hayek (1936), p. 201.

ceso productivo) representa capital tan solo en la medida en que existe alguien que alberga la intención de emplearlos para la producción futura. Es decir, si se encuentran intencionalmente incluidos dentro de un plan productivo. Esta idea del carácter intencional del capital no es incompatible con el enfoque austriaco, pero presenta en Belloc un énfasis de tipo moral, en relación con la vinculación entre esta y la racionalidad económica.

De este modo, cuanto más descentralizado esté un sistema, mejor se aprovecha la empresarialidad de las personas. Este aprovechamiento no implica necesariamente menos eficiencia, pero sí más libertad, pues el desenvolvimiento de esa empresarialidad no es sino la expresión de la libertad humana, inseparable en el ámbito económico del resto de ámbitos. El enfoque humanista de Belloc coincide con la Escuela Austriaca de Economía en señalar la libertad como punto de partida o condición necesaria para la eficiencia.

Desde la perspectiva de Belloc, el socialismo tiende a reducir el *stock* de capital. Belloc lo expresa en *El estado servil* en términos de lo que denomina «necesidad de ganancia».[383] En *Economics for Helen*, como vimos en el capítulo sobre Belloc y los economistas clásicos, el autor inglés dividió lo que Marx concibió como *surplus* o beneficio del capital en dos partes: una destinada a su mantenimiento, una necesidad económica fundamental tal y como Belloc expresó con el término «necesidad de

---

[383] «La ganancia sigue siendo una necesidad. Si se destruyera, más aún, si la ley impusiera una pérdida, tal cosa se hallaría en contradicción con el espíritu íntegro que inspiró todas esas reformas, las cuales se emprendieron con el objeto de implantar la estabilidad donde hoy impera la inestabilidad y de conciliar, como dice la irónica frase, los intereses del capital y del trabajo» (Belloc [1912] 2010, p. 186).

ganancia», y otra que constituiría la renta o beneficio propiamente dicho.[384] Marx, con su enfoque clásico que diferencia los factores y supone distintas reglas aplicables a los mismos y no distingue el factor en sí del «propietario» del mismo, tiende a obviar en su análisis esta necesidad de remuneración mínima del capital. Esto no significa que el planificador, que trabaja sobre el mundo real desde una mentalidad ingenieril o mecánica más que valorativa o económica, no observe la necesidad de reservar parte de la producción presente para mantener y aumentar el capital futuro, pero el énfasis de su enfoque está, en teoría, en el reparto. Además, es preciso considerar en este punto la ley de los rendimientos decrecientes que actúa, argumenta Belloc, sobre la acumulación de capital, y que guarda relación con las posibilidades de modificar el proceso productivo y con las limitaciones humanas para la gestión de grandes unidades. Al existir un único «acumulador de capital», la acción de este se ve más limitada, pues se elimina la mayor posibilidad de acción de una multitud de agentes que, con su capacidad organizativa de unidades menores y su innovación respecto de los procesos productivos, se verían en su conjunto menos restringidos por la ley de los rendimientos decrecientes y serían por tanto más eficientes a la hora de acumular capital.

---

[384] Atribuible tanto al trabajador como al empresario y, en el caso más común, divisible entre ambos. Belloc, al contrario que Marx, no «personalizó» factores de producción (atribuyendo el trabajo al proletario y el capital al empresario), sino que estudió un caso mucho más genérico en el que cabían distintas combinaciones, siendo para él la ideal aquella en la que una misma persona (empresario y trabajador, poseedor del capital y de su trabajo) obtiene los tres tipos de riqueza añadida en la producción (subsistencia, interés y renta o beneficio).

El control centralizado de los medios de producción, incluso si los precios pudieran ser estimados o fuera introducido un elemento de competencia entre distintas unidades productivas, obstaculiza gravemente la creación de capital, poniendo en peligro la ampliación e incluso el mantenimiento del *stock* de capital. Puesto que para la creación de capital es preciso que los agentes elaboren planes a tal efecto, dado que el control de los medios de producción está concentrado en muy pocas manos, el número de planes será muy reducido respecto al de una economía en la que la población tenga acceso a la ordenación de los factores con fines productivos. Incluso aunque dichos planes limitados en número pudieran ser elaborados contando con cierta información estimada (mediante la estimación de precios) o creada (introduciendo competencia) por los gestores, serían en gran medida inefectivos, a causa de la disociación entre quien realiza el esfuerzo y quien controla los medios de producción. Esta disociación no solo impide una estimación adecuada sobre la conveniencia del esfuerzo en relación con los resultados esperados, sino que introduce un elemento de coacción con graves consecuencias tanto en la economía como en la libertad de las personas.

Existe una similitud entre el argumento bellociano y el defendido por Mises-Hayek a lo largo del debate sobre el cálculo económico. Para estos, la planificación centralizada imposibilita el proceso de creación y diseminación de la información necesaria para que se puedan diseñar planes de inversión con un mínimo de racionalidad económica. El efecto de no poder diseñar ni llevar a cabo este tipo de planes, unido a la total desinformación sobre los cambios en las preferencias de las personas al haber sido destruidos los mecanismos institucionales para la transmisión de dicha información, no es sino un agotamiento de la acumulación de capital, entendida, tanto en el sentido bellociano como en el austriaco, como la valoración económica subjetiva de los recursos destinados a la producción futura.

De igual modo, si para Belloc el plan centralizado tiende a agotar la acumulación de capital, no es sino porque dicha acumulación precisa de un buen funcionamiento de los mecanismos institucionales y naturales que permiten la concurrencia de multitud de planes de inversión. El planificador cae en el error de concebir el capital como un conjunto de bienes de inversión dados, de carácter estático, obviando los continuos cambios en las preferencias de las personas e innovaciones en la producción (tanto métodos productivos más eficientes como nuevos productos). El efecto inmediato de dichos cambios es el de reducir la valoración subjetiva de los viejos productos y métodos de producción, reduciendo por tanto el valor del capital físico vinculado a estos. El planificador central no puede dar una respuesta a estos cambios que permita mantener la acumulación de capital, pues tan solo la concurrencia de múltiples planes de inversión descentralizada puede hacerlo. Además, esta multitud de pequeños planes cuenta con la ventaja de la cercanía entre quien renuncia al consumo presente y quien toma la decisión de invertir, lo que juega en favor de la eficiencia en el empleo de los recursos. En el plan centralizado, en cambio, quien toma la decisión (los dirigentes) y quien debe renunciar al consumo presente (los ciudadanos) están tan distantes que dicha decisión debe ser finalmente impuesta mediante la coacción.

El enfoque bellociano y el de la Escuela Austriaca son en este punto asimilables, debido fundamentalmente a su común visión subjetivista del concepto de capital. El enfoque objetivista de los economistas educados en la tradición neoclásica es el principal escollo para la correcta comprensión del argumento de Mises-Hayek respecto de la imposibilidad del socialismo. En nuestra modesta opinión, el argumento bellociano, que podría resumirse en que el socialismo destruye la acumulación de capital, siendo como hemos indicado en esencia similar al de Mises-Hayek, permite una lectura más didáctica de este y una mejor apreciación de cómo es el error intelectual de concebir el capital como algo objetivable, lo que hace que los partidarios de la planificación centralizada no puedan apreciar su imposibilidad.

Sin embargo, la similitud argumental referida entre Belloc y la Escuela Austriaca de Economía es matizable debido a las distintas concepciones de la empresarialidad. Para los segundos, esta tiene un marcado énfasis competitivo y de búsqueda de la eficiencia. Sin embargo, el argumento de Belloc gana fuerza si se entiende, como él hacía, la empresarialidad como una acción de las personas compuesta fundamentalmente de cualidades de tipo moral (honor, honestidad, austeridad, etc.) en un entorno de libre concurrencia y de acuerdo con una visión tradicional de la actividad empresarial. Al estar estas cualidades potencialmente más extendidas entre la población y ser compatible el ejercicio concurrente de las mismas por las personas, al contrario que sucede con las cualidades precisas para desenvolverse en un entorno empresarial de fuerte competencia, la participación masiva de estas en el control de los medios de producción será la clave para una acumulación efectiva de capital. En la visión austriaca, con unas bases antropológicas diferentes, son valores de tinte competitivo, como la innovación o la eficiencia, los que se consideran clave para dicha acumulación. En ambos casos, el libre ejercicio de la función empresarial es un requisito indispensable para la acumulación de capital.

Adicionalmente, si enfocamos el problema desde la perspectiva bellociana como una cuestión de imposibilidad de mantenimiento del nivel de acumulación de capital debido a que excluye de su control a la inmensa mayoría de la población, se entiende mejor cómo las sucesivas retiradas de Lange y Lerner no permiten responder a este reto de manera satisfactoria. Ni disponiendo de precios calculados ni fomentando la competencia entre directores de unidades productivas se puede crear y acumular capital con la misma intensidad y adecuación que en un sistema descentralizado, pues en este las personas pueden emplear su empresarialidad de manera constructiva, permitiendo de este modo responder a las necesidades de los demás miembros de la comunidad mediante la creación de capital acorde con estas.

## Belloc y Hayek

Hayek fue, junto con Röpke y Schumacher, uno de los economistas que más positivamente ha valorado la aportación de Belloc a la materia. Basándonos en el propio Hayek, se podría argumentar que las ideas que Hilaire Belloc expuso en *El estado servil* se relacionan directamente con la obra de F. A. Hayek *Camino de Servidumbre*. Varios autores han puesto de manifiesto la relación entre ambas obras, si bien suele haber diferencias a la hora de valorar el grado de influencia que Belloc haya podido tener en las ideas de Hayek.

Aparte de la similitud de ideas entre las obras de Belloc (1912) y Hayek (1944), la relación suele considerarse a partir de las referencias directas a *El estado servil* que se incluyen en *Camino de servidumbre*, en particular:

> No hace treinta años que Mr. Hilaire Belloc, en un libro (*El estado servil, 1913*)[385] que explica más de lo que ha sucedido desde entonces en Alemania que la mayoría de las obras escritas después del acontecimiento, expuso que «el efecto de la doctrina socialista sobre la sociedad capitalista consiste en producir una tercera cosa diferente de cualquiera de sus dos progenitores: el Estado de siervos».[386]

Hayek cita también a Belloc al inicio del capítulo 7 de *Camino de Servidumbre*, que introduce con la frase: «El control de la producción de riqueza es el control de la vida humana misma».[387] Además de en *Camino de Servidumbre*, Hayek cita a Belloc en la conclusión de su recensión del libro *The Managerial Revolution, or What is Happening to the World Now*, de James Burnham, para poner de manifiesto los peligros del dirigismo económico tecnocrático.[388] No existe unanimidad sobre hasta qué punto *El estado servil* de Belloc fue una fuente de inspiración fundamental para Hayek a la hora de concebir su *Camino de Servidumbre*.

En el capítulo segundo caracterizamos dos fuentes o influencias intelectuales principales en el pensamiento de Belloc. Por un lado, el liberalismo radical inglés del siglo XIX, respecto del cual le unían incluso lazos familia-

---

[385] Aunque Hayek refiere el año 1913, la primera edición de *The Servile State* de T. N. Foulis está fechada en octubre de 1912.

[386] Hayek [1944] (2010), p. 42.

[387] Hayek [1944] (2010), p. 122.

[388] Hayek (1942), pp. 401-402.

res a través de Joseph Priestley, y que se encarnaba en figuras a las que Belloc declaró su admiración, como Fox, Bright, Morley o Cobbett. Se trataba, como hemos visto, de un liberalismo de principios, enemigo de todo privilegio, defensor de las virtudes individuales y no del Estado, y que no defendía las políticas en función de su practicidad, sino de su respeto al ideal de libertad. Por otro lado, la tradición de pensamiento católico y la doctrina social de la Iglesia, en aquel momento centrada en la encíclica *Rerum Novarum*. De esta segunda fuente destacamos dos elementos especialmente influyentes y compatibles con la tradición liberal reivindicada con Belloc: el iusnaturalismo, en el sentido escolástico, y el principio de subsidiariedad.

Es indudable que Hayek bebía intelectualmente más de la primera fuente que de la segunda, respecto de la cual su relación era ambivalente: por un lado, ponía en valor el papel de las tradiciones morales en la configuración de una sociedad libre, pero por otro rechazaba ciertos elementos de la tradición católica que consideraba contrarios al desarrollo de la economía y el comercio o veía en la base de la mentalidad colectivista.[389] Más importante aún, negaba la posibilidad de un sistema ético de validez universal. Pese a esta displicencia hacia la escolástica tradicional, Hayek valoró muy positivamente

---

[389] En su obra *La Fatal Arrogancia*, Hayek considera que la sistematización de la ética de Aristóteles, difundida y ampliada por santo Tomás de Aquino, está detrás de la mentalidad que fundamenta las teorías propias del socialismo, al indicar que «La animadversión hacia la práctica del comercio, que ha prevalecido tanto en la iglesia de entonces como en la de ahora, su condena del cobro de intereses —que antaño se equiparó con la usura—, su defensa del precio justo y su displicente tratamiento del beneficio, son ideas impregnadas de pensamiento aristotélico» (Hayek [1988] 2015, p. 91).

las aportaciones de los escolásticos tardíos españoles, particularmente de los jesuitas. Esto podría ser considerado una contradicción, pues el pensamiento de la escolástica se puede considerar como una continuación, tanto en metodología como en materias de estudio y argumentación, de la tradición tomista. Sin embargo, entendemos que su visión negativa de la tradición aristotélica y tomista proviene de su formación intelectual, en tanto que el pensamiento de la escolástica española y su «sorprendente» convergencia con la tradición liberal y con sus propias opiniones en ciertas cuestiones, supone para él un «descubrimiento tardío», que se produce a partir de los trabajos de Marjorie Grice-Hutchinson.[390]

De ellos destacó su intuición del concepto *naturalis*, relativo a fenómenos fruto de la acción humana pero no controlados por la voluntad humana, que puso en relación con su idea del «orden espontáneo». Dicha idea hayekiana, dada la especificidad de su campo de estudio, está formulada en relación con el funcionamiento de los mercados, en los cuales la libre fluctuación de los precios permite resolver un problema informativo que, por su complejidad, no es soluble mediante el cálculo racional. Para los escolásticos tardíos, particularmente Suárez, conviene hablar más bien de un «orden natural»,

---

[390] Así se muestra en Gómez Rivas (2002). Frente a la opinión anterior a dicho artículo respecto a la iniciativa de Hayek a la hora de sugerir autores de los siglos xvi y xvii a su estudiante de doctorado en la *London School of Economics* Marjorie Grice-Hutchinson, fue esta última, conocedora del idioma y la cultura españoles, la que tomó la iniciativa y, basándose en los consejos del profesor Viñas Mey y en el libro de José Larraz *La época del mercantilismo en Castilla* (1943), escribió sobre estos autores, especialmente en su obra seminal *The School of Salamanca: Readings in Spanish Monetary Theory, 1544-1605*, a los que posteriormente citaría Hayek.

de institución divina como las demás cosas creadas (ya sean «entes físicos» o «entes de razón»), teniendo dichas creaciones sus propias reglas como cosas que son independientes de la voluntad humana. Dichos órdenes se darían en todos los ámbitos de lo que en tiempo de los escolásticos se denominaba filosofía moral, y que incluiría consideraciones respecto a materias que hoy consideramos propias de la ciencia económica y de la política, distinción que carecía de sentido para la mentalidad escolástica.[391]

Las diferencias indicadas respecto a la formación intelectual de ambos autores determinan diferencias significativas respecto de la visión e interpretación de la historia de la civilización europea, entre las que destacaríamos la apreciación de la significación de la denominada Reforma Protestante y sus efectos sobre la economía y sobre el pensamiento occidental en todos sus ámbitos. También resultan diferentes sus visiones sobre la necesidad de la propiedad como garantía de la libertad individual, pues si bien ambos inciden en esta idea, para Belloc sería efectiva en la medida en que la mayor cantidad posible de personas tuviese de manera efectiva propiedades, en tanto que para Hayek la libertad individual se promueve con la sola existencia y garantía de la institución.

El enfoque de Belloc resulta paradójicamente más económico, en el sentido de que el advenimiento del totalitarismo y la eliminación de las libertades llegan por causa de políticas económicas que, tratando de mejorar

---

[391] De este modo, un principio general, como la subsidiariedad, podría interpretarse como efectivo tanto en el orden político como en el económico, es decir, las decisiones sobre qué, cómo y para quién relativas a la producción, la distribución y el consumo, al igual que las decisiones propias del ámbito de la dirección de la comunidad, deberían darse al nivel más bajo posible.

las condiciones sociales, producen, a causa de una filosofía errónea, el efecto contrario. Para Hayek, la dependencia económica del Estado por parte de la población,
si bien supondría grandes ineficiencias económicas que,
como también observó Belloc, agravarían los problemas
sociales que se pretendían resolver, no eliminaría las libertades de manera automática, sino mediante el aprovechamiento de dicha situación por líderes de ideologías
totalitarias. En este y otros aspectos que determinan las
diferencias entre ambas obras influye el hecho de que Hayek dispusiera de mayor perspectiva histórica, pues pudo
conocer experiencias de aplicación del colectivismo.

La obra de Belloc constituyó sin duda una fuente de
inspiración para las ideas que Hayek desarrolló en *Camino de Servidumbre*, si bien no es posible determinar
su grado de importancia. El hecho de que Hayek citase
también a Belloc en una recensión dos años antes de la
publicación de *Camino de Servidumbre*, y probablemente durante el proceso de escritura de dicha obra, nos da
a entender que, a la hora de criticar la planificación económica, el autor inglés era una referencia para Hayek.
Más interesante que la posible influencia de un autor en
otro, resulta el análisis de las diferencias y similitudes de
dos enfoques que son muy convergentes en lo narrativo.
Si las conclusiones concordantes se deben a la apreciación común de una tradición de libertad occidental que
ambos vieron peligrar, las diferencias se derivan sobre
todo de las visiones respectivas de la historia y el pensamiento occidentales.

Belloc concibió sus ideas económicas en el marco de
una interpretación católica general de la historia de su
país y de la civilización occidental. Enlazó las cuestiones
económicas, políticas y sociales con las de naturaleza fi-

losófica y teológica, para construir un sistema que, se esté de acuerdo o no con el autor inglés, resulta original por su capacidad para relacionar las distintas materias. Su propio concepto de economía, más restringido que el imperante hoy en día, hace más sencilla la incorporación de elementos de otras materias a su análisis. Su enfoque tendría por tanto las ventajas propias de lo que hoy venimos a denominar multidisciplinariedad, un enfoque que ha adquirido actualidad en el ámbito de la economía en los últimos tiempos debido sobre todo al fracaso de las corrientes metodológicas principales para ofrecer explicaciones convincentes a las principales cuestiones y problemas de nuestros días. Si a estas características añadimos el poder predictivo y explicativo de las teorías de Belloc, defendido por Hayek y otros autores, podemos afirmar que nos encontramos ante un autor que, sin ser propiamente hablando un economista, realiza un análisis original e interesante que no puede ser simplemente obviado sobre la base de prejuicios o etiquetas. En este sentido, se ha acusado a Belloc de ser un escritor generalista y «no científico», cuyo interés principal era la apología del catolicismo. Del estudio que hemos realizado concluimos que su análisis de la economía es riguroso en sus conceptos y trata de poner en relación la tradición intelectual de la que proviene con el mundo en que vivió.

En el desarrollo de sus teorías, Belloc partió de planteamientos propios de la escolástica (tanto la tomista como la segunda o tardía) y trató de aplicarlos a la sociedad y la economía de su tiempo. Esto se refleja tanto en la teoría política como en conceptos más específicos de la economía, como la teoría subjetiva del valor, el precio justo o la usura. Belloc trató de actualizar estos conceptos bajo una premisa fundamental en la que coincidiría plenamente con los escolásticos: la relación intrínseca entre moralidad y racionalidad. Desde este punto de vista, la economía tan solo puede ser eficiente si está fundada sobre principios morales.

Su tratamiento teórico de cuestiones como la usura, que podría parecer anacrónico, pero resulta explicativo en relación con problemas económicos de su tiempo, y otros elementos de su sistema, más la filosofía política y social que hay detrás, constituyen aportaciones originales basadas precisamente en la meritoria combinación bellociana de un enfoque claramente escolástico con conceptos rigurosos de teoría económica. Esto hace que nos atrevamos a proponer la caracterización de las teorías de Belloc como economía «postescolástica», pues consideramos que el autor inglés fue capaz de combinar la tradición intelectual de la que era heredero con un análisis económico que resulta al mismo tiempo sistemático y explicativo.

# VII. BELLOC Y EL MUNDO ACTUAL

«Todo conflicto humano es en última
instancia teológico.»
*Cardinal Henry Edward Manning*[392]

## La demanda de planificación centralizada

Cuando tratamos la cuestión del colectivismo hemos de
tener en cuenta que, desde la perspectiva de Belloc, no
nos referimos tan solo a una forma de organizar los aspectos económicos y materiales de la sociedad, sino a
algo que implica y afecta a la vida de esta en todas sus
facetas. Belloc estudió cómo una vez que el germen de
la planificación centralizada había sido inoculado en la
sociedad, tanto gobernantes como gobernados tendían
a incrementar su dependencia de dicha planificación, al
margen de sus resultados prácticos. Este fenómeno, que
podríamos denominar «persistencia en el error», sigue
siendo observable en las sociedades de nuestros días, en

---

[392] Palabras del cardenal Manning recogidas por Belloc en su obra
*The Cruise of the Nona* (Belloc [1925] 1948, p. 48).

las que los fracasos de intentos previos de planificar la economía no son tenidos en cuenta a la hora de proponer nuevos experimentos.

Desde el punto de vista de los gobernantes, el análisis de Belloc parte de la distinción entre dos tipos de reformadores socialistas:[393]

— El que considera la propiedad pública de los medios de producción como un «mal menor», indeseable pero necesario para poder reducir el malestar social.
— El que persigue el ideal colectivista por sí mismo y no como solución a los problemas sociales.

El primero de los reformadores socialistas actúa movido por el deseo de mejorar la condición de sus conciudadanos. En una sociedad en la que la propiedad está fuertemente concentrada, y dado que el reformador socialista no ve el problema en dicha concentración sino en la propia existencia de la propiedad privada, sus reformas irán destinadas a paliar la situación mediante una red de beneficios y obligaciones que se extendería sobre millones de personas. El necesario sostenimiento de estas reformas aumentará las necesidades de trabajo y llegará a hacer este obligatorio como requisito para el acceso a los beneficios, de manera que hará más grave el problema de fondo, pues limitará aún más las posibilidades de trabajo por cuenta propia y de acceso a la propiedad de los medios de producción. La respuesta a ulteriores problemas económicos y sociales generados por el aumento en la concentración del control de los medios de producción será una nueva expansión de la red de benefi-

---

[393]  Belloc [1912] (2010), p. 136.

cios y obligaciones que, con la intención de aliviar la situación de los más desfavorecidos, producirá con el tiempo el efecto contrario.

El segundo de los reformadores socialistas, el que persigue el colectivismo como fin en sí mismo, y no como medio para mejorar la situación social, es caracterizado por Belloc como un «ingeniero social».[394] Su mentalidad, de marcado origen positivista, le lleva a la búsqueda de un orden extremo y a sentir aversión hacia la diversidad y complejidad de las comunidades humanas. Sus métodos son matemáticos y pretendidamente científicos, y considera su labor como indispensable para el correcto funcionamiento y orden de las cosas. La burocracia, la coordinación de la economía bajo un plan centralizado y la administración detallada de los hombres constituyen para este tipo de reformador descrito por Belloc objetivos esenciales y medios sobre los que aplicar su vocación. Este tipo de reformador socialista nunca verá en la existencia de planes centralizados la razón de los fracasos económicos. Achacará los desastres a errores técnicos de diseño, implementación o ejecución de los planes. Pensará en todo caso que dichos planes resultan indispensables, y que fuera de ellos tan solo puede haber descoordinación y caos, que sería su forma particular de referirse a la libertad.

Desde el punto de vista de los gobernados, para Belloc el factor fundamental que determinará su actitud ante las

---

[394] Para quien todo se controla desde cuadros y estadísticas, y cuya vocación es manejar a los hombres como se manejaría a una máquina, en palabras del propio Belloc: «Tables, statistics, and exact framework for life –these afford him the food that satisfies his moral apetite; the occupation most congenital to him is the "running" of men: as a machine is run» (Belloc [1912] 2007, p. 127).

reformas es hasta qué punto han interiorizado y asumido su condición de «proletarios» o «esclavos-asalariados». La pervivencia en el recuerdo de unos antepasados que eran propietarios y libres puede hacer que las personas valoren la libertad o simplemente la desdeñen por desconocerla. Esa actitud frente a la libertad determinará la apetencia de los desposeídos por esta o por la seguridad económica que le ofrecen las reformas. Belloc advirtió que en la Inglaterra de su tiempo la inmensa mayoría de los trabajadores era más proclive a la seguridad económica, pues «se consideran a sí mismos como asalariados, y el aumento de los salarios es un objetivo que aprecian y persiguen intensamente; en cambio, el de la liberación de su condición de asalariados les parecería enteramente al margen de la realidad de la vida».[395] Su actitud ante las reformas será, por tanto, positiva, en tanto estas tiendan a aumentar el salario u otro tipo de beneficios vinculados al trabajo o la seguridad en la permanencia del empleo. Estas ideas que Belloc plantea en *El estado servil* (1912) estaban ya presentes en su ensayo de juventud *The Liberal Tradition* (1897), en el que abogaba por el sufragio censitario, no con la intención de limitar el voto, sino con la de universalizar la propiedad, pues consideraba que un votante sin la libertad que le garantizaba el acceso a la propiedad vería su voto condicionado porque «sus intereses más inmediatos son económicos y no políticos».[396]

En opinión de Belloc, tanto reformadores como reformados incidirían en el error de sugerir ulteriores intentos de reforma en la dirección de una economía planificada

---

[395] *Ibid.*, pp. 138-139.
[396] Belloc (1897), p. 29.

como único remedio para los males de la sociedad. Su error se derivaría de su incapacidad para percibir la raíz del problema, debido al influjo de lo que Belloc caracterizó como una «falsa filosofía» de raíz materialista. Con «falsa filosofía» Belloc no está haciendo referencia a cualquier filosofía que no concuerde con sus propios ideales, sino a una muy concreta que, a su juicio, está detrás del problema. Se trataría de la filosofía del mundo moderno, una suerte de materialismo relativista que se ha impuesto, de manera consciente o inconsciente, en el mundo y que contiene sus propias teorías sobre el origen del universo y sobre la naturaleza humana y, como consecuencia, sus propios esquemas económicos y sociales.[397] La «falsa filosofía» que Belloc caracteriza no solo posee los elementos propios de una religión, sino que da lugar, sobre bases dogmáticas, a un diseño específico de sociedad.

En este aspecto, como hemos indicado, los planteamientos de Belloc vienen a coincidir con la filosofía política, más estructurada y con un análisis más detallado de la cuestión, de Eric Voegelin. Este autor entiende el socialismo como una «religión política» con una clara raíz gnóstica[398] y caracteriza al propio Marx como un «gnósti-

---

[397] «[Materialism] has become the leading philosophy of the Western World, whether acknowledged or not. It has produced its own cosmogony, its own interpretation of the origin and nature of man, and therefore its own economic and social scheme» (Belloc, 1937, pp. 182-183).

[398] Entendiendo el gnosticismo en un sentido amplio, como una variedad de corrientes filosófico-religiosas, tanto paganas como cristianas, que irían desde las creencias orientalistas hasta la masonería y que tienen como nexo común la búsqueda de la salvación a través del conocimiento.

co especulativo»,[399] caracterización que extiende a otros autores como Nietzsche o Comte. Voegelin señala que el gnosticismo de estos autores les lleva a ignorar conscientemente preguntas fundamentales sobre la naturaleza, la vocación o el destino del ser humano a la hora de formular su especulación sobre las leyes que rigen los fenómenos sociales. La «prohibición de preguntas» que despliegan los pensadores gnósticos a la hora de formular sus sistemas, no solo les aleja de la realidad, sino que constituye, para Voegelin, una «estafa intelectual» de la que son plenamente conscientes.[400] El engaño de la filosofía gnóstica se desarrollaría en tres fases, de acuerdo con las tres etapas de la acción del espíritu de Nietzsche:

1.ª Se produce en primer lugar un juicio equivocado, por un motivo diferente del gnóstico, pero que el contexto psicológico del gnosticismo convierte en autoengaño. Esta fase podría identificarse con el «error intelectual» referido por Hayek.

2.ª El pensador toma consciencia de la falsedad de su especulación, pero persiste en ella. Se persevera en la comunicación de argumentos que se saben falsos.

3.ª Se reconoce finalmente el motivo que causa el engaño, que se manifiesta en rebelión contra la verdad, es decir, contra Dios. La «estafa intelectual» adquiere una dimensión religiosa y el engaño se transforma, según Voegelin, en «deshonestidad demoníaca».[401]

---

[399] Voegelin [1938] (2014), p. 90.
[400] *Ibid.*, p. 95.
[401] *Ibid.*, p. 96.

Voegelin aplica este esquema al pensamiento de Marx, en el que identifica claramente las dos primeras etapas.[402] Respecto a la tercera, Marx habla sobre la necesidad de independencia del ser humano,[403] pero al mismo tiempo reconoce que «la experiencia tangible» contradice dicha independencia. Su planteamiento voluntarista implica, por tanto, que la realidad debe ser aniquilada y sustituida por sus ideas, logrando así su independencia respecto de dicha realidad a través de la especulación.

Dicha especulación se convierte en dogma, respecto del cual quedan prohibidas las preguntas. Las grandes cuestiones respecto del ser humano son voluntariamente ignoradas, pues podrían poner en peligro todo el sistema. Una vez que este ha sido impuesto a la sociedad, las personas que formulen esas preguntas tendrían que ser silenciadas con las medidas apropiadas.[404] La «prohibición de preguntas» anula aquellos aspectos del ser humano, como la ética, que pueden resultar inconvenientes para los sistemas políticos, económicos y sociales de fundamento materialista, que precisan de la obediencia de sus ciudadanos para la ejecución de sus planes.[405] La

---

[402]   *Ibid.,* pp. 90-91.

[403]   Marx [1844] 2001, p. 148.

[404]   Voegelin encuentra esta idea, después corroborada por la experiencia práctica, en las lecciones I y III del *Curso de filosofía positiva* de Comte (Voegelin [1938] 2014, p. 91).

[405]   Existen multitud de ejemplos al respecto, el propio Voegelin menciona el del comandante Rudolf Höss (*ibid.,* p. 92), pero quizá el caso más conocido sea el de Adolf Eichmann, a quien Hannah Arendt presentó como una persona corriente que simplemente había renunciado a preguntarse por la moralidad de sus acciones a la hora de obedecer las órdenes de sus superiores (Arendt, 1964). No obstante, la cuestión de la existencia de un orden moral superior de origen divino que transciende las leyes del Estado dictadas por los hombres es muy antigua, y puede encontrarse ya en el diálogo entre Creonte y Antígona

«estafa intelectual» del gnosticismo especulativo caracterizada por Voegelin guarda una íntima relación con el
concepto bellociano de «falsa filosofía». Como hemos indicado anteriormente, Belloc también apuntó a la filosofía gnóstica como origen intelectual de la incapacidad
para percibir los problemas que plantea la imposición de
un régimen colectivista sobre una comunidad humana.
Pero la «prohibición de preguntas» señalada por Voegelin
deja un vacío que las ideologías colectivistas han de llenar. De este modo, las «cuestiones fundamentales» no se
encuentran en el punto de partida de la reflexión, sino
que se convierten en un excurso justificativo de las necesidades del momento.

La nueva y «falsa» filosofía no es sino el resultado especulativo de una mentalidad que afirma su capacidad para
llevar a la práctica, mediante diseños sociales y económicos
artificiales, ideales de claro fundamento religioso. Cuando
el diseño, que se concibe como producto de la razón y
de la ciencia, choca con la realidad, según Belloc a causa de
su falta de concordancia con la naturaleza tanto de las cosas como del ser humano, la naturaleza dogmática de dicha mentalidad le impide encontrar en lo inadecuado de su
diseño las verdaderas causas del error. En la visión de
Belloc, no nos hallamos por tanto ante un simple error,
sino ante todo un sistema filosófico-religioso, construido
en su opinión bajo premisas falsas pero resistente, por su
naturaleza dogmática, a la experiencia del mundo real.

El carácter religioso de esta «falsa filosofía» se pone
de manifiesto no solo en su naturaleza dogmática y en

---

en *Antígona* de Sófocles. Este orden moral constituye la ley natural,
que ya tratamos al poner en relación el pensamiento de Belloc con la
tradición escolástica.

el hecho de constituir, de acuerdo con Belloc, un credo bien definido, sino también en su oposición directa al cristianismo.[406] Para Belloc, esta filosofía no es sino una reedición del viejo gnosticismo, es decir, una herejía del propio cristianismo que, en última instancia, pretende suplantar a Dios por el hombre a través de la razón y hacer reales e inmediatas las esperanzas de inmortalidad cristianas.[407] A su regreso de un viaje a Alemania en 1937, dejó plasmada su opinión sobre el carácter de religión de la ideología nazi.[408] En opinión de Belloc, todos los hombres tienen una religión, y el abandono del cristianismo implica la sustitución de este por algún tipo de filosofía o ideología que ocupa el lugar de la religión.

La nueva filosofía o religión toma elementos del cristianismo, pero los toma aisladamente y les da soporte y posibilidades de desarrollo en la voluntad humana. A partir de esta idea y de las ideas que al respecto Belloc reflejó en varias de sus obras, podemos esquematizar y describir la «falsa filosofía» como una triple pretensión de autonomía:

---

[406]  Belloc caracterizó el comunismo como «an intense, creative, applicable creed with a defined and vivid philosophy, such that those who adopt it are necessarily the enemies of the Christian religion» (Belloc, 1937, p. 179).

[407]  Voegelin describió esta pretensión bajo el concepto «inmanentización de la escatología cristiana». Una idea similar en relación con el calvinismo se encuentra en Weber, véase su análisis del poema *Paradise Lost* de Milton en Weber [1904] (2001), pp. 46-47. El concepto de salvación en la tierra es también propio de los milenarismos.

[408]  «They have a religion, as indeed all men must have a religion, for men can not live without something to worship. That religion is the worship of the German race as the highest thing on Earth (…)» (Belloc, The Catholic Herald, 24/9/1937).

— Del conocimiento, respecto de la verdad. La verdad es considerada como algo inexistente o inalcanzable, de modo que la «prohibición de preguntas» queda sustentada sobre un sentido práctico de la existencia. De este modo, el conocimiento se hace técnico y fraccionario, enfocándolo a las cuestiones materiales y eludiendo el análisis de las conexiones con otros aspectos de la realidad.

— De la voluntad humana, respecto de la realidad. El concepto nietzscheano de «voluntad de poder» despliega todo su potencial explicativo en el análisis de las ideologías colectivistas. Una vez relativizada la verdad sobre la existencia por el conocimiento, el siguiente paso es la sustitución de la percepción subjetiva de la realidad por las tesis de la especulación gnóstica. De este modo, dichas tesis se convierten en la única realidad de referencia, y cualquier choque de las mismas con la verdadera realidad, como el fracaso de una experiencia planificadora, será achacado a cualquier causa que excluya el cuestionamiento de la validez de las verdades ideológicas.

— De los valores, respecto de la moral como concepto unitario. La consideración de las ideologías colectivistas como «herejías» del cristianismo apunta a la conservación de ciertos elementos de este. Valores como la solidaridad y la igualdad pueden hallarse, convenientemente transformados, en el *ethos* de estas ideologías. Sin embargo, estos valores son considerados de manera aislada, perdiéndose el concepto de la unidad intrínseca de los valores, de modo que, en el marco de estas ideologías, al contrario de lo que sucede en el cristianismo, se considera moralmente lícito contravenir un valor en aras de otro que se considera superior. En una fase posterior, la relativización de la realidad lleva al abandono de la idea de los valores, lo que implica el desmantelamiento de todo sistema moral.[409]

Lo anteriormente expuesto nos sirve para caracterizar las ideologías colectivistas como movimientos orientados a la acción política, pero no carentes de sistemas filosóficos con claros elementos de carácter religioso. Con anterioridad a su ensayo más conocido, *El estado servil*, Belloc caracterizó el socialismo como una teoría política producto de la «falsa filosofía» y la «falsa religión».[410] Empleando la terminología de Voegelin, podríamos denominar a estas ideologías como «religiones políticas». El elemento religioso de las ideologías materialistas fue también identificado por Hilaire Belloc. Este elemento,

---

[409] Belloc resume esta idea como el intento de crear un nuevo mundo en el que no existan las injusticias del antiguo mediante la destrucción violenta de este. Aunque se trata de un levantamiento contra la injusticia, el espíritu revolucionario contiene dentro algo muy diferente, en palabras de Belloc: «even those who lead it are some of them inspired by a flaming sense of justice, though the greater part, the more able, an certainly the more commanding are inspired by something very different; being moved by hatred of all that which made us what we are (…)» (Belloc, 1937, p. 243).

[410] En su artículo «A Solution I» publicado en *The Eye Witness*, Belloc escribió que para tratar de solucionar los males sociales de su tiempo «a product of false philosophy or false religión (…) there has been imagined a political theory called Socialism (…)». Esta teoría sería especialmente atractiva en un mundo secularizado, pues «those who have the misfortune to be caught in an industrial society and who have not the privilege of possessing a religion or philosophy are offered no alternative» («A Solution I», *The Eye Witness*, vol. I, n. 24, 30-11-1911, p. 749).

presente en la «falsa filosofía» que Belloc veía como origen de las propuestas colectivistas, sería clave para explicar la persistencia en el error. El concepto bellociano de «falsa filosofía», al contener una descripción más amplia y multidisciplinar[411] de la cuestión, explica mejor este fenómeno que la consideración de la demanda de planificación estatal como un simple «error intelectual».

## Una teoría «pacifista» sobre la usura

El enfoque que Belloc aplicó a la hora de criticar la centralización de la actividad económica le sirvió también para analizar otras cuestiones de naturaleza económica desde su peculiar perspectiva postescolástica. Como hemos indicado en el capítulo anterior, Belloc fue capaz, ya en los años 20, de prever las nefastas consecuencias de las políticas económicas de las grandes potencias después de la Primera Guerra Mundial. Compartió esta capacidad visionaria con Mises y Hayek, que en la década de los 20 crearon el Instituto Austriaco de Investigación Económica[412] con la finalidad de analizar y monitorizar la situación económica en Europa, viendo venir el desastre con argumentos muy similares. Pero además de estos argumentos similares, el análisis de Belloc incorpora una consideración original, como es la referida a la usura. Belloc no concibe la usura en los mismos términos que los autores escolásticos, sino que la identifica con la re-

---

[411] Como hemos ido señalando, Belloc caracteriza la «falsa filosofía» empleando elementos económicos, políticos, éticos, antropológicos e incluso metafísicos y religiosos.

[412] Österreichisches Institut für Wirtschaftsforschung.

clamación de un interés en préstamos no productivos, es decir, en base a un incremento de la riqueza que realmente no se ha producido. Si bien la reconocía como tal, su énfasis no estaba tanto en la usura como mal moral sino como práctica perjudicial para el conjunto de la economía y de la sociedad, pues trae consigo un progresivo drenaje de la riqueza total.[413] En opinión de Belloc, cuando se recurre a esta práctica masiva y continuadamente, la usura produce inevitablemente sus efectos desastrosos. Belloc calificó los préstamos de guerra como usureros, pues no iban destinados a financiar inversiones productivas y por tanto no podrían generar la riqueza adicional con la que pagarlos. La existencia tras la guerra de ingentes cantidades de deuda que debía ser devuelta con intereses, unida al recurso a la expansión monetaria para facilitar dicha devolución, hicieron creer a Belloc que efectivamente la usura estaba produciendo sus inevitables efectos desastrosos, y que la sociedad de su tiempo comenzaría finalmente a sentir dichos efectos de manera brusca.[414]

Al igual que recibió, como él mismo había pronosticado, abundantes críticas por el empleo del «odioso epíteto»[415] de la usura, también su referencia a ciertas prácticas del sector bancario le costó reproches desde el mundo académico. En concreto, Belloc defendía que el sistema de reserva fraccionaria provocaba un mecanismo perverso de expansión del crédito más allá de lo razonable, y que los bancos acabarían prestando «a diestro y

---

[413]    Belloc [1924] (2004), p. 163.
[414]    *Ibid*., p. 161.
[415]    Expresión empleada por J. E. Le Rossignol en su recensión de *Economics for Helen* para *The American Economic Review*.

siniestro» a personas que no ofrecían ninguna garantía.[416] El tono enfático de este comentario le valió la crítica de Helene Reynard, quien en su recensión de *Economics for Helen* para *The Economic Journal* consideró que a los jóvenes empresarios les encantaría que el señor Belloc les presentase a esos banqueros que estaban dispuestos a conceder créditos «a diestro y siniestro» sin pedir garantías.

El tiempo, sin embargo, parece haber dado la razón a Belloc, pues encontramos en nuestro pasado reciente procesos similares a los que él pronosticó casi un siglo antes. Previamente a la crisis financiera de 2008, las políticas de expansión monetaria de los bancos centrales fomentaron en las entidades crediticias un comportamiento similar al pronosticado por Belloc. La concesión de créditos «a diestro y siniestro» y «sin ninguna garantía» se convirtió en una práctica habitual en los años previos a la crisis financiera. Gran parte de este «aluvión de crédito» fue a parar a particulares para financiar la compra de viviendas, un sector que, de acuerdo con los criterios de Belloc, no generaría la riqueza futura precisa para la devolución de los créditos con intereses. La confianza en la devolución del crédito descansaba, más que en garantías personales o en expectativas de producción de riqueza futura, sobre la falacia de un incremento sin fin de los precios de la vivienda. Las consecuencias desastrosas de estas prácticas, que Belloc hubiera considerado moralmente inaceptables y, por tanto, económicamente perjudiciales para el conjunto de la sociedad, están aún a la vista, y los reguladores harían bien en tomar nota de algunas de las advertencias de nuestro autor al respecto.

---

[416] «In this way the banks became on all sides lenders of money to persons without security» (Belloc [1924] 2004, p. 131).

## Belloc y la globalización

Otra cuestión importante, propia de la economía de nuestro tiempo, es el fenómeno de la globalización. Se trata de una de las características de la economía de nuestros tiempos que hubiera resultado más ajena al pensamiento de Belloc. La división internacional del trabajo y de la producción, que se ha intensificado en las últimas décadas, ha implicado la especialización de ciertos países, sobre todo asiáticos, en actividades productivas que nutren a los mercados occidentales de productos cuya provisión descansaba décadas atrás en su propia industria. Ello ha permitido a los países occidentales intensificar su especialización en el sector servicios, lo que ha sido descrito por los economistas como un signo de modernización económica. Trataremos de caracterizar la posición bellociana respecto de un fenómeno que no conoció ni pronosticó. Nos basaremos para ello en el análisis de algunos de sus textos que hacen referencia a elementos fundamentales de la globalización, como son el comercio internacional y la competencia vía precios, presentes en su libro *Economics for Helen* y su artículo «The Economics of "Cheap"», respectivamente.

Como se expuso en el capítulo sexto, las reflexiones sobre el comercio internacional que Belloc realiza en *Economics for Helen* (1924) son de clara inspiración ricardiana. Su exposición sobre la teoría de la ventaja relativa como razón de la especialización y el intercambio parece ir en la dirección de justificar el libre comercio internacional. Pero a continuación matiza que dentro de cada una de las áreas puede haber beneficiados y perjudicados por la especialización productiva a la que da lugar el levantamiento de las barreras comerciales.[417] Resulta evidente que cuando Belloc escribe sobre libre comercio entre países, se está refiriendo a países con unas características equiparables.

La idea de externalizar la producción en países lejanos debido a que los costes laborales son muy inferiores le hubiera resultado muy poco grata. Belloc, como parlamentario del Partido Liberal, fue uno de los mayores opositores a una de las medidas más controvertidas de su propio partido: la autorización de importación de mano de obra china para las minas de oro de Sudáfrica. Los relatos que llegaban a la metrópoli acerca de las condiciones de vida y el trato a estos trabajadores caracterizaban su situación como de «semi-esclavitud». El gobierno liberal, en el marco de su política imperial, aludía a razones de eficiencia económica para autorizar estas importaciones, pues la mano de obra era muy escasa en Sudáfrica a consecuencia de la Guerra de los Boers. Belloc no hubiese aceptado que una mercancía producida bajo semejantes condiciones, teniendo un precio menor, fuese equiparable a otra producida sin el concurso de la institución servil.

La no equiparación entre ambos tipos de mercancías en el pensamiento bellociano queda más clara a la luz del artículo «The Economics of "Cheap"» (1911). En esta obra, Belloc no solo critica la tendencia a considerar el precio como el único factor relevante en la elección de un producto, sino que desarrolla una teoría cualitativa sobre la demanda que explica que esta tendencia es, en su opinión, consecuencia de la condición de asalariado de la mayor parte de la población, que haría, según

---

[417]  Belloc [1924] 2004, p. 65.

Belloc, que esta no viera mucho más allá del precio como criterio de compra.

Para Belloc, en una economía capitalista como la de la Inglaterra de su tiempo, la demanda y la oferta tendrían un ajuste muy complicado debido a la falta de «intensidad» de la primera.[418] La «debilidad» de la demanda, en intensidad y exactitud, se debe, en opinión de Belloc, tanto al empobrecimiento de la población como a factores no económicos,[419] y esta debilidad sería aún más intensa e inexacta bajo un régimen socialista. En cambio, bajo la opción distributiva, teniendo las personas acceso a los medios de producción de riqueza y estando acostumbradas a la gestión de sus asuntos económicos, la demanda sería mucho menos débil, es decir, más intensa, más exigente con el proveedor y más precisa en cuanto a las especificaciones del bien deseado. Esta demanda, desde una posición de independencia económica y libertad personal, sería mucho más consciente a la hora de valorar factores distintos del precio en la elección de sus productos.

En opinión de Belloc, una demanda «poco consciente», debido al empobrecimiento tanto económico como cultural, tendería a emplear el precio como único criterio de compra. Pero para él dos alternativas económicas casi nunca serían perfectamente comparables, por lo que el empleo del criterio del precio dejaría fuera muchos elementos relevantes tanto desde el punto de vista económico como desde otras perspectivas.

---

[418] «Now demand calls forth a supply in proportion to its intensity. The most intense, peremptory, and exact the demand, the more supply will have to meet it precisely or go begging» (Belloc, 1911, p. 80).
[419] *Ibid.*, p. 81.

La posibilidad de comprar a mejor precio productos importados desde países con unos costes laborales inferiores, tras los que suelen encontrarse condiciones de trabajo más serviles, y cuyo proceso productivo implica externalidades negativas hacia el medio ambiente y la salud pública que no serían tolerables en el país de destino de dichos productos, hubiera resultado una opción poco recomendable para Belloc. Semejante juicio se habría basado no solo en cuestiones económicas, sino también en razones de tipo ético que, si bien escapan del objeto de estudio de la economía como disciplina, resultan fundamentales como criterio de acción económica.

Pero Belloc no hubiese observado una simple prelación de un criterio ético sobre otro económico, que en cualquier caso estaría, en el análisis bellociano, siempre supeditada a la subjetividad de cada decisor, sino que hubiera indicado que la opción más compatible con la ética sería a la larga y para el conjunto de la sociedad la más racional y beneficiosa desde el punto de vista económico.

Podemos considerar que Belloc acertó en su análisis a la luz de la observación de cómo precisamente en los países más ricos, aquellos en los que la mayoría de la población no está empobrecida, se han ido desarrollando movimientos de consumo responsable que fomentan la toma en consideración de factores humanitarios y medioambientales. Esta «demanda consciente» estaría tomando decisiones que no parecen racionales desde el punto de vista del coste, pero que sí lo serían desde un enfoque bellociano, que proporciona una perspectiva más amplia y tradicional de las cuestiones económicas y que prioriza las consideraciones éticas sobre el crecimiento cortoplacista.

## Belloc y el salario mínimo

En *El estado servil*, Belloc escribió sobre los primeros intentos, de carácter sectorial, de implantar un salario mínimo en Inglaterra. La medida, nos recuerda el propio Belloc, tuvo su origen en el deseo gubernamental de reducir el riesgo de huelgas en el sector de la minería, en el que se aplicó el primer experimento de salario mínimo. Belloc pronosticó con acierto que la medida acabaría extendiéndose «sector por sector, a toda la economía»,[420] hasta llegar a establecerse un salario mínimo general. Belloc caracterizó esta medida como una de las que conducían a la sociedad hacia el estado servil, pues veía en esta manera de garantizar el salario una forma de alejar al trabajador del deseo de acceder a la propiedad de los medios de producción. Dada su predilección por la libertad frente a la seguridad, Belloc rechazaba «la mera presencia de la reglamentación estatal en este orden de asuntos»,[421] sustituyendo el libre contrato por la regulación. Belloc opinaba que el desarrollo y la ampliación de esta regulación desembocaría finalmente en el establecimiento por ley del nivel de los salarios.

Dos años después de la publicación de *El estado servil*, Belloc vuelve a tratar el tema con más detalle en un artículo titulado «The Minimum Wage and the Servile Estate».[422] En este artículo Belloc vuelve a caracterizar el salario mínimo como una de las medidas que preparan el camino para el trabajo obligatorio. Para conectar

---

[420]   Belloc [1912] (2010), p. 180.
[421]   *Ibid.*, p. 181.
[422]   Belloc (1914).

salario mínimo y trabajo obligatorio Belloc empleó dos argumentos:[423]

— Por ley, el salario mínimo excluye del empleo a aquellos cuya ocupación causaría una pérdida al empresario, es decir, aquellos cuyo empleo no es rentable, pues su productividad es inferior al salario mínimo. Para que estas personas que no pueden ser empleadas puedan sobrevivir, el Estado, escribe Belloc, impondrá alguna forma de trabajo obligatorio.

— El salario mínimo termina convirtiéndose en la práctica, aunque no lo sea en la norma, en un salario máximo.

Respecto al primer punto, Belloc argumenta que la imposibilidad de pagar un salario por debajo de cierto nivel a personas de cuya actividad no se espera un ingreso al menos equivalente impide el acceso de estas personas a actividades, generalmente pequeños trabajos por cuenta de personas de su comunidad, que podrían permitirles ganarse la vida. De esta forma, quedan a merced de la solidaridad impersonal del Estado, que les acabará imponiendo alguna forma de trabajo obligatorio en compensación por su sustento.[424]

El segundo de los argumentos, que hace referencia al carácter indiciario de la regulación, es directamente observable en nuestros días en sectores como el servicio doméstico o la agricultura. En estos sectores, se ha ob-

---

[423] *Ibid.*, p. 35.
[424] Desde la perspectiva de la mentalidad y la legislación de su tiempo, Belloc no concebía la posibilidad de recibir ese socorro del Estado sin contraprestación.

servado cómo sucesivas subidas del salario mínimo han tenido el efecto de reducir la demanda de trabajo ante la inviabilidad económica del empleo de la mano de obra a ese precio.

Ambos argumentos convergen en el efecto de hacer avanzar la regulación estatal sobre todos los ámbitos de la actividad privada, hasta el punto de decidir sobre el destino de las personas que no encuentran empleo o de determinar el nivel efectivo de los salarios, poniendo de manifiesto y agravando la posición subordinada de aquellos que solo cuentan con su trabajo como medio de subsistencia. Y es que para Belloc, la consecuencia principal de la implantación de la medida del salario mínimo sería el afianzamiento de la división de la sociedad entre capitalistas y proletarios, la aceptación de esta división como natural y la tendencia a hacerla permanente, haciendo cada vez más difícil para el trabajador escapar de su condición de empleado.[425]

El tratamiento que hace Belloc de la cuestión del salario mínimo nos parece extrapolable a medidas de política social propias de nuestros tiempos, como la renta mínima[426]. Belloc no imaginó la renta mínima como una de las posibles soluciones al problema que planteaba en el argumento número 1. El nivel de desarrollo y la mentalidad de la sociedad de su tiempo hubiera hecho difícil imaginar este tipo de

---

[425] *Ibid.*, p. 41.
[426] Entendemos como renta mínima la percepción de un ingreso periódico del Estado por parte de personas que hayan justificado no alcanzar dicho nivel de ingresos por sus propios medios. Es importante la distinción de esta medida respecto de otra denominada renta básica, consistente en la percepción de un nivel de ingresos mínimo proveniente del Estado para toda la población, sin necesidad de justificar un nivel previo de ingresos.

medidas. En consonancia con la legislación existente en la materia[427] y las prácticas comunes en su tiempo, Belloc imaginó dos soluciones gubernamentales al problema de tener que hacerse cargo del sustento de personas que no podían trabajar al ser la productividad de sus posibles empleos inferior al salario mínimo: dejarlos morir o imponerles alguna forma de trabajo obligatorio.[428] Entre estas formas de trabajo obligatorio, además de las *Poor Law Institutions* de su tiempo, Belloc menciona las *Labour Colonies*.[429] Cualquiera que fuera el nombre de la institución, esta no sería para Belloc sino un eufemismo para evitar emplear la palabra correcta: «prisión». De este modo, observa Belloc, en el caso de implantarse un salario mínimo universal, la minoría de empleadores, los únicos hombres libres, o el propio Estado, tendrían en la amenaza de prisión una forma de presionar y exigir más a sus empleados.[430]

## Belloc y el estado del bienestar

Afortunadamente, al menos en los países occidentales, el desarrollo económico ha alejado la sombra de semejan-

---

[427] Las normas que regulaban el socorro en situaciones de pobreza, las *Poor Laws*, estipulaban medidas como el internamiento obligatorio en «casas de trabajo» (*workhouses*), en las que los internos debían trabajar en compensación por su sustento. Las reformas del gobierno liberal previas a la Primera Guerra Mundial, que Belloc criticó, como las leyes del seguro o de las pensiones, nacieron bajo la idea de reducir la población sujeta a las leyes de pobres, pero instituciones como las *workhouses* sobrevivieron, pasando a llamarse *Poor Law Institutions*.

[428] Belloc (1914), p. 35.

[429] *Ibid.*, p. 41.

[430] «And every Capitalist Will be able to say to every proletarian in that millennium: Keep your nose to the grindstone or I send you to a Labour Colony» (*ibid.*).

tes prisiones formalmente instituidas, si bien podría considerarse que el estigma social del desempleo y las
obligaciones que implica caer bajo la tutela del Estado
en semejante caso, sí que confieren a la posibilidad del
despido un carácter de amenaza hacia la libertad de
elección del asalariado. El funcionamiento del seguro
de desempleo en los estados del bienestar modernos
implica, en la mayoría de los casos, que para poder percibir el subsidio por el que en su momento se cotizó, se
esté sujeto a obligaciones como aceptar cualquier trabajo
que le sea ofrecido desde la oficina de empleo o incluso
la posibilidad de ser movilizado para ciertas tareas públicas en situaciones especiales. Esto constituye otra de
las «profecías cumplidas» de Belloc, que ya adelantó en
*El estado servil*, esto es, que la percepción del seguro de
desempleo, por más que estuviera financiada por las co-
tizaciones de los propios trabajadores, estaría vinculada
a la obligación de trabajar. Belloc lo expresó con las siguientes palabras:

> Un hombre ha sido obligado por la ley a deducir determi-
> nadas sumas de sus salarios en concepto de seguro contra
> el desempleo. Pero ha dejado ya de ser el que decide acer-
> ca del modo en que se emplearán las mismas. No está en
> su poder, ni siquiera en el de alguna sociedad que pueda
> él fiscalizar realmente. Las sumas así descontadas están en
> poder de un funcionario del gobierno. «Aquí hay un traba-
> jo para usted a veinticinco chelines[431] semanales. Si no lo
> acepta, perderá indefectiblemente todo derecho al dinero
> que fue obligado a deducir. Si lo acepta, esa suma seguirá

---

[431] En aquella época, bajo el sistema eduardiano, 20 chelines equiva-
lían a 1 libra, y 25 chelines semanales constituían un salario bajo
aunque suficiente para la subsistencia.

a su disposición, y cuando otra vez su desocupación no se deba, a mi ver, a su renitencia y negativa a trabajar, le permitiré recibir una parte de su dinero; de otro modo, no». De consuno con este movimiento de coacción marcha todo ese cúmulo de registros y fichas personales que se está formando en virtud del empleo de las bolsas de trabajo.[432]

Si bien la renta mínima, tal y como se plantea hoy en día como propuesta de política social, está legalmente desvinculada de la obligación de trabajar, sería aplicable esta observación que Belloc realizó respecto del seguro de desempleo, sobre todo en épocas de crisis económica, en las que las dificultades para el sostenimiento de estas medidas podrían venir acompañadas de la exigencia de una contraprestación en términos de trabajo.

El axioma bellociano a este respecto, válido igualmente para la renta mínima, sería que «el principio del salario mínimo implica como término recíproco el principio del trabajo obligatorio».[433] De este modo, podemos inferir que en la interpretación bellociana, el establecimiento de una renta mínima, al igual que en el caso del salario mínimo, sería para Belloc un paso más en el incremento de la dependencia de las personas, tanto respecto de su condición de asalariado como de la acción del Estado, lo que exigirá de ellas alguna forma de contraprestación en forma de trabajo obligatorio, allanando el camino hacia el advenimiento del estado servil.

El problema del sostenimiento de los estados del bienestar modernos es uno de los grandes retos económicos a los que se enfrentan las sociedades modernas. Las opiniones de Belloc respecto a los primeros ensayos experimen-

---

[432]  Belloc [1912] (2010), p. 184
[433]  Belloc (2010), p. 182.

tales de medidas características de lo que tras la Segunda Guerra Mundial vendría a denominarse estado del bienestar fueron más bien negativas. Para él, estas medidas no hacían sino eludir el problema económico principal, la falta de acceso al control de los medios de producción por la mayoría de la población, y al incrementar la dependencia de esta respecto del Estado y del trabajo asalariado contribuían a hacer permanente y duradera la distinción entre dos tipos de ciudadanos: los económicamente libres y los que dependían para su sustento de un salario.

A la luz de los acontecimientos transcurridos entre su época y la nuestra, hemos podido observar cómo parte de los vaticinios de Belloc se han cumplido y parte, afortunadamente, no, o al menos no con la intensidad que él predijo. Pero más interesante que una valoración sobre el acierto de sus previsiones respecto de los efectos de este tipo de medidas, es la cuestión de si su análisis, que se ha mostrado certero en algunos aspectos, puede ser de utilidad a la hora de estudiar el estado del bienestar desde la perspectiva actual.

En la medida en que las sociedades occidentales se han ido desarrollando, el estado del bienestar se ha ido disociando de la lucha contra la pobreza, y se ha relacionado más con la cuestión de la equidad en el acceso a ciertos servicios y con la seguridad para el trabajador asalariado ante situaciones específicas como el desempleo, la enfermedad incapacitante o la jubilación. Los estados de bienestar de los países occidentales se caracterizan por la existencia de diversos sistemas y modelos de prestación, basados sobre todo en las experiencias iniciales de Alemania e Inglaterra.[434] Todos ellos presen-

---

[434] De ahí que se suela hablar de modelo Bismarck y modelo Beveridge.

tan un problema común, y es que su extensión a la práctica totalidad de la población, incluso en épocas de bonanza económica, así como su crecimiento en prestaciones y funciones, hacen de su sostenimiento un problema de primer orden, especialmente en períodos de recesión.[435] En semejantes circunstancias, se produce uno de los inconvenientes que Belloc advirtió, y es que la pérdida de control de las personas sobre el dinero que cotizan y su imposibilidad práctica de fiscalizar el empleo de dichos fondos, hacen que estos puedan ser «secuestrados» por los gobiernos bien para atender necesidades similares de personas distintas del cotizante o bien para usos discrecionales. Del mismo modo, se da la paradoja de que las personas que, por edad, durante más tiempo han contribuido con su trabajo al sostenimiento del sistema sanitario, son después relegadas, por razón del propio sostenimiento del sistema, en el acceso a estos servicios respecto de otras personas con mayor esperanza de vida.

El gasto público derivado del mantenimiento de los estados del bienestar que las naciones europeas han desarrollado desde la postguerra mundial precisa de un elevado nivel impositivo. Precisamente este es uno de los mayores obstáculos que Belloc observó a la hora de fomentar el acceso a la pequeña propiedad.[436] Belloc

---

[435] Si bien algunos de sus elementos, como el seguro de desempleo, han sido catalogados tradicionalmente como anticíclicos, bajo la etiqueta postkeynesiana de «estabilizadores automáticos», el peso que han alcanzado los estados del bienestar en las economías occidentales es tal que el mantenimiento de sus prestaciones en situaciones de crisis, precisamente cuando serían más necesarios, viene resultando inasumible en la práctica.

[436] Belloc (1936), p. 73.

argumentaba que un nivel elevado de impuestos, directos e indirectos, impedía la formación de clases medias a partir de trabajadores y pequeños comerciantes que deseaban ahorrar para tener acceso a la propiedad. De modo indirecto, por causa de sus necesidades de financiación, el estado del bienestar supondría un desincentivo al ahorro y a la acumulación de pequeños capitales que pudieran dar lugar a la generalización de la propiedad privada de los medios de producción, que sería, en opinión de Belloc, la receta para una sociedad libre. Este desincentivo a la empresarialidad se complementa con el derivado de ciertas medidas de gasto asociadas a los estados del bienestar modernos, como la renta mínima.

En nuestra opinión, la aplicación más importante que el pensamiento de Belloc puede ofrecer a la cuestión de la sostenibilidad del estado del bienestar es la idea de la necesidad de un equilibrio entre el tamaño de dichos sistemas[437] y la producción de riqueza por parte del sector privado para sostener vía impuestos esas medidas. La extensión del estado del bienestar a amplias capas de la población puede hacer, desde el punto de vista de Belloc, que estas queden confinadas a la perspectiva del trabajo asalariado, al desincentivar la pequeña propiedad mediante las exigencias del sistema tributario y aumentar notablemente el riesgo asociado al trabajo por cuenta propia que en muchos casos puede suponer la renuncia a las aportaciones ya realizadas a los diferentes sistemas de seguro (desempleo, jubilación, etc.) o a prestaciones especí-

---

[437] Que, en el enfoque bellociano, deberían centrarse casi exclusivamente en situaciones de pobreza extrema y siempre evitando la contraprestación mediante trabajo obligatorio. Belloc criticaba las leyes de pobres de Inglaterra por su ineficacia para llegar a los más necesitados y por la existencia de esta contrapartida.

ficas como la renta mínima. Aumentar artificialmente los riesgos asociados a la propiedad y gestión de los medios de producción hará que muchas personas renuncien a esta opción, siendo su empresarialidad de concurso necesario para el crecimiento económico. Con estos mecanismos en marcha, el control de los medios de producción tenderá a concentrarse cada vez más en menos manos, en aquellas que puedan asumir el riesgo de quedar fuera del paraguas de protección del Estado.

Así pues, de lo anteriormente argumentado podemos deducir un consejo bellociano muy general respecto del denominado estado del bienestar: que debería limitarse a aquellos sectores de la población donde la ayuda del Estado resulte realmente imprescindible, de acuerdo con el principio de subsidiariedad, y que deberían evitarse mecanismos perversos de incentivo del trabajo por cuenta ajena en perjuicio de la ordenación por cuenta propia de los medios de producción, pues la extensión de la segunda es la clave, desde el enfoque de Belloc, para una sociedad económica y políticamente sana. La extensión de la propiedad privada de los medios de producción no solo es la clave que nos da Belloc para la mejora de la sociedad en el aspecto económico, sino también, y sobre todo, en el político, pues se trata de la única forma de tener una población verdaderamente independiente y consciente y es, por tanto, la mejor vacuna contra el autoritarismo. Esta lección podría ser tan válida ahora como lo era en tiempos de Belloc.

Con carácter general, podemos afirmar que el enfoque original que caracteriza los planteamientos de Belloc resulta aplicable y extensible a cuestiones de la economía actual. Lo acertado o no de semejantes extensiones quedará al superior juicio del lector. Belloc elabora una teoría económica desde un enfoque disciplinar limitado (concibe la economía como «estudio de la producción de riqueza») y empleando el lenguaje propio de los economistas clásicos, que había estudiado en su juventud, pero eliminando los errores que Schumpeter atribuyó a estos respecto de la teoría del valor. Esta particular concepción subjetivista, unida a su intento de actualizar conceptos e ideas propias del pensamiento escolástico, otorgan a su análisis económico buena parte de su originalidad.

La aproximación multidisciplinar de Belloc a las cuestiones económicas, que concibe como facetas interrelacionadas de un mismo proceso histórico y social, posee, como hemos indicado, una intrigante capacidad predictiva. Si bien sus profecías no están exentas de errores y exageraciones, con carácter general podemos apuntar que fue capaz de intuir algunos de los problemas económicos de nuestro tiempo y, sobre todo, de aportar claves interpretativas originales. Consideramos que la aportación más singular de Belloc consiste precisamente en que la actividad económica está fundamentada, perfectamente integrada e intrínsecamente unida al resto de facetas propias de la naturaleza humana: política, ética, antropológica y religiosa. Es en este último nivel en el que se da la verdadera rebelión contra la realidad de la mentalidad materialista moderna, cuya naturaleza dogmática y cuasi religiosa se ve refrendada por el fenómeno, observable desde los tiempos de Belloc hasta nuestros días, de la persistencia en los errores pasados.

EPÍLOGO: LA ECONOMÍA, UNA DISCIPLINA
EN LA ENCRUCIJADA

«Cuando a Dios se le da una importancia secundaria,
que se puede dejar de lado temporal o
permanentemente en nombre de asuntos más
importantes, entonces fracasan precisamente estas
cosas presuntamente más importantes.»

*Benedicto XVI*[438]

Se puede afirmar con bastante seguridad que, en los últimos tiempos, la ciencia económica no ha estado a la
altura de las circunstancias a la hora de advertir, predecir
o incluso explicar *a posteriori* cuestiones de la máxima
importancia. Este es el caso de fenómenos de la historia
reciente, como la crisis financiera de 2008, en los que las
metodologías al uso han fallado tanto a la hora de advertir sobre lo que podía suceder como a la de explicar las
causas de lo sucedido. Tampoco ha sido capaz de adver-

---

[438] Palabras de Benedicto XVI en relación al fracaso tanto de la experiencia marxista como de otros intentos de reforma económica basados en principios exclusivamente técnico-materiales (Ratzinger,
2008, p. 53).

tir sobre las consecuencias negativas de la centralización de los procesos de decisión humanos, como demuestra el hecho de que la caída de los regímenes comunistas de Europa del este en la década de los 90 pillara de improviso a la gran mayoría de los estudiosos.[439] El predominio de los métodos cuantitativos está, en nuestra opinión, detrás de esta incapacidad para advertir los peligros de la planificación centralizada.

Estas metodologías, aplicadas en general a las ciencias sociales y en particular al estudio de la economía, tienden a considerar los asuntos humanos con criterios similares a los de los fenómenos propios del estudio de las ciencias naturales. La no consideración de las peculiaridades del ser humano, de las interacciones dinámicas entre la acción individual y el proceso social o de las consecuencias de su libertad en el plano moral, puede llevar acarreada una incomprensión general de los procesos y fenómenos que entran dentro del ámbito de estudio de la economía. Para la correcta apreciación de estas peculiaridades humanas es preciso un enfoque más amplio, que considere las peculiaridades de la persona, en particular su libre albedrío, que hacen inadecuadas para su estudio las metodologías que han tenido éxito en el ámbito de las ciencias sociales.

Si bien mostró su desencanto hacia la estadística y lo cuantitativo, Belloc no estudió en detalle la cuestión de la metodología del análisis económico. Sí que incidió en la definición y el alcance de la disciplina, que consideró limitados al tiempo que integrados en una concepción más amplia y holística del saber, acorde con la tradición escolástica. Estudiaremos a continuación en qué

---

[439]   Huerta de Soto [1992] (2015), p. 21.

medida los planteamientos de la ciencia económica actual respecto de ambas cuestiones pueden tender a oscurecer determinados aspectos importantes en el análisis de la imposibilidad del socialismo desde el punto de vista bellociano, contribuyendo de este modo al fenómeno de la «persistencia en el error».

Para Belloc, el hombre moderno escapa del concepto unitario de verdad en beneficio de un concepto empírico de la misma que excluye todo menos las fórmulas matemáticas. La metodología empleada por Belloc, que hemos caracterizado como método interpretativo o *verstehen*, no es sino la forma tradicional de análisis de origen platónico y aristotélico. Dicha metodología parte de la existencia de una verdad sobre el orden del ser y sobre el papel que ocupa el ser humano en dicho orden, y el conocimiento de dicha verdad y de sus interrelaciones con diferentes aspectos de la realidad material se convierte en el objetivo último del análisis científico. Frente a ello, el análisis de la lógica formal tan solo permite demostrar que una opinión encierra una contradicción interna, que varias opiniones son incongruentes entre sí o que determinadas conclusiones han sido extraídas de manera errónea.[440] Desde el punto de vista de la metodología tradicional empleada por Belloc, el análisis científico, para poder generar verdadero conocimiento, ha de superar el simple examen de la validez de proposiciones y extenderse a cuestiones relacionadas con la verdad de la existencia.

Eric Voegelin criticó los efectos de la mentalidad positivista sobre la metodología de las ciencias sociales. Para él, dicha mentalidad producía dos efectos destructi-

---

[440] Voegelin [1938] (2014), p. 86.

vos. En primer lugar, la creencia de que los métodos matemáticos de las ciencias naturales, debido a su éxito, poseían alguna virtud inherente y por ello las demás ciencias conseguirían éxitos similares si lograban imitar dichos métodos.[441] Esta creencia no sería peligrosa por sí misma, pues el intento de aplicación a las ciencias sociales de métodos propios de otras disciplinas podría ser abandonado si dicho intento no proporcionaba los resultados explicativos esperados. En el ámbito de la ciencia económica, este podría ser el caso de asuntos como el que nos incumbe, la imposibilidad del socialismo, o como la crisis financiera de 2008, respecto a los cuales podríamos decir que los métodos cuantitativos no han sido lo suficientemente eficaces para prevenir o explicar dichos fenómenos.

Lo que haría, según Voegelin, que esta primera creencia fuera peligrosa es su combinación con una segunda, que consiste en la subordinación de la relevancia teórica de la ciencia al método. Dicho de otro modo, se trata de la creencia de que lo que es importante para la ciencia no es aquello que contribuye a la búsqueda de la verdad mediante el estudio de hechos relevantes, sino aquello que emplea un determinado método, común a todas las disciplinas. Si el uso de un método es empleado como criterio para la ciencia, negando que distintos objetos puedan precisar de distintas metodologías de estudio, se fomenta la aparición de infinidad de estudios que emplean disciplinadamente los métodos legitimados sobre asuntos de escaso interés y se pierde el sentido de la ciencia como «relato veraz de la estructura de la realidad, orientación teórica del hombre en su mundo y gran ins-

---

[441] Voegelin [1952] (1992), p. 4.

trumento para la comprensión por parte del hombre de su propia posición en el universo».[442] Esta era la visión de Voegelin, y verdaderamente es difícil imaginar otra razón por la cual la metodología de la ciencia económica no haya sido apenas revisada tras sucesos como la crisis financiera de 2008, sino que, por el contrario, se haya mantenido la creencia ciega en que los métodos aplicados son los únicos posibles y dan forma y definición a la economía como disciplina, proporcionándole la categoría científica de la que de otro modo carecería.

Los estudiosos de la economía política, y posteriormente los de la teoría económica, sostuvieron visiones del mundo y de la materia objeto de sus estudios que compatibilizaban de algún modo el enfoque positivista con una visión mecanicista de las cuestiones sociales. El deseo de aproximar el estatus de la economía, y del conjunto de las ciencias sociales, al de las ciencias naturales estuvo presente entre quienes compartían esta visión de la novedosa y pujante disciplina.

Los protagonistas de la revolución marginalista (Jevons, Menger y Walras), al proponer una teoría del valor basada en la utilidad marginal, dieron un salto metodológico en el campo de la abstracción, que pasaba de ser un recipiente inconcreto de ciertos principios de general cumplimiento a convertirse en un campo mensurable con infinidad de complejas interrelaciones entre multitud de agentes económicos. Para Menger, la complejidad de

---

[442] «If the adequacy of a method is not measured by its usefulness to the purpose of science, if on the contrary the use of a method is made the criterion of science, then the meaning of science as a truthful account of the structure of reality, as the theoretical orientation of man in his world, and as the great instrument for man's understanding of his own position in the universe is lost» (Voegelin, 1987, p. 5).

dichas interrelaciones implicaba el uso de la razón para formular teorías generalmente aplicables basadas en el subjetivismo, apreciación que dio lugar al famoso debate conocido como *Methodenstreit*[443]. Pese al énfasis en la abstracción, su punto de vista metodológico difería radicalmente del de otro de los protagonistas de la revolución marginal, Léon Walras, que fue el primero en construir un modelo teórico de equilibrio general expresado matemáticamente. Se trataba básicamente de un sistema de ecuaciones en el que precios y cantidades de equilibrio se determinaban de modo simultáneo. Por esta razón, es considerado el fundador de la economía cuantitativa. La metodología de Walras utilizaba las matemáticas como herramienta fundamental, pero esto no significaba que no tuviera en cuenta el papel del ser humano en la economía y las peculiaridades de los fenómenos sociales respecto de los naturales.

Alfred Marshall, que contribuyó a garantizar la autonomía de la economía como disciplina hacia finales del siglo XIX, advirtió de los peligros de un uso excesivo del lenguaje matemático en detrimento de las formas

---

[443] Discusión sobre el método de las ciencias sociales iniciada en torno a 1880 por Carl Menger y Gustav Von Schmöller. La postura de Menger, favorable al empleo de la abstracción para determinar teorías de general aplicación, se considera el origen de la Escuela Austriaca de Economía, en tanto que la de Schmöller, que preconizaba la interpretación histórica frente a la abstracción, era la compatible con la metodología tradicional de la denominada Escuela Histórica Alemana. Es preciso destacar que la Escuela Austriaca de Economía, pese al énfasis en la abstracción, ha desarrollado a lo largo de varias generaciones de economistas una metodología que rechaza abiertamente el enfoque cuantitativo de los modelos de equilibrio general hoy predominantes entre los economistas. Véase a este respecto Huerta de Soto Ballester (1998b).

convencionales de expresión. Llegó a escribir «¡Quemad las matemáticas!», recomendando no emplearlas en aquellos casos en los que el lenguaje común es tan limitado como el matemático.[444]

Pese a estas y otras advertencias, la metodología evolucionó posteriormente hacia postulados que otorgaban a los métodos cuantitativos un protagonismo absoluto, hasta el punto de confundirlos con la propia disciplina económica. La autonomía de la economía como disciplina académica, a la que la obra de Marshall había contribuido decisivamente, pareció depender, pese a las recomendaciones de este, casi exclusivamente del aparataje cuantitativo.

El premio Nobel de economía Paul A. Samuelson escribió, en su famosa obra *Fundamentos del Análisis Económico* publicada en 1947, que el «lenguaje natural» del economista son las matemáticas. Se da la circunstancia de que Samuelson, a través de sus manuales, ha sido probablemente el autor más influyente en la formación de varias generaciones de economistas en los últimos ochenta años.

Esta línea metodológica, defendida por Samuelson, desemboca en la denominada «hipótesis ergódica» que concibe la economía como un proceso estocástico,[445] lo que permite describir el futuro como una distribución de probabilidad. Esta visión mecánica y estática de la economía, asociada al pensamiento tanto neoclásico como postkeynesiano[446], reduce el papel del ser humano al de

---

[444] Weintraub (2002), p. 22.

[445] Davidson (2007), p. 184.

[446] Pese a que Keynes no empleó ese término, su análisis sobre los *animal spirits* empresariales sería contrario a la visión ergódica (*ibid.*, p. 112). El propio Keynes rechazó explícitamente la caracterización de la incertidumbre mediante cálculos de probabilidades (Keynes [1936] 2014, p. 158).

mero maximizador, una función de carácter casi robótico, y elimina prácticamente la importancia de la acción humana y el papel de la figura del empresario, que había sido considerada de vital importancia por casi todos los economistas anteriores a la Segunda Guerra Mundial, incluido Léon Walras.[447]

El propio John Maynard Keynes otorgaba al factor humano un importante papel, como en el caso de los denominados *animal spirits* de los empresarios, que tenía para él un fuerte poder explicativo respecto de las cuestiones económicas de su tiempo. Para Keynes, la economía seguía siendo en esencia una ciencia moral, y no una ciencia natural, añadiendo además que, al contrario que en estas, el material sobre el que aplica sus métodos no es homogéneo a lo largo del tiempo.[448] La idea de describir el futuro previsible de la economía en términos de probabilidad le hubiera resultado inadecuada, sobre todo en el largo plazo. En su *Tratado de Probabilidad*[449] ya Keynes demuestra estar sobre aviso acerca de los límites de la economía en el terreno de la lógica formal, debido a la existencia de multitud de factores que no pueden ser verificados sino con el paso del tiempo. En esta obra, Keynes hacía referencia a la perspectiva escéptica de David Hume, para quien «todo conocimiento degenera en probabilidad».[450] La relación entre escepticismo y probabilidad tiene como punto de origen una visión antropológica radicalmente diferente a la tradicional, que situaba la acción humana en un plano

---

[447]  Saether y Eriksen (próxima edición).
[448]  Blaug (1983), p. 91.
[449]  Tesis doctoral presentada por Keynes en King´s College en 1907.
[450]  Hume (1739), parte IV, sección 1.

diferente, de algún modo superior, al de los fenómenos naturales, al enfatizar su carácter moral y los efectos del libre albedrío en la elección no solo de medios, particularmente relevante desde el punto de vista económico, sino especialmente de fines, factores que diferencian la experiencia vital del ser humano respecto de la del resto de las especies. El escepticismo, al cuestionar esta visión transcendente de la persona, sitúa los fenómenos humanos en un plano de igualdad respecto de los fenómenos naturales, fomentando el empleo de una metodología similar a la que se ha utilizado con éxito en el estudio de estos últimos.

La importancia de la cuestión metodológica en el presente estudio radica en el hecho de que parte de los argumentos empleados por Belloc para justificar el fracaso del planificador a la hora de conseguir sus fines resultan difíciles de incorporar al ámbito de la discusión académica actual, sobre todo a causa de la metodología dominante para el estudio de las cuestiones económicas. Al minimizar dicha metodología la relevancia de la acción humana en el estudio de las cuestiones económicas, que son tratadas, de acuerdo con la «hipótesis ergódica», como fenómenos con una base semialeatoria, al igual que los fenómenos propios de las ciencias naturales, se diluyen los efectos de las cuestiones específicamente humanas.

Tanto la metodología como la visión actual de la ciencia económica como disciplina tienden a caracterizarla como un campo del conocimiento perfectamente aislado del resto, lo que dificulta su capacidad de comunicación con otros ámbitos. La visión moderna de la ciencia económica define esta en relación con la eficiencia, es decir, mediante un criterio que permite valorar la acción en función de sus resultados prácticos. El empleo como criterio de ciencia de una metodología cerrada a la que aplicamos un determinado criterio de acción (la eficiencia) marca por completo cuestiones como el debate sobre la idoneidad de un sistema económico u otro, pues este se acaba reduciendo a la cuestión fundamental sobre si la eficiencia económica (expresión que deviene en tautología con la definición moderna de economía) es posible en un sistema socialista.

El bando partidario de la planificación parte de un diseño de ingeniería social preconcebido, y su respuesta a las críticas de los contrarios al socialismo es tratar de introducir elementos (el cálculo matemático o la competencia entre gestores) que aporten más eficiencia a su sistema sin renunciar, en la medida de lo posible, a los fundamentos esenciales de este, singularmente al control centralizado de los medios de producción. Así, al pasar de la solución original marxiana a la matemática, o de esta a la «competitiva», se están planteando sucesivas adaptaciones o reformas cuyo único objetivo es el de dotar de mayor eficiencia al diseño original.

Los críticos con la planificación estatal, por el contrario, argumentan que esta no puede nunca alcanzar el nivel de eficiencia del libre mercado, pues carece de los elementos informativos y conceptuales que son esenciales a este y que permiten crear y diseminar la información necesaria para que los empresarios puedan tomar decisiones racionales o eficientes. Al entender la eficiencia desde una perspectiva dinámica y emplear un enfoque metodológico más acorde con el objeto de estudio, la Escuela Austriaca de Economía, la más destacada dentro de estas voces críticas con la planificación centralizada, deja lugar para la acción a lo largo del tiempo de elementos ajenos al ámbito de la economía (psicológicos, culturales, etc.). En la perspectiva estática, en cambio, el comportamiento humano se simplifica y robotiza, quedando descrito como una mera función de maximización. En cualquier caso, el argumento definidor de la economía como disciplina, y el punto de discusión respecto de la imposibilidad del socialismo, es la eficiencia. La discusión se enmarca en el objetivo compartido de obtener un resultado material mejor, respecto del cual se difiere en cuanto al camino a seguir: planificación centralizada o libre empresa.

En los últimos años, en cambio, hemos asistido a un hecho difícil de prever: regímenes comunistas han renunciado a la planificación centralizada de la economía para conseguir eficiencia mediante la introducción de un cierto grado de propiedad privada y, sobre todo, de competencia entre empresas. Tras el fracaso de un siglo de experimentos, los excomunistas, en palabras de Benedicto XVI, «se han vuelto liberales en economía»,[451] demostrando, de manera opuesta a las enseñanzas del propio materialismo histórico, que su intencionalidad no era esencialmente económica. Frente a este planteamiento, la crítica convencional a la planificación económica, cuya versión más coherente encontramos en la Escuela Austriaca de Economía, resulta de escasa aplicabilidad, pues no nos hallamos ya ante una planificación centralizada, sino ante sistemas que combinan los peores elementos del capitalismo salvaje con un totalitarismo que no solo impide la oposición política, sino que controla y manipula todos los aspectos de la vida de sus súbditos, relegados a una condición servil. La aplicación del ideario socialista, como preconizó Belloc, no ha conducido a

---

[451] Ratzinger (2004).

la sociedad igualitaria que este proclamaba, sino a una suerte de régimen en el que unos pocos, los dirigentes del Estado y los grandes empresarios, gozan de libertad y la gran mayoría se ve relegada al trabajo obligatorio en beneficio de esa minoría. Esto es, nos ha llevado directamente al estado servil.

La razón por la que las teorías de Belloc resultan más adecuadas para explicar este fenómeno no es otra que su capacidad para encontrar las interrelaciones entre los distintos saberes, integrando en su crítica al espíritu materialista de la sociedad moderna, junto a la faceta económica, otras que son consideradas propias de otras disciplinas, pero que unidas conforman una visión holística y coherente del problema de fondo. Este problema no es sino la «falsa filosofía» que se encuentra detrás de los experimentos económicos y de muchos otros aspectos del mundo de nuestros días, y que hace, en última instancia, que estos experimentos fracasen, produciendo efectos contrarios a los que en teoría se proponían. Para Belloc, la ineficiencia no es la causa de la imposibilidad del socialismo, sino una de sus consecuencias.

El enfoque de Belloc sobre la disciplina económica está acotado a un objeto formal concreto: el estudio de las leyes que gobiernan la creación de riqueza. Esta delimitación posibilita un diálogo más fluido con otras disciplinas con las que la economía comparte su objeto material: el ser humano. Al acotar estrictamente el campo de acción de la economía, Belloc está negando su autonomía plena como saber, es decir, está afirmando la imposibilidad de explicar la realidad exclusivamente desde la economía. Por el contrario, la definición de economía en relación con la eficiencia, unida a sus peculiaridades metodológicas respecto de otras ciencias sociales, parece ir en la dirección de la autonomía plena del saber económico, que le otorga mayor independencia y visibilidad como disciplina académica, pero que incide aún más en la dificultad para explicar fenómenos de la máxima importancia que se supone caen dentro de su ámbito de estudio.

Desde el punto de vista de Belloc, anclado como hemos indicado en la tradición escolástica, las fronteras entre las distintas disciplinas científicas no hacen sino delimitar un esfuerzo común: el ejercicio de la razón humana en busca de la identificación y caracterización de aquellas leyes naturales de origen divino que están impresas en los distintos elementos, materiales e inmateriales, de la creación. Desde esta percepción de la ciencia, carece completamente de sentido la pretensión del ingeniero social de diseñar la comunidad de acuerdo con su voluntad, por mucho que se justifique en busca de la pretendida eficiencia o de otros valores. Los valores, adicionalmente, constituyen desde el punto de vista del enfoque tradicional una unidad, de modo que no se pueden disociar, justificando por ejemplo atropellos contra la libertad en nombre de la solidaridad, pues no existe una competencia entre valores, como tampoco entre saberes, sino una unidad de propósito entre ellos y una orientación común de todos hacia la verdad, la belleza y el bien.

# Bibliografía

## Archivos

Balliol College (Oxford). Correspondencia y obras originales de Belloc.

Blackfriar´s Library (Oxford). Primeras ediciones y obras originales.

Bodleian Library (Oxford). Publicaciones periódicas (*The Eye Witness* y otros) y obras originales.

Chesterton Library (Oxford). Borradores, papeles personales y obras originales. Archivos de la Distributist League.

Rubenstein Rare Books & Manuscripts Library, Duke University (Durham, NC). Papeles personales de F. A. Hayek (microfilm).

Central Catholic Library (Dublín). Publicaciones periódicas y primeras ediciones.

John J. Burns Library, Boston College (Boston). Papeles personales de Belloc (*online*).

Universidad Francisco de Vitoria (Madrid). G. K.'s Weekly (microfilm).

## Publicaciones periódicas

*The Illustrated London News* (1905-1913)
*The New Age* (1907-1922)
*The Dublin Review* (1909-1911)

*The Eye-Witness* (1911-1912)
*The New Witness* (1912-1923)
*The Month* (1914)
*G. K. 's Weekly* (1925-1936)
*The Catholic Transcript* (1927)
*The Weekly Review* (1936-1948)
*The Catholic Herald* (1937)
*The Bellocian: Journal of the Hilaire Belloc Society* (1997)

## Obras de Hilaire Belloc

Belloc, H. (1897). «The Liberal Tradition». En *Essays in liberalism by Six Oxford Men* (pp. 1-30). Londres, Reino Unido: Cassell & Company.

— [1902] (2011). *El Camino a Roma*. Madrid, España: El Buey Mudo.

— (1908). *An Examination of Socialism*. Londres, Reino Unido: Catholic Truth Society.

— (1909). *The Church and Socialism*. Londres, Reino Unido: Catholic Truth Society.

— (1911). *Socialism and the Servile State: A debate between Hilaire Belloc and J. Ramsay MacDonald*. Londres, Reino Unido: The South West Londres, Federation of the Independent Labour Party.

— y Chesterton, C. (1911). *The Party System*. Londres, Reino Unido: Stephen Swift.

— (1911b). «The Economics of "Cheap"». *Dublin Review* 148, pp. 69-84.

— (1912). *The Servile State*. Londres, Reino Unido: T. N. Foulis.

— [1912] (1977). *The Servile State*. Indianapolis, EE.UU.: Liberty Classics.

— [1912] (2007). *The Servile State*. Nueva Yok, EE.UU.: Cosimo Classics, Economics.

— [1912] (2010). *El estado servil* [Traducción de Bruno Jacovella]. Madrid: El Buey Mudo.

— (1914). «The Minimum Wage and The Servile State». *The Month Magazine* 123, pp. 33-41.

— [1918] (2007). *La Prensa Libre* [Traducción de Manuel Salido Regura]. Granada, España: Editorial Nuevo Inicio.

— (1920). *The House of Commons and Monarchy*. Londres, Reino Unido: George Allen & Unwin.

— (1924). *Economics for Helen*. Londres, Reino Unido: J.W. Aerosmith.

— [1924] (2004). *Economics for Helen*. Norfolk, VA, EE.UU.: IHS Press.

— [1925] (2005). *Historia de Inglaterra*. Buenos Aires, Argentina: C. S. Ediciones.

— [1925] (1948). *The Cruise of the Nona*. Harmondsworth, Reino Unido: Penguin.

— (1926). *A Companion to Mr. Wells Outline of History*. Londres, Reino Unido: Sheed & Ward.

— [1928] (1954). *How the Reformation Happened*. Londres, Reino Unido: Jonathan Cape.

— [1928] (1992). *How the Reformation Happened*. Rockford, IL, EE.UU.: TAN Books.

— [1928] (1951). *Cómo aconteció la Reforma* [Traducción de Marta Acosta Van Praet]. Buenos Aires, Argentina: Emecé Editores.

— (1928). *Mr. Belloc still Objects to Mr. Wells Outline of History*. Londres, Reino Unido: Sheed & Ward.

— (1930). *Europe and the Faith*. Nueva York, EE.UU.: The Paulist Press.

— [1930] (2008). *Europa y la fe*. Traducción de E. A. Lanús. Madrid, España: Ciudadela.

— (1932). *Essays of a Catholic Layman in England*. Londres, Reino Unido: Sheed & Ward.

— [1933] (2003). *Charles I*. Norfolk, VA, EE.UU.: IHS Press.

— (1936). *An Essay on the Restoration of Property*. Londres, Reino Unido: The Distributist League.

— [1936] (2009). *An Essay on the Restoration of Property*. Norfolk, VA, EE.UU.: IHS Press.

— [1936] (1992). *Characters of the Reformation*. Rockford, IL, EE.UU.: TAN Books and Publishers.

— (1937). *The Crisis of Civilization*. Nueva York, EE.UU.: Fordham University Press.

— [1938] (2017). *The Great Heresies*. San Francisco, EE.UU.: Ignatius Press.

## Obras sobre Hilaire Belloc

Belloc Lowndes, M. [1956] (1958). *The Young Hilaire Belloc*. Nueva York, EE.UU.: P. J. Kenedy & Sons.

Cooney, A. (1997). *Hilaire Belloc 1870-1953*. Londres, Reino Unido: Third Way Publications.

Díaz Vera, A. (2017). «Hilaire Belloc: del estado del bienestar al estado servil». *Procesos de Mercado: Revista Europea de Economía Política* 14 (1), pp. 15-39.

— (2020). «Señor del mundo: la profecía distópica de R. H. Benson. Relación con el pensamiento económico de Hilaire Belloc». En *Tiempos Mejores: utopía, distopía y esperanza*. Madrid, España: CEU San Pablo, pp. 293-304.

— (2020b). *Hilaire Belloc y el estado servil: una aproximación alternativa a la cuestión de la imposibilidad del socialismo*. Madrid, España: Universidad Rey Juan Carlos.

Hamilton, R. (1945). *Hilaire Belloc: An Introduction to his spirit and Work*. Londres, Reino Unido: Douglas Organ.

Jebb, E., y Jebb, R. (1956). *Testimony to Hilaire Belloc*. Londres, Reino Unido: Methuen & Co.

Langworth, R. M. (2013). «The Writer's Colleagues: Churchill and Belloc». *The Churchillian: The Magazine of the National Churchill Museum* 4 (1), pp. 16-21.

Mackey, A. [1991] (2015). *Hilaire Belloc & his Critics*. Norfolk, VA, EE.UU.: IHS Press.

Mandell, C. C., y Shanks, E. (1916). *Hilaire Belloc: The Man and his Work*. Londres, Reino Unido: Methuen & Co. Ltd.

McCarthy, J. P. (1978). *Hilaire Belloc: Edwardian Radical*. Indianapolis, EE.UU.: Liberty Press.

Morton, J. B. (1955). *Hilarie Belloc: A Memoir*. Londres, Reino Unido: Hollis & Carter.

Pearce, J. (2015). *Old Thunder: A Life of Hilaire Belloc*. Charlotte, NC, EE.UU.: Tan Books.

Reynard, H. (1924). «Review of Economics for Helen». *The Economic Journal* 34(136), pp. 620-621.

Rossignol, J. E. Le. (1925). «Review of Economics for Helen». *The American Economic Review* 15(1), pp. 84-85.

Schmude, K. (2009). *Hilaire Belloc: His life and Legacy*. Melbourne, Australia: Catholic Truth Society.

Shall, J. V. (2013). *Remembering Belloc*. South Bend, IN, EE.UU.: St. Augustine Press.

— (2015). «On appreciating Belloc», *Saint Austin Review* 15(6), pp. 4-6.

Speaight, R. (1957). *The Life of Hilaire Belloc*. Londres, Reino Unido: Farrar, Straus & Cudahy.

— (1958). *Letters from Hilaire Belloc*. Londres, Reino Unido: Hollis & Carter.

Wilhelmsen, F. D. (1953). *Hilaire Belloc: No Alienated Man. A Study in Christian Integration*. Nueva York, EE.UU.: Sheed and Ward.

— (1989). «Hilaire Belloc: Defender of the Faith». *The Catholic Writer: The Proceedings of the Wethersfield Institute* 2, pp. 83-95.

Wilson, A. N. [1984] (2003). *Hilaire Belloc: A Biography*. Londres, Reino Unido: Gibson Square.

Woodruff, D., ed. (1942). *For Hilaire Belloc: Essays in Honour of his 72nd Birthday*. Londres, Reino Unido: Sheed & Ward.

## Otras obras consultadas

Antuñano Alea, S. (2004). «El distributismo inglés: una alternativa de raíz tomista a los totalitarismos del siglo XX». *Cuadernos de pensamiento* 16, pp. 277-300.

Arendt, H. (1964). *Eichmann in Jerusalem*. Nueva York, EE.UU.: The Viking Press.

Aristóteles (2002). Ética a Nicómaco [Traducción de M. Araujo y J. Marías]. Madrid, España: Centro de Estudios Políticos y Constitucionales.

Aristóteles (2009). *Política* [Traducción de Carlos García Gual y Aurelio Pérez Jiménez]. Madrid, España: Alianza Editorial.

Arnaert, B. L. (2018). «Talking to Walls. The Socialist Calculation Debate that never really was One». *Procesos de Mercado* 15 (2), pp. 339-357.

Bagus, P. (2004). «La tragedia de los bienes comunales y la escuela austriaca: Hardin, Hoppe, Huerta de Soto y Mises». *Procesos de Mercado: Revista Europea de Economía Política* 1 (2), pp. 125-134.

— (2012). *La tragedia del euro*. Madrid, España: Unión Editorial.

Balmes y Urpiá, J. L. (1850). *Selecta colección de los escritos del señor doctor don Jaime Balmes*. Ciudad de México, México: Imprenta de la Voz de la Religión.

Benson, R. H. [1907] (2011). *Señor del mundo*. Larraya, España: San Román Libros.

Berns, L. (1987). «Thomas Hobbes». En L. Strauss y J. Cropsey, eds. *History of Political Philosophy*. Chicago, EE.UU.: The University of Chicago Press.

Birzer, B. J. (2015). *Russell Kirk: American Conservative*. Lexington, KY, EE.UU.: The University Press of Kentucky.

Blaug, M. (1983). *The Methodology of Economics*. Cambridge, Reino Unido: Cambridge University Press.

Boettke, P. J., ed. (2000). *Socialism and the Market: The Socialist Calculation Debate Reconsidered*. Nueva York: Routledge.

Böhm-Bawerk, E. (1890). *Capital and interest: A critical History of Economical Theory* [Traducción al inglés de William Smart]. Londres, Reino Unido: MacMillan & Co.

— (1949). *Karl Marx and the Close of his System*. Nueva York, EE.UU.: M. Kelley.

Brentano, F. [1874] (1995). *Psychology from an Empirical Standpoint*. Londres, Reino Unido: Routledge.

Brittan, S. (1973). *Is There an Economic Consensus? An Attitude Survey*. Londres, Reino Unido: MacMillan.

Brooks, C. (1933). *The Economics of Human Happiness*. Londres, Reino Unido: Routledge & Sons.

Caldwell, B. (1994). *Beyond Positivism: Economic Methodology in the 20th Century*. Londres, Reino Unido: Routledge.

Carpenter, H., ed. (1981). *The Letters of J. R. R. Tolkien*. Londres, Reino Unido: George Allen & Unwin.

Case, K. E., y Fair, R. C. (1999). *Principles of Economics*. Upper Saddle River, NJ, EE.UU.: Prentice-Hall.

Cendejas Bueno, J. L. (2016). «Ordenación de la actividad económica, ley natural y justicia en Aristóteles y en Santo Tomás». *Munich Personal RePec Archive Paper*, n.° 73585. https://mpra.ub.uni-muenchen.de/73585/

— (2017). «Economics, chrematistics, oikos and polis in Aristotle and St. Thomas Aquinas». *The Journal of Philosophical Economics: Reflections on Economic and Social Issues* 10 (2), pp. 5-46.

— (2018). «Justicia, mercado y precio en Francisco de Vitoria». *Revista Empresa y Humanismo* 21 (2), pp. 9-38.

Chesterton, C. (1919). *A History of the United States*. Londres, Reino Unido: Chatto & Windus.

Chesterton, G. K. (1910). *William Cobbett*. Londres, Reino Unido: Hodder and Stoughton.

— [1910] (2008). *Lo que está mal en el mundo* [Traducción de Mónica Rubio Fernández]. Barcelona, España: Acantilado.

— [1917] (2007). *A Short History of England*. Online Edition: Project Gutenberg.

— [1926] (2010). *Los límites de la cordura* [Traducción de María Raquel Bengolea]. Madrid, España: El Buey Mudo.

— [1933] (2016). *Santo Tomás de Aquino* [Traducción de Juan Carlos de Pablos]. Madrid, España: Rialp.

— [1935] (2006). *The Well and the Shallows*. San Francisco, EE.UU.: Ignatius Press.

Clark, T., y Dilnot, A. (2002). «Long-term trends in British Taxation and Spending». *The Institute for Fiscal Studies, Briefing Note* n.° 25.

Cobbett, W. (1819). *Parliamentary History of England*, vols. II y XXXIV. Londres, Reino Unido: T. C. Hansard.

Cobbett, W. (1819b). *Complete collection of State Trials*, vol. VII. Londres, Reino Unido: T. C. Hansard.

— [1824] (2009). *History of the Protestant Reformation in England and Ireland*. Edición digital: Ex-classics Project.

— (1835). *Legacy to Labourers or What is the Right which the Lords, Baronets, and Squires, have to the Lands of England*. Londres, Reino Unido: Jowett and Mills.

Colander, D. C., y Coats, A. W. (1989). «An introduction to the spread of economic ideas». En D. C. Colander y A. W. Coats, eds. *The spread of economic ideas*. Cambridge, Reino Unido: Cambridge University Press, pp. 1-22.

Collins, J. (2015). «Malcolm's Leviathan: Hobbes' Thing». *Modern Intellectual History* 12 (1), pp. 95-120.

Davidson, P. (2007). *John Maynard Keynes*. Basingstoke, Reino Unido: Palgrave MacMillan.

Dawson, C. [1932] (2007). *Los orígenes de Europa*. Madrid, España: Ediciones Rialp.

Dawson, W. H. (1912). *Social insurance in Germany 1883-1911: its history, operation, results and a comparison with the National insurance act, 1911*. Nueva York, EE.UU.: Scribner.

Dempsey, B. W. (1943). *Interest and Usury*. Washington, EE.UU.: The American Council of Public Affairs.

Díaz Vera, A. (2019). «Los liberales radicales ingleses y la filosofía política de Francisco Suárez». *Procesos de Mercado* 16 (1), pp. 141-175.

Fernández Álvarez, A. (2017). *La escuela española de economía*. Madrid, España: Unión Editorial.

Filmer, R. (1680). *Patriarcha*. Londres, Reino Unido: Ric. Chifwell.

Font de Villanueva, C. (2006). «La racionalidad económica en la Escuela de Salamanca». *Mediterráneo económico* 1 (9), pp. 153-163.

García Morente, M. [1938] (1980). *Lecciones preliminares de Filosofía*. Ciudad de México, México: Porrúa.

Godwin, R. A. (1987). «John Locke». En L. Strauss y J. Cropsey, eds. *History of Political Philosophy*. Chicago, EE.UU.: The University of Chicago Press.

Gómez Rivas, L. (2014). *Historia del Pensamiento Económico*. Ávila, España: Servicio de Publicaciones de la Universidad Católica de Ávila.

— (2017). «La teoría del valor en la Escuela de Salamanca». En A. M. Bernal Rodríguez, ed. *Modernidad de España: apertura europea e integración atlántica*. Madrid, España: Marcial Pons, pp. 321-334.

— (2019). «Historiografía sobre el pensamiento escolástico y la emancipación. Suárez y el origen democrático del poder». En *Suárez em Lisboa 1617-2017. Actas de la Conferência Internacional*, pp. 173-198.

— (2019b). *Campeones de la libertad: los maestros de la segunda escolástica española e iberoamericana*. Madrid, España: Unión Editorial.

Grande, J. (2016). «A "Birth of Intellect": William Cobbett and Jonathan Swift». En J. Grande y J. Stevenson, eds. *William Cobbett, Romanticism and the Enlightenment: Contexts and Legacy*. Nueva York, EE.UU.: Routledge.

Grice-Hutchinson, M. (1952). *The School of Salamanca. Readings in Spanish Monetary Theory, 1544-1605*. Oxford, Reino Unido: Clarendon Press.

— [1952] (2005). *La escuela de Salamanca. Una interpretación de la teoría monetaria Española 1544-1605*. Edición de Luis Perdices de Blas y John Reeder [Traducción de José Luis Ramos Gorostiza]. Salamanca, España: Obra Social Caja España.

— [1978] (2015). *Early Economic Thought in Spain, 1177-1740*. Indianapolis, EE.UU.: Liberty Fund.

Hammond, J. L., y Hammond B. (1917). *The Town Labourer: 1760-1832; the new civilization*. Londres, Reino Unido: Longmans, Green & Co.

Hayek, F. A. (1936). «The Mythology of Capital». *The Quaterly Journal of Economics* 50 (2), pp. 199-228.

— (1939). *Freedom and the Economic System*. Chicago, EE.UU.: The University of Chicago Press.

Hayek, F. A. [1941] (2009). *The Pure Theory of Capital*. Auburn, AL, EE.UU.: The Ludwig Von Mises Institute.

— (1942). «Review of Managerial Revolution, or What is Happening to the World Now, by James Burnha». *Economica New Series* 9 (36), pp. 401-402.

— [1944] (2006). *The Road to Serfdom*. Nueva York, EE.UU.: Routledge Classics.

— [1944] (2010). *Camino de servidumbre* [Traducción de José Vergara]. Madrid, España: Alianza Editorial.

— [1949] (2009). *Individualismo: el verdadero y el falso* [Traducción de Juan Marcos de la Fuente]. Madrid, España: Unión Editorial.

— (1958). *Individualism and Economic Order*. Chicago, EE.UU.: The University of Chicago Press.

— [1973] (1983). *Law, Legislation and Liberty*. Chicago, EE.UU.: Chicago University Press.

— [1973] (2013). *Law, Legislation and Liberty*. Londres, Reino Unido: Routledge.

— [1988] (2015). *La fatal arrogancia: los errores del socialismo* [Traducción de Luis Reig Albiol]. Madrid, España: Unión Editorial.

— [1994] (2010). *Hayek sobre Hayek: un diálogo autobiográfico*. Edición de Stephen Kresge y Leif Wenan. Madrid, España: Unión Editorial.

Hobbes, Th. [1651] (1965). *Leviathan*. Oxford, Reino Unido: Oxford University Press.

Holzberger, W. G., ed. (2006). *The Letters of George Santayana*, vol. VII, 1941-1947. Cambridge, MA, EE.UU.: MIT Press.

Huber, E. (2016). «Carl Menger and the Spanish Scholastics». *Procesos de Mercado: Revista Europea de Economía Política* 13 (2), pp. 87-142.

Huerta de Soto Ballester, J. [1992] (2015). *Socialismo, cálculo económico y función empresarial*. Madrid, España: Unión Editorial.

— [1994] (2004). *Estudios de política económica*. Madrid, España: Unión Editorial.

Bibliografía

Huerta de Soto Ballester, J. (1996). «New Light on the Prehistory of the Theory of Banking and the School of Salamanca». *Review of Austrian Economics* 9 (82), pp. 59-81.

— (1998). *Dinero, crédito bancario y ciclos económicos*. Madrid, España: Unión Editorial.

— (1998b). «The Ongoing Methodenstreit of the Austrian School». *Journal des Economistes et des Etudes Humaines* 8 (1), pp. 75-113.

— (2002). «La teoría bancaria en la Escuela de Salamanca». *La Ilustración liberal: revista española y americana* 11, pp. 97-119.

— (2004). «La Teoría de la eficiencia dinámica». *Procesos de Mercado: Revista Europea de Economía Política* 1 (1), pp. 11- 71.

— (2014). *Ensayos de Política Económica*. Madrid, España: Unión Editorial.

— (2015). *The Austrian School*. Cheltenham, Reino Unido: Edward Elgar Publishing.

— (2018). «Anarchy, God and Pope Francis». *Procesos de Mercado: Revista Europea de Economía Política* 15 (1), pp. 337- 350.

Hume, David. (1739). *A Treatise of Human Nature*. Londres, Reino Unido: Clarendon Press.

Hutt, W. H. [1973] (2016). *La amenaza de huelga*. Madrid, España: Unión Editorial.

Irving, S. (2016). *Friedrich Hayek: An Unrepentant Old Whig*. Universidad de Manchester; Manchester, Reino Unido.

Kawagoe, T. (1999). «Agricultural Land Reform in Postwar Japan: Experiences and Issues». *World Bank Policy Research Working Paper* 2111.

Keynes, J. M. [1936] (2014). *Teoría general de la ocupación, el interés y el dinero*. México D.F., México: Fondo de Cultura Económica.

Ker, I. (2011). *G. K. Chesterton: A Biography*. Oxford, Reino Unido: Oxford University Press.

Kirk, R. [1953] (2001). *The Conservative Mind: From Burke to Eliot*. Washington DC, EE.UU.: Regnery Publishing.

Kirk, R. (1954). «Review of Hilaire Belloc: No Alienated Man by Frederick Wilhelmsen; The Path to Rome by Hilaire Belloc». *The Western Political Quarterly* 7(3), pp. 483-485.

Kirzner, I. M. [1973] (1998). *Competencia y Empresarialidad*. Madrid, España: Unión Editorial.

— (1988). «The Economic Calculation Debate: Lessons for Austrians». *Review of Austrian Economics* 2 (1), pp. 1-18.

Knox, R. [1953] (2002). «Funeral Panegyric for Hilaire Belloc». En *Pastoral and Ocasional Sermons*. San Francisco, EE.UU.: Ignatius Press.

Koblížek, J. (2016). «Evaluating Political Society in *Rerum Novarum* in the Context of Francisco Suárez's Social Doctrine and Its Development in *Gaudium et Spes*», *Philosophy and Canon Law* 2, pp. 99-112.

Lachmann, L. (1971). *The legacy of Max Weber*. Berkeley, CA, EE.UU.: Glendesary Press.

Lavoie, D. [1985] (2015). *Rivalry and Central Planning*. Arlington, VA, EE.UU.: Mercatus Center.

León XIII. *Aeterni Patris*. Carta Encíclica. 4 de agosto de 1879. Página web del Vaticano: http://www.vatican.va/content/leo-xiii/es/encyclicals/documents/hf_l-xiii_enc_04081879_aeterni-patris.html

— *Rerum Novarum*. Carta Encíclica. 15 de mayo de 1891. Página web del Vaticano: http://www.vatican.va/content/leo-xiii/en/encyclicals/documents/hf_l-xiii_enc_15051891_rerum-novarum.html

Lewis, C. S. [1944] (2016). *La abolición del hombre*. Madrid, España: Encuentro.

Lovat-Fraser, J. A. (1912). *The National Insurance Act, 1911*. Londres, Reino Unido: Waterlow & Sons.

Lunn, A. H. M. (1940). *Come What May: An Autobiography*. Londres, Reino Unido: Eyre & Spottiswoode.

Maeztu Whitney, R. de [1922-1931] (2013). *El sentido reverencial del dinero*. Madrid, España: Encuentro.

— [1934] (2007). *Defensa de la Hispanidad*. Madrid, España: Rialp.

Manent, P. (1991). «Michael Novak on Liberalism». En J. Klaits y M. H. Haltzel, eds. *Liberty/Liberté: The American and French Experiences*. Washington, EE.UU.: The Woodrow Wilson Center Press.

Marañón, G. [1946] (1960). *Ensayos liberales*. Madrid, España: Espasa-Calpe.

Mariana, J. de [1609] (2012). *Tratado y discurso sobre la moneda de Vellón*. Scotts Valley, CA, EE.UU.: Createspace Independent Publishing Platform.

Marías Aguilera, J. [1941] (2013). *Historia de la filosofía*. Madrid, España: Alianza Editorial.

Marx, K. [1867] (2008). *El capital*, tomo I/vol. I: *El proceso de producción de capital*. Edición de Pedro Scaron. Madrid, España: Siglo XXI editores.

— [1844] (2001). *Manuscritos económicos y filosóficos*. Madrid, España: Alianza Editorial.

— y Engels, F. [1846] (1958). *La ideología alemana*. Montevideo, Uruguay: Pueblos Unidos.

Medema, S. G., y Samuels, W. J. (2013). *The History of Economic Thought: A Reader*. Nueva York, EE.UU.: Routledge.

Menger, C. [1883] (1985). *Investigations into the Methods of Social Sciences*. Nueva York, EE.UU.: New York University Press.

— [1883] (2006). *El método de las ciencias sociales*. Edición de Darío Antiseri y Juan Marcos de la Fuente. Madrid, España: Unión Editorial.

Mercado, T. de [1571] (1975). *Suma de Tratos y contratos*. Edición de Restituto Sierra Bravo. Madrid, España: Editora Nacional.

Migliore, J. (2009). «Suárez en Inglaterra». En J. Cruz Cruz, ed. *La gravitación moral de la ley según Francisco Suárez*. Barañáin, España: EUNSA.

Mill, J. S. (2002). *The Basic Writings of John Stuart Mill*. Londres, Reino Unido: The Modern Library.

Minogue, K. (2010). *The Servile Mind: How Democracy Erodes the Moral Life*. Nueva York, EE.UU.: Encounter Books.

Mises, L. von [1920] (1990). *Economic Calculation in the Socialist Commonwealth* [Traducción al inglés de S. Adler]. Auburn, AL, EE.UU.: The Mises Institute.

— [1949] (2015). *La acción humana*. Madrid, España: Unión Editorial.

— [1959] (2008). *Política Económica*. Madrid, España: Unión Editorial.

Molina, L. de [1597] 1989. *Tratado sobre los préstamos y la usura*. Madrid, España: Instituto de Estudios Fiscales.

Nakabayashi, M. (2008). «Peasants, Landlords and Risk: Moritaro Yamada on the Duality of the Japanese Capitalism». *ISS Discussion Paper Series* F-144, pp. 1-32.

Negro Pavón, D. [2004] (2007). *Lo que Europa debe al cristianismo*. Madrid, España: Unión Editorial.

— (2008). *La situación de las sociedades europeas*. Madrid, España: Unión Editorial.

— (2009). *El mito del hombre nuevo*. Madrid, España: Encuentro.

— (2015). *La ley de hierro de la oligarquía*. Madrid, España: Nm Ediciones.

Newman, J. H. [1848] (2017). *Perder y ganar*. Madrid, España: Encuentro.

Nisbet, R. A. [1953] (2014). *The Quest for Community*. Wilmington, NC, EE.UU.: Intercollegiate Studies Institute.

O'Brien, G. [1923] (2003). *An essay on the economic effects of the Reformation*. Norfolk, VA, EE.UU.: IHS Press.

Ortega Carrillo de Albornoz, A. (2010). *Derecho privado romano*. Málaga, España: Ediciones del Genal.

Pearce, J. [1999] (2008). *Escritores conversos* [Traducción de Gloria Esteban Villar]. Madrid, España: Palabra.

— (2008). «The Education of E. F. Schumacher». *The Distributist Review*. https://distributistreview.com/archive/education-schumacher

Penty, A. J. [1937] (2004). «Distributism: A manifesto». En T. H. Naylor, ed. *Distributist Perspectives*, vol. I. Norfold, VA, EE.UU.: IHS Press.

Perdices de Blas, L., ed. (2006). *Escuelas de Pensamiento Económico*. Madrid, España: Ecobook.

— y Ramos Gorostiza, J. L. (2017). «El experimento económico soviético a examen: la mirada de los viajeros españoles (1917-1936)». *Revista bibliográfica de geografía y ciencias sociales* 22 (1), pp. 1-33.

Picó, J. (1999). *Teorías sobre el estado del bienestar*. Madrid, España: Siglo XXI.

Pío XI. *Quadragesimo Anno: sobre la restauración del orden social, en perfecta conformidad con la ley evangélica*. Carta Encíclica. 15 de mayo de 1931. Página web del Vaticano: http://w2.vatican.va/content/pius-xi/es/encyclicals/documents/hf_p-xi_enc_19310515_quadragesimo-anno.html

Prieto López, L. J. (2013). *Suárez y el destino de la metafísica: de Avicena a Heidegger*. Madrid, España: Biblioteca de Autores Cristianos.

Rabier, M. (2013). «Biblioteca gomezdaviliana: las fuentes bibliográficas del pensamiento de Nicolás Gómez Dávila (I)». *Revista Interamericana de Bibliotecología* 36(3), pp. 235-248.

Raico, R. (1990). «Eugen Richter and Late German Manchester Liberalism: A Reevaluation». *The Review of Austrian Economics* 4, pp. 3-25.

Ratzinger, J. (2004). «Fundamentos espirituales de Europa», conferencia en el Senado de la República Italiana. https://es.zenit.org/2005/05/27/joseph-ratzinger-fundamentos-espirituales-de-europa-2/

— (2008). *Jesús de Nazaret. Primera parte. Desde el Bautismo a la Transfiguración* [Traducción de Carmen Blas Álvarez]. Madrid, España: La esfera de los libros.

Ricardo, D. [1817] (2001). *On the Principles of Political Economy and Taxation*. Ontario, Canadá: Batoche Books.

Richter, E. [1891] (1907). *Sozialdemokratische Zukunftsbildec Frei nach Bebel*. Berlín, Alemania: Verlagsanstalt Deutsche Presse.

Robbins, L. (1932). *An Essay on the nature and significance of Economic Science*. Londres, Reino Unido: Macmillan.

Röpke, W. [1942] (1991). *The Social Crisis of our Time*. Londres, Reino Unido: Routledge.

— [1948] (2002). *The Moral Foundations of Civil Society*. New Brunswick, NJ, EE.UU.: Transaction Publishers.

— [1960] (2014). *A Humane Economy*. Wilmington, DW, EE. UU.: ISI Books.

Rubio de Urquía, R., y Ureña, E. M., eds. (1994). *Economía y dinámica social: reflexiones acerca de la acción humana ante un nuevo ciclo histórico*. Madrid, España: Unión Editorial.

Sada Castaño, D. (2005). *Gilbert Keith Chesterton y el distributismo inglés en el primer tercio del siglo xx*. Madrid, España: Fundación Universitaria.

Saether, A., y Eriksen, I. (próxima edición). «Who killed the Entrepreneur In Economics?».

Santayana, G. (1945). *Persons and Places Volume II: The Middle Span*. Nueva York, EE.UU.: Charles Scribner's Sons.

Schama, S. (2005). *Auge y caída del imperio británico 1776-2000* [Traducción de Juan Rabasseda-Gascón]. Barcelona, España: Editorial Crítica.

Schumacher, D. (2012). *Small is Beautiful is the 21st Century: The Legacy of E. F. Schumacher*. Devon, Reino Unido: Green Books.

Schumacher, E. F. [1973] (2001). *Lo pequeño es hermoso*. Madrid, España: Tursen/Hermann Blume.

Schumpeter, J. A. [1954] (2006). *History of Economic Analysis*. Londres, Reino Unido: Routledge.

Shelley, Th. J. (2016). *Fordham: A History of the Jesuit University of New York: 1841-2003*. Nueva York, EE.UU.: Fordham University Press.

Skousen, M. (2001). *The making of Modern Economics*. Nueva York, EE.UU.: M. E. Sharpe.

Smith, A. [1776] (2016). *La riqueza de las naciones*. Edición de Carlos Rodríguez Braun. Madrid, España: Alianza Editorial.

Strauss, L. (1987). «Niccolo Machiavelli». En L. Strauss y J. Cropsey, eds. *History of Political Philosophy*. Chicago, EE.UU.: The University of Chicago Press.

Suárez, F. [1612] (1918). *Tratado de las leyes y de Dios legislador* [Traducción de Jaime Torrubiano Ripoll]. Madrid, España: Hijos de Reus.

— [1612, 1613] (2010). *Una aproximación al tratado de las leyes y la defensa de la fe.* Edición de F. J. López Atanes, I. de Bustos y P. M. de Villena. Madrid, España: Unión Editorial.

— [1612, 1613, 1622] (2015). *Selections from Three Works: A Treatise on Laws and God the Lawgiver; A Defence of the Catholic and Apostolic Faith; A Work on the Three Theological Virtues: Faith, Hope, and Charity.* Edición de Thomas Pink. Indianapolis, EE.UU.: Liberty Fund.

Tomás de Aquino, Santo [1267-1273] (2001). *Suma de Teología.* Madrid, España: Biblioteca de Autores Cristianos.

Trincado Aznar, E. (2010). «Debate con Rosa Luxemburgo sobre la crisis actual y sobre el valor». *Información Comercial Española* 1 (852), pp. 59-75.

Villis, T. (2006). *Reaction and the Avant-Garde: The Revolt against a Liberal Democracy in Early Twentieth-Century Britain.* Londres, Reino Unido: Tauris Academic Studies.

Vitoria, F. de [1527-1528] (1934). *De justicia.* Edición de Vicente Beltrán de Heredia. Madrid, España: Editorial Asociación Francisco de Vitoria.

— (1939). *Sentencias morales.* Edición de Luis G. Alonso Getino. Barcelona, España: Ediciones FE.

Voegelin, E. [1938] (2014). *Las religiones políticas.* Madrid, España: Editorial Trotta.

— [1952] (1992). *The New Science of Politics.* Chicago EE.UU.: The University of Chicago Press.

Ward, L. (2004). *The Politics of Liberty in England and Revolutionary America.* Cambridge, Reino Unido: Cambridge University Press.

Weber, M. K. E. [1904] (2001). *The Protestant Ethics and The Spirit of Capitalism.* Londres, Reino Unido: Routledge Classics.

— [1904] (2017). *La ética protestante y el espíritu del capitalismo.* Edición de Jorge Navarro Pérez. Madrid, España: Ediciones Akal.

Weber, M. K. E. [1922] (2014). *Economía y Sociedad*. México DF, México: Fondo de Cultura Económica.

— [1924] (2011). *Historia Económica general*. México DF, México: Fondo de Cultura Económica.

Weintraub, E. R. (2002). *How Economics Became a Mathematical Science*. Durham, NC, EE.UU.: Duke University.

Wodehouse, P. G. [1939] (2010). *Weekend Wodehouse*. Londres, Reino Unido: Vintage Books.

Woods, Th. E. (2005). *The Church and the Market: A Catholic Defense of the Free Economy*. Lanham, MD, EE.UU.: Lexington Books.

— (2012). *How the Catholic Church Built Western Civilization*. Washington EE.UU.: Regnery Publishing.

Zafirovski, M. (2007). *Freedom, Liberalism and Anti-Liberalism in the 21ˢᵗ Century*. Leiden, Holanda: Brill.